AF167975

KiWi
PAPERBACK
1080

DER AUTOR

Alexander Gorkow, geboren 1966 in Düsseldorf, studierte Neuere Germanistik, Mittelhochdeutsch und Philosophie. Seit 1993 bei der »Süddeutschen Zeitung« – hier leitet er seit 2002 das »SZ Wochenende«. 2003 erschien sein hochgelobter Debütroman »Kalbs Schweigen«. Er lebt in München. Bei Kiepenheuer & Witsch erschien 2007 sein Bestseller »Mona«.

DAS BUCH

Seine Auswahl ist total subjektiv, aber dann wagt Alexander Gorkow alles. Wo andere mit vollgeschriebenen Notizblöcken anrücken, paukt sich der Leiter des »SZ Wochenende« die Biografien seiner Gesprächspartner ein und rückt dann mit einem Notfall-Zettel an, auf dem höchstens fünf Fragen stehen – für den Fall peinlicher Pausen. Sein Credo lautet: »Wenn ich ständig auf meine Fragen schaue statt in die Augen meiner Gesprächspartner, ergibt sich kein Gespräch.« Der Verlauf seiner Interviews gibt ihm recht: Entweder geht alles flamboyant in die Hose (wie mit Lou Reed), oder Weltstars wie Jeanne Moreau, Sylvester Stallone oder Eric Clapton reden so offen wie selten zuvor. Oft färbt Gorkows Spontaneität auf die Interviewpartner ab, sodass plötzlich Dinge gesagt werden, die sonst der inneren Selbstzensur zum Opfer fallen – wie im Interview mit Steve Martin, bei dem Gorkow kurzfristig als Ersatz für eine Kollegin einsprang und ganz ohne Fragen dastand.

Dieser Band versammelt eine Auswahl seiner besten Interviews. Gorkow redet mit der hinreißenden Amira Casar über Europa, mit Lou Reed über Hass, mit der Underground-Filmikone Klaus Lemke über Jungs und mit dem Konzertagenten Marek Lieberberg über Ereignisse. Mit David Gilmour geht es um Erfolg, mit Louis Begley ums Schreiben, mit Sylvester Stallone um Werte und mit Mick Jagger um Klasse. Auch seine jüngsten Interviews finden sich hier: zum Beispiel mit Lemmy Kilmister, mit Bette Midler, mit Helen Mirren, die über Image spricht, mit Neil Diamond, den Gorkow in seinem Studio in L. A. besuchte, und mit dem Ex-»Monty-Python«-Star Michael Palin, mit dem Gorkow über die Eigenarten der Engländer sprach.

Eines ist dabei immer klar: Während Gorkow und seine Auserwählten drinnen über den Ernst des Lebens sprechen, macht die Welt draußen weiter, was sie will. Oder, wie Gorkow im Studio von Neil Diamond in L. A. seufzt: »Und draußen scheint die Sonne.«

ALEXANDER GORKOW

DRAUSSEN SCHEINT DIE SONNE

INTERVIEWS MIT

Mit einem Vorwort von
Joachim Kaiser

Jeanne Moreau
Steve Martin
Mick Jagger
Françoise Wilhelmi
de Toledo
David Gilmour
Martin Parr
Hans Janke
Bruce Willis
Phil Collins
Goldie Hawn
Udo Jürgens
George Lucas
Amira Casar
Nick Mason
Hélène Grimaud
Sylvester Stallone
Klaus Lemke
J. J. Cale / Eric Clapton
Louis Begley
Neil Diamond
Jürgen Schornagel
Marek Lieberberg
Lou Reed
Stefan Gabányi
Lemmy Kilmister
Helen Mirren
Michael Palin
Wolf Wondratschek
Jean Michel Jarre
Christoph Waltz
Karl Bartos
Bette Midler

KIEPENHEUER & WITSCH

Mit Illustrationen von Tomek Sadurski

© 2008 VERLAG KIEPENHEUER & WITSCH GMBH & CO. KG,
BAHNHOFSVORPLATZ 1, 50667 KÖLN
ALLE RECHTE VORBEHALTEN
DIE NUTZUNG UNSERER WERKE FÜR TEXT- UND DATA-MINING
IM SINNE VON § 44B URHG BEHALTEN WIR UNS EXPLIZIT VOR.
UMSCHLAGGESTALTUNG: BARBARA THOBEN, KÖLN
GESETZT AUS DER FAIRFIELD UND HELVETICA CONDENSED
SATZ: BUCH-WERKSTATT GMBH, BAD AIBLING
PRINTED IN GERMANY
ISBN 978-3-462-04063-0

KONTAKTADRESSE NACH EU-PRODUKTSICHERHEITSVERORDNUNG:
PRODUKTSICHERHEIT@KIWI-VERLAG.DE

Für Julie

»Der Mensch ist derart
schlecht für das Leben ausgerüstet,
dass man fast einen Übermenschen aus ihm
machen würde, wenn man in ihm einen
Schuldigen statt ein Opfer sähe«

Georges Simenon

VORWORT VON JOACHIM KAISER

Alexander Gorkows Kunst der Frage

Ein Vorwort von Joachim Kaiser

Alexander Gorkows Fähigkeit, heikle Zelebritäten zum Reden zu bringen, eine Gesprächsatmosphäre vollkommen freimütiger Bekenntnishaftigkeit zu schaffen, sie mutet fast gespenstisch an – und sie ist im gegenwärtigen Journalismus einzigartig. Man folgt seinen Interviews überrascht, fasziniert und stets gespannt. Hier wird noch darüber nachzudenken sein, wie der Kollege das fertigbringt. Zuvor jedoch sollen zwei Beispiele neugierig machen, in denen es ihm gelang, Künstler wie den brillanten amerikanischen Komiker Steve Martin und die britische Schauspielerin Helen Mirren zu Äußerungen über etwas so Delikates wie öffentliches Trauern und mediale Entschuldigung zu bewegen.

Helen Mirren, als Star der Royal Shakespeare Company gefeierte britische Bühnenschauspielerin, zugleich auch die weltberühmte Darstellerin von »Elisabeth II.« in dem Film »The Queen«, Helen Mirren nannte ihre Rollen-Darstellung der Queen eine »Wiedergutmachung an der echten Königin«. Eine Korrektur der Auffassung, Königin Elisabeth II. hätte sich nach dem Tod von Prinzessin Diana bemerkenswert kühl verhalten. Und damit dem Image des Königshauses erheblich geschadet. Zu alledem sagt nun, wunderbar offen und überhaupt nicht aggressiv provoziert, Helen Mirren im hier abgedruckten Interview: »Das Königshaus trauerte, aber es wollte sich nicht von Blair und den Medien öffentliche Trauer vorschreiben lassen. Das war richtig so … ich finde diese Entscheidung, sich nicht an einer Medien-Trauer zu beteiligen, respektabel. Man trauert doch als Privatperson und nicht als öffentliche Figur, oder? Was ist privater als Trauer?«

Gorkow wirft ein, Helen Mirren sei eigentlich nicht als Anhängerin des Königshauses bekannt. Dazu Helen Mirren: »Nein, das kann man wohl sagen!« Bewegend. Überraschenderweise kritisiert auch der witzige Steve Martin hier die Instrumentalisierung rein zwischenmenschlichen Verhaltens zum politischen Akt. Es geht um das Bitten und Gewähren von Verzeihung. Martin äußert, einer seiner Filme sei eine »Entschuldigung« gewesen. Darauf

13

wirft Gorkow ein, inzwischen entschuldigten sich die Leute öfter als früher. Nun aber Steve Martin: »Da haben Sie recht. Die Entschuldigung ist deshalb nicht mehr viel wert. Die Politiker haben sie entwertet. Clinton hat sich im Fernsehen bei seiner Frau entschuldigt, das müssen Sie sich vorstellen. Das ist in dem Sinne natürlich keine Entschuldigung, sondern ein politischer Akt. Seitdem entschuldigen sich die Amerikaner am laufenden Band. Furchtbar.« Das sind ungemein differenzierte Bekenntnisse! Wie bringt Gorkow es fertig, seinen Partnern derart persönliche Antworten zu entlocken? Erste Voraussetzung: Er ist fabelhaft vorbereitet. Er vermag unauffällig Informationen einzufügen, die seine Partner im Eifer unterschlagen. Er kann brillant genau, zur Ebene und zur Aura des Gesprächsmomentes passend, Songtitel, Gegenbeispiele, Fakten und Namen beibringen. Solche journalistisch-technischen Voraussetzungen sind bei ihm selbstverständlich, und wie man weiß, sind sie es nicht bei allen Interviewern. Wer im Fernsehen oder im Rundfunk über sein neues Buch befragt wird, muss tatsächlich immer wieder erfahren, dass Reporter anfangs nebenher einräumen, sie hätten das Ding noch nicht gelesen, kennten nur den Klappentext und ein paar Kritiken: Doch nun dürfe der Autor ja das Fehlende nachliefern. (Auf eine solche Unverschämtheit müsste man grob reagieren – tut es aber, zumal

als jüngerer Schriftsteller, um die Öffentlichkeit besorgt, lieber nicht.) Mit solchen Sündern hat Gorkow wahrlich nichts gemein. Doch ein Fragender kann auch *zu viel* wissen! Ein Interviewer, der gegenüber dem Befragten allzu demonstrativ seine souveräne Beherrschung der Materie, seine sachliche oder auch verbale Überlegenheit ausbreitet und so auch ausspielt, er nimmt dem – möglicherweise weniger wortgewandten – Gesprächspartner gleichsam die Luft weg. Auch dies: Nicht bei Gorkow. Gewiss, seine Weltkenntnis – Gorkows subtile Romane verraten sie übrigens auch schon! – imponiert, seine professionelle Vertrautheit mit Musikalischem beeindruckt. Doch führt er diese Gespräche nie, um in irgendeiner Frage »recht« zu behalten oder gar um den Dialogpartner auf Widersprüche festzunageln. Seine Kunst ist intimer, und sie ist vor allem: intuitiver. Er besitzt die unauffällige Fähigkeit, fantasievoll fortzuspinnen, was seine Partner an Meinungen oder Thesen vorgeben. Er nimmt auf und erweitert. So entsteht eine entspannte, nahezu poetische – und sehr oft auch komische! – Gestimmtheit. Ist aber eine solche Aura, eine solche Gesprächsatmosphäre erst einmal geschaffen, dann beseelt Gorkows (an derart taktvoll produktive Interviewer nicht gewöhnte) Partner eine wundersame Freiheit. Sie bringen Dinge vor, die spontan in ihnen zu entstehen scheinen, die sie oft gewiss kaum öffentlich äußern wollten. Da beteuert dann David Gilmour, der eben darüber jammerte, dass seine acht Kinder, zumal wenn sie noch Freundinnen oder Freunde nach Hause bringen, schon ein bisschen zu viel seien, auf Gorkows Gegenfrage: »Ihr Ernst?« entwaffnet: »Ich liebe das alles. Es ist das reine Glück.« Dann gesteht während des Dialogs plötzlich Neil Diamond: »Wissen Sie, ich rede und rede. Und ich bin eigentlich gar nicht da ... mein Kopf ist eine Tür weiter – im Studio.« Oder es fallen eben jene anfangs zitierten Äußerungen über die Privatheit von Verzeihung und Trauer.

Gewiss bestehen diese Interviews nicht nur aus delikaten Fortspinnungen nuancierter seelischer Motive. Manchmal, wenn ein allzu verstiegenes Gegenüber, das eigentlich nur über *Mietwohnungen* zu diskutieren gewillt war, sich doch verliert in anthropologische Höhenflüge über die Unzuverlässigkeit menschlicher Versprechen, dann wechselt Gorkow rasch, aber freundlich das Thema und fragt, sowohl ablenkend wie zur Sache zurückführend: »Wie sah die Wohnung Ihrer Kindheit aus?« Das kann kein Partner übelnehmen. Und wir Leser atmen auf.

So wirken Alexander Gorkows Interviews tatsächlich einzigartig. Um eine Dimension erfüllter als die vielen Interviews in diesen Zeiten. Gorkow braucht auch nicht immerfort provozierende Bosheiten Dritter zu zitieren, womit streitbare Interviewer ihre Gesprächspartner unfehlbar zu temperamentvollen Heftigkeiten animieren. Kaum je widerspricht er direkt. Einmal freilich konterte er ungewohnt heftig. Und zwar auf die Feststellung Helen Mirrens, er sei nicht nur er selbst, sondern auch das, was andere in ihm zu erkennen glauben. Brüsk antwortete er: »Ich bin, was andere in mir sehen? Das ist absolut nicht akzeptabel!« (Arthur Schopenhauer – ein anderer begabter Komiker – hätte ihm da widersprochen!)

Der Interview-Auswahlband: »Draußen scheint die Sonne« ist die publizistische Arbeit eines sehr sorgfältig vorbereiteten Journalisten, und auch weit mehr als nur dies: Es ist die liebenswerte Arbeit eines mitfühlenden Künstlers. Bezaubernd klug, nachdenklich heiter, anmutig konkret, unauffällig welthaltig. Wer die gegenwärtig beschworene Total-Krise des deutschen Journalismus beklagen möchte, der müsste vorher Alexander Gorkows Interviews sorgfältig lesen. Dann könnte er es nicht mehr.

Joachim Kaiser, München im September 2008

INTERVIEW MIT
JEANNE MOREAU

JEANNE MOREAU

»Es gab Niederlagen, einige sogar. Aber ich habe – in guten wie in schlechten Zeiten – immer meiner eigenen Moral standgehalten. Das Leid vergeht. Das Gewissen? Bleibt.«

Jeanne Moreau wurde 1928 geboren und galt wahlweise als Muse oder Rache-engel der Nouvelle Vague. Sie drehte – unter anderem – mit Orson Welles, Luis Buñuel, Peter Brook, Jean-Luc Godard, Elia Kazan, Michelangelo Antonioni, François Truffaut und Louis Malle. Dabei entstanden prägende Werke der Film-geschichte, wie »Fahrstuhl zum Schafott«, »Jules et Jim« und »Die Nacht«. Zum Skandal geriet 1965 ihr Striptease mit Brigitte Bardot in der Revolutionskomödie »Viva Maria!«. Sie führte inzwischen auch selbst Regie und engagiert sich auf Festivals in vielen Ländern für junge Regisseure und Schauspieler.

Paris im Frühling 2006: leuchtet. Auf der Avenue Hoche, nahe dem Triumphbogen, läuft eine kleine und doch große Dame durch eine Suite des Royal Monceau. Zum ersten Mal und bisher letzten Mal bringe ich Pralinen mit zu einem Interview. Bringt man einer feinen alten Dame Pralinen mit oder nicht? Doch. Sie ist begeistert, auch von der Likörfüllung. Zwar habe ihr der Arzt verboten, Alkohol zu trinken. Aber nicht, Alkohol zu essen. Braune Augen, die lieblich sind wie die eines kecken Mädchens – die jedoch, wenn das Mädchen böse wird, sensationell flackern. Die Augen, der Mund, die stockfinstere Stimme: Jeanne Moreau. Sie lässt sich Feuer geben für die extralange Zigarette. Sie lächelt tatsächlich abgrundtief. Dieses Gespräch sollte eigentlich Werbung machen für den Film »Die Zeit, die bleibt« von François Ozon. Dann aber ging es plötzlich um Leben und Tod.

Madame Moreau ...
... die Tür zum Nebenzimmer ist offen. Im Nebenzimmer habe ich eben geraucht. Nun wird gelüftet. Es ist kalt.
Soll ich die Tür schließen?
Es gibt zwei Türen ins Nebenzimmer! Sie schließen die dort drüben, ich schließe die andere. Und anschließend rauchen wir dieses Zimmer hier voll, wir beide.
Man meinte es gut mit Ihnen, deshalb hat man gelüftet, glaube ich.
Man meint es gut mit mir und riskiert meinen Tod. Ich rauche, seit ich denken kann. Und jetzt sterbe ich an einer Lungenentzündung, weil gelüftet wird. Ich meine, es ist ein schöner Tag ... aber noch haben wir ja nicht Sommer.
Madame Moreau, in François Ozons neuem Film spielen Sie eine Großmutter mit einem todkranken Enkel. Der Enkel erzählt nur Ihnen von seiner Krankheit. Mit der Begründung, dass auch Sie nicht mehr lange zu leben hätten ...
... eine bemerkenswerte Szene ...
... sie trifft den Zuschauer nur doppelt: Man sieht da nicht nur eine Großmutter in einem Film. Man sieht eben auch Jeanne Moreau. Vielleicht eine etwas unprofessionelle Sichtweise von mir.
Und worauf wollen Sie hinaus?

Mich hat es getroffen, dass jemand zu Ihnen sagt, Sie hätten nicht mehr lange zu leben. Und sei es im Film.
Hören Sie: Ich bin nicht sentimental. Eine außergewöhnlich starke Szene.

Warum genau?
Der Enkel stirbt, dabei ist er nur 30 Jahre jung. Ich sterbe auch, aber ich bin immerhin alt. Und doch keine typische Großmutter. Sehe ich aus wie die typische Großmutter? Sagen Sie!

Um Himmels willen: Nein!
Natürlich sehe ich nicht aus wie die typische Großmutter! In »Die Zeit, die bleibt« geht es um den Tod. Und darum, dass Leute immer sterben können – oft nicht erst, wenn sie alt sind. Die jungen Leute sterben heute zum Beispiel an Aids, nachdem sie lange krank waren. Wunderbare Freunde von mir sind an Aids gestorben. Andererseits können wir sehr alt werden und dann sterben, ohne vorher krank gewesen zu sein. Der junge Mann in dem Film verzichtet auf eine Chemotherapie und lebt in der Zeit, die ihm bleibt, sagen wir: wie ein Gesunder. Er beschäftigt sich weniger mit seinem nahenden Tod – sondern zum ersten Mal wahrhaftig mit seinem Leben.

Darf ich sagen, dass in Ihrem Gesicht schon in den frühen Filmen eine Art Todesahnung immer ablesbar war?
Sie dürfen alles sagen, mein Lieber.

Aber?
Aber es sind nur Interpretationen.

Haben Sie sich damals schon bewusst mit dem Tod beschäftigt? Als junge Frau?
Nein, nicht obsessiv. Ich denke auch heute nicht an den Tod, oder sagen wir: nicht oft. Wenn Sie älter werden, denken Sie etwas öfter an den Tod als früher. Ich sage Ihnen, warum: Sie verlieren Freunde. Louis Malle lebt nicht mehr, Orson Welles lebt nicht mehr, Tennessee Williams lebt nicht mehr, François Truffaut lebt nicht mehr – und viele andere Menschen, die ich sehr geliebt habe, sie leben auch nicht mehr.

Wie geht man damit um?
Wie man damit umgeht, weiß ich nicht. Aber ich? Ich nehme es zur Kenntnis. Und ich muss diesen Menschen dankbar sein. Ich vertraute mich ihnen an und wurde belohnt. Sie haben mir mein Leben ermöglicht. Sie wissen, was man sieht, wenn ein Baum gefällt wurde?

Die Jahresringe?
Exakt. An denen können Sie alles ablesen. Sogar Biografisches. Diese Menschen, sie sind meine Ringe. Ich bin gemacht aus diesen Menschen. Ich meine das nicht pathetisch. Es ist einfach so. Ich habe immer noch ihre Telefonnummern. Das ist überaus sonderbar, nicht wahr? Aber ich würde sie nie wegwerfen. Ich befasse mich also mit dem Tod, weil die Umstände es mitunter erfordern. Aber Sie sollten nicht annehmen, dass ich todessüchtig bin – oder gewesen bin. Lassen Sie es mich

mal, da Sie dem Thema so viel Gewicht beimessen ...

... es geht in dem Film von François Ozon sehr deutlich um den Tod ...

... natürlich, lassen Sie es mich so sagen: Ich habe mit dem Tod früh Bekanntschaft gemacht – und mich dann leidenschaftlich ins Leben gestürzt. Mit allem, was dazu gehört, mit allem, okay?

Was waren das für Bekanntschaften?

Als ich ein Kind war, es war die Zeit der Okkupation, da war ich mit meiner Mutter auf der Flucht. Wir gerieten unter Beschuss. Meine Mutter warf mich in einen Graben am Wegrand. Ich erinnere mich, wie ich fiel, ich sehe diese Bilder noch klar: Ich falle. Menschen fallen über mich. Wir liegen im Graben. Ich spüre mit einem Mal etwas Warmes an meinem Hals, an meiner Schulter, es läuft und läuft, dieses Warme. Ich liege unter diesen Menschen, und ich denke, jemand hat dich bepinkelt, aus Angst, es muss Urin sein, verstehen Sie, aber es war ...

Blut?

Ja, es war Blut. Ich stand anschließend über und über mit Blut beschmiert auf dem Weg. Ich sehe noch die Gesichter der Menschen, die mich anschreien, entsetzt, sie denken, ich sei verletzt, meine Mutter, die anderen, eine einzige Apokalypse. Dabei hatte es mich nicht erwischt. Den Mann, der auf mir gelegen hatte, den hatte es erwischt. Es war sein Blut.

Ein Trauma?

Ein großes Wort. Ich muss überlegen. Nein, kein Trauma. Ein Erlebnis.

Der zentrale Punkt im Film von Ozon: Menschen, die in ständiger Gefahr des Todes leben, leben anders als solche, die das Thema eher verdrängen können.

Wie leben die mit der Todesahnung?

Nun, wie man so sagt: bewusster? Sie treffen Entscheidungen, nutzen die Zeit, oft sind doch ausgerechnet diese Menschen sogar fröhlicher ...

... sie stürzen sich ins Leben, ja, das stimmt, Sie haben recht ...

... ist das nicht absurd? Dass man wissen muss, dass es jeden Moment vorbei sein kann, um die Angst davor und sogar sein Leben besser in den Griff zu bekommen?

Ich möchte Ihnen etwas erzählen: Ich war 30 ... nein, es war das Jahr 1960, ich war also 32 Jahre alt, als bei mir Krebs diagnostiziert wurde ...

Darüber habe ich nirgendwo gelesen.

Warum auch? Ich erzähle es Ihnen nun, weil wir über dieses Thema sprechen, und wieso sollten wir auch nicht drüber sprechen? Wenn Sie also 32 Jahre alt sind, sehr begehrt, wenn Sie mit den besten Regisseuren der Welt arbeiten, dann empfinden Sie eine solche Krankheit als einen großen Schlag – okay?

Und?

Und? Ich habe den Krebs überwunden. Ich habe ihn bekämpft und überwunden. Und wissen Sie, es gibt diese Phrase, dass jeder Tag danach ein Geschenk sein soll. Aber was soll ich sagen? Jeder Tag ist seitdem ein Geschenk. Jeder. Ich bin in zwei Jahren 80 Jahre alt, ich drehe seit bald 60 Jahren Filme: Ich soll Angst vor dem Tod haben? Nein, mein Lieber! Der Tod, er macht mir keine Angst mehr.

Was macht Ihnen Angst?

Nun, manchmal das geliebte Leben? Mag sein. Aber nicht mehr der Tod.

Täusche ich mich, oder sind Sie eine starke Frau, Madame Moreau?

Unsinn! Wie kommen Sie dazu, so etwas zu behaupten? Pardon!

… nun, wie Sie …

… hören Sie: Wir haben 45 Minuten, wir beide, das ist nicht viel Zeit. Doch reden wir über ein großes Thema, nicht wahr?

… es ist das Thema des Films …

… ich mache Ihnen keinen Vorwurf. Aber jetzt sagen Sie, ich sei eine starke Frau! Das sagen Sie, weil wir jetzt gerade hier sitzen und ich Ihnen in der Kürze der Zeit klargemacht habe, wie ich über den Tod denke. Aber es ist nur eine Momentaufnahme. Wir haben 2006 – nicht 1960! Sie sitzen einer Frau gegenüber, die zu dem erst werden musste, was sie ist. Bin ich immer stark? War ich immer stark? Immer fröhlich? Nein. Als leidenschaftlicher Mensch ist das so eine Sache mit der Fröhlichkeit. Wenn wir fröhlich sind, sind wir es mit großem Elan – wenn wir traurig sind, sind wir es auch mit großem Elan. So bin ich. Gott sei Dank. Kann man gar nichts machen.

Wären Sie gerne ein kontrollierterer Mensch? Mit einer gewissen Schutzhaut?

Oh, kennen Sie solche Leute?

Den einen oder anderen, natürlich.

Und?

Und?

Sind die nicht furchtbar? Die kontrollierten Menschen? Mit ihrer sensationellen Schutzhaut? Nein, ich kann nicht im Namen dieser Menschen sprechen, verstehen Sie? Sie interessieren mich nicht. Dies sind Menschen, die nicht wirklich lieben können. Ich habe deshalb immer einen großen Bogen um die Kontrollierten gemacht! Mein Gott!

War das …

Das war nicht, sondern das ist: Intuition! Ich habe seit jeher eine sehr, sehr gut ausgebildete Intuition.

Ist man unkontrolliert, ist man aber auch verletzbarer, nicht wahr?

Das mag sein.

Und gab es da die totale Finsternis?

Ja, allerdings. Mir fehlen die Worte für diese Finsternis.

Viele Tage in verriegelten und dunklen Zimmern? Nächte gewalttätiger Traurigkeit?

Ja und noch mal ja. Ich meine: Bonjour!

Was glauben Sie, ich bin eine Künstlerin und soll das nicht kennen?

Auch Lehrer oder Polizisten haben ein Recht darauf, nein?

Na eben. Auch die. Wieso ich nicht?

Lassen Sie mich raten: Selbstzweifel waren es nicht, die Sie traurig machten.

Wann sind wir so traurig, dass die Vorhänge zubleiben? Es ist der Verlust eines geliebten Menschen. Und ich rede hier nicht nur vom Verlust durch Tod.

Bei wem …

Nein … mehr nicht dazu.

Was war der Motor, um da jeweils wieder rauszukommen? Es gibt die Theorie, dass entweder der Tod oder die Liebe unser Leben antreiben.

Beides falsch. Die Neugier treibt unser Leben an. Es ist die Neugier! Seit Adam und Eva und der verbotenen Frucht. Die Neugier hat mich aus jeder Depression wieder befreit. Die Traurigkeit verging oft nur langsam. Aber schon vorher war meist die Neugier zurück. Sie ist ein lustiger kleiner Vorbote! Man lugt wieder in die Welt hinaus, verstehen Sie?

Neugier auf was?

Na, auf Menschen! Ich hatte immer Hunger darauf, mich mit leidenschaftlichen und kreativen Menschen zu umgeben. Menschen, die mich weiterbringen. Wenn Sie sich mit solchen Menschen einlassen, ist das oft nicht leicht. Aber da sind wir wieder bei den Jahresringen und den Bäumen: Ohne diese geliebten Menschen wäre ich nicht, was ich bin, sie haben mich gemacht, diese Menschen, ich habe sie gesucht, damit sie mich zu dem machen, was ich nun geworden bin. Das ist mir so konkret vielleicht erst heute klar, dass ich sie bewusst gesucht habe. … Halten Sie sich schön von den Kontrollierten fern, ich rate es Ihnen!

Man kann Ihnen nicht vorwerfen, dass Sie bei der Suche nach leidenschaftlichen Menschen vordergründig Ihre Karriere im Blick gehabt hätten. Vor Louis Malle wurden Sie ja sogar gewarnt.

Mein Agent sagte damals, es war 1948: »Jeanne, vor dir liegt eine leuchtende Karriere. Wenn du dich nun mit diesen jungen Leuten da einlässt, sind wir getrennte Leute. Dann musst du dir einen neuen Agenten suchen!« Ich war damals aber selbst jung. Und arbeitete mit Herrschaften wie Jean Gabin und Fernandel und, und, und … Alles feine Leute. Sie behandelten mich wie eine Prinzessin. Es hätte ewig so weitergehen können. Aber ich trennte mich von meinem Agenten.

Warum konkret?

Huuu, Gott, das war alles sooo arriviert. Es gab diese sagenhafte Hackordnung, welcher Maskenbildner zu welcher Uhrzeit welchem Kameraassistenten welche Frage stellen durfte. Schauspieler liefen in den Drehpausen herum wie Bischöfe im Petersdom. Jeden Tag war das Thema, ob der eine oder die andere angesprochen werden durfte, ohne dass man sein Leben riskierte. Es war das Cinema de Papa. Ich wusste nur eins: »Ich will hier raus.«

Heutzutage kann man sich so schwer vorstellen, dass nicht schon bei den Dreharbeiten zu Filmen wie »Fahrstuhl zum Schafott« klar gewesen ist, dass es sich um ein Meisterwerk handeln wird.

Nein, das konnten wir nicht wissen. Aber ich sagte Ihnen eben, dass ich oft meine Bedenken abgestellt habe, wenn mir meine Intuition etwas gesagt hat. Und die Arbeiten mit Louis Malle oder Truffaut waren nur auf der einen Seite ein Wagnis. Auf der anderen waren sie ja eine große Befreiung. Plötzlich liefen wir in Paris einfach mit der Kamera über die Straße, ich legte mein Make-up selber auf … es war wirklich phantastisch.

An Ihren Namen wurden schon früh sehr große Erwartungen geknüpft.

Natürlich.

Finden Sie es manchmal anstrengend, einen derart großen Namen zu tragen?

Nein, nein, ich mag das.

Weckt Ihr Name nicht, sagen wir, ständig übermenschliche Erwartungen?

Ach, wissen Sie: Schauspieler, die sich über Ruhm oder Druck beklagen, die sind wirklich absolut furchtbar. Wir haben Grund zur Dankbarkeit. Punkt.

Es gibt heute wieder eine Sehnsucht nach einer derart starken Welle, wie es damals die Nouvelle Vague war …

… und ich habe kein Verständnis dafür.

Warum nicht?

Weil es sentimental ist. Und weil es so phantastische Regisseure gibt heute: Almodóvar, Van Sant, Ozon. Alle paar Jahre heißt es, das Kino sei tot. Das ist bullshit, verstehen Sie? Wenn Sie mal so alt sind wie ich, haben Sie diesen Aufschrei sicher schon 20-mal in der Zeitung gelesen: »Das Kino stirbt! Das Kino stirbt!« Das ist so langweilig, entsetzlich. In Wahrheit ist das Kino heute lebendiger, vielfältiger, engagierter, als es je war. Wir hatten noch nie so viele herausragende junge Regisseure. Nein, nein, es gibt niemals einen Grund, der Vergangenheit nachzutrauern.

Vielleicht ist das auch die Sehnsucht nach einem stilistisch puren Stil, nach der Klarheit der Nouvelle Vague …

… aber die Welt ist nicht mehr pur. In der Zeit, als wir diese Filme gemacht haben, hatten wir es leichter. Wie alt sind Sie?

39.

Schauen Sie: Sogar Sie – oder Menschen, die erst 30 sind – haben in den letzten 15 Jahren miterleben müssen, was für Veränderungen wir ausgesetzt sind: politisch, wirtschaftlich, die Kommunikation. Die Filme heute bilden das ab. Sie sind schneller. Die Literatur ist es auch.

Lesen Sie viel?

Natürlich. Aber wo wir vom Tempo sprechen: Ich zappe inzwischen auch beim Lesen. Ich lese Balzac oder Proust – und zappe dabei. Ist das toll? Ich ertappe mich dabei, wie ich ungeduldig werde beim Wiederlesen dieser geliebten Werke. Und blättere verschämt ein paar Seiten vor. Die modernen Schriftsteller, Leute wie Houellebecq, sie schreiben so, dass man nicht mehr vorblättern muss. Sie sind selbst Kinder des Zappings.

Mögen Sie Houellebecq?

Ich verehre ihn sogar, diesen Herrn …

Ist er Zyniker oder Moralist?

Oh, vielleicht beides? Die Leute machen ihm hier in Frankreich üble Vorwürfe. Das Wort Vision ist viel strapaziert worden. Aber Houellebecq: Er hat eine.

Eine dunkle.

Ist das keine? Dann hat er eben eine dunkle. Die Menschen mit den dunklen Visionen sind oft nicht die schlechtesten. Man sollte keine Angst vor ihnen haben.

Ich bleibe dabei: Sie wirken furchtlos.

Ich sagte Ihnen schon: Das Leben hat es so weit gebracht mit mir. Nicht einmal das Älterwerden hat mir übrigens länger als zwei Stunden Furcht eingejagt.

Exakt zwei Stunden? Wann war das?

1967 in Italien. Ich drehte mit Tony Richardson »Sailor from Gibraltar« (dt.: »Nur eine Frau an Bord«, die Red.) nach Marguerite Duras. Ich hatte einen drehfreien Tag. Also lag ich in diesem winzigen Hotel an der Küste, nahe Pompeji, auf meinem Bett. Um ehrlich zu sein: Ich langweilte mich wie verrückt! Ich ließ mir also einen Espresso kommen. Der Hoteljunge, der ihn dann brachte, war sehr charmant, bildhübsch, ich erinnere mich gerade sehr konkret an ihn … nun, auch egal. Jedenfalls: Als er weg ist, liege ich auf dem Bett und schaue in den Handspiegel, zupfe hier ein bisschen rum und dort – plötzlich sehe ich da diese sonderbaren Fältchen an meinem Hals.

Eine Katastrophe!

Natürlich! Holy Shit!! Aber ich lag zwei Stunden auf dem Bett, und schon war das Missvergnügen vorüber. Ich dachte: »Jeanne, du wirst bald 40 Jahre alt sein. Alles ist wunderbar. Mach dir nichts vor.« Ich ging zu den Dreharbeiten und schaute Vanessa Redgrave zu. Sie war sensationell. Ich glaube, sie wollte damals eine Beziehung mit mir. Diese wunderbare Frau. Aber was soll man machen … ich liebe nun mal die Männer.

Meine Zeit mit Ihnen ist mehr als um. Nun haben wir doch eher über das Leben statt über den Tod gesprochen, oder?

Ja – wie schön! Und, wissen Sie, am Ende unseres Gesprächs möchte ich sagen: Es geht im Leben nicht um den Tod oder das Leiden. Sondern alleine um die Moral.

Um welche denn?

Nur um die eigene natürlich! Am Ende geht es nicht um Trauer oder Glück. Sondern um richtig oder falsch. Am Ende stehen wir alleine da vor unserem Gewissen. Auf der Leiter, die Jakob in der Bibel im Traum sieht, bin ich deshalb immer nur nach oben gegangen: Es gab Niederlagen, einige sogar. Aber ich habe – in guten wie in schlechten Zeiten – immer meiner eigenen Moral standgehalten. Das Leid vergeht. Das Gewissen? Bleibt.

Sind Sie Optimistin, Madame Moreau?

Nein, nein, ich bin sehr sicher keine Optimistin. Und auch keine Pessimistin.

Sondern?

Je suis lucide! Verstehen Sie? Ich sehe klar, mein Lieber … ich sehe sehr klar!

INTERVIEW MIT
STEVE MARTIN

STEVE MARTIN

»Wissen Sie, warum die Liebe erfunden wurde? Sie wurde erfunden, damit wir ficken.«

*Steve Martin wurde 1945 in Texas geboren. Den Durchbruch als einer der gro-
ßen Komiker der Gegenwart schaffte er Mitte der Siebziger mit Auftritten in der
»Johnny Cash Show« und bei »Saturday Night Live«. Zu seinen zahlreichen Fil-
men gehören »Tote tragen keine Karos«, »Solo für zwei«, »L. A. Story« und »Im
Dutzend billiger«. Aufsehen erregte er mit dem traurigen Film »Shopgirl« 2005.
Die Slapstick-Neuverfilmung des »Rosaroten Panthers« kam 2006 in die Kinos.
Steve Martin ist außerdem ein gefeierter Schriftsteller, Bühnenautor und Essay-
ist. Mit Leidenschaft widmet er sich seiner angesehenen Sammlung moderner
Kunst. Seine Affäre mit der Künstlerin Cindy Sherman zerbrach ebenso wie sei-
ne erste Ehe. Heute lebt Steve Martin mit seiner neuen Lebensgefährtin in Los
Angeles und New York.*

Man weiß von Journalisten, die er übel hat abfahren lassen – und ist nervös. Das Zusatzproblem: Ich erfahre von meinem Interviewtermin nicht, wie sonst, lange vorher. Sondern 15 Minuten vorher. Während ich mit einem Kollegen im Berliner Einstein Unter den Linden eine Kummerproblematik wälze, erhalte ich den Anruf einer Kollegin, die sich angeblich wegen einer Fischvergiftung auf dem Boden ihrer Berliner Wohnung krümmt. Ob ich bitte schnell das Interview übernehmen könne. Ich habe keine einzige Frage dabei, als ich – schweißüberströmt und exakt sieben Minuten zu spät – in die Suite 424 des Berliner Regent hetze. Steve Martin sitzt dort und lächelt. Er sieht aus, wie die wohlhabende Intelligenz in den USA nun mal aussieht: beige Hose, blaues Hemd, Sneakers. Er antwortet schnell und mitunter nur knapp – alte Schule der Stand-up-Comedians. Dass es ihm aber ernst ist mit dem Leben, dafür könnten seine so verletzlichen Augen ein Indiz sein. Vor ihm steht ein Eistee. Er wird ihn nicht anrühren. Er wundert sich, dass sein Interviewer keine einzige Frage vor sich liegen hat ... Es muss dann einfach mal in Ermangelung von Fragen um Traurigkeit gehen.

Mister Martin, würden Sie Inspector Clouseau ...
Sagen Sie, sitzen in München noch die dicken ernsten Männer über diesen riesigen Eimern voller Bier?
Ich fürchte: ja. Es gibt aber auch ...
Wissen Sie, was ich so liebe an den Jungs?
Die Mengen von Bier, die sie ...
Nein! Die Gesichter. Dieser Ernst. Diese Selbstgewissheit. Diese Ruhe. Unzerstörbar. Großartig. Kommen Sie ursprünglich aus München?
Nein, aus dem Rheinland. Wir ha-

ben es schwer in München. Wir reden zu viel – und werden dann falsch verstanden. Der Bayer an sich redet offenbar weniger.
Ah, Sie sind ein eher zweifelnder Mensch – und in Ihrer Wahlheimat Bayern nimmt man die Dinge, wie sie sind. Ja?
Vielleicht, ja ...
Gehen Sie bitte nie nach Texas! Da, wo ich herkomme, ist alles, was mit dem Wort Zweifel zu tun hat, verboten. Texaner sind laut und selbstsicher. Wenn sie einander begegnen, fallen sie sich

in die Arme und klopfen sich mit ihren riesigen Händen die Schulterblätter zu Brei.

Sind Sie auch so? Nein, oder?

Ich habe Texas als Kind verlassen.

Mister Martin, würden Sie Inspector Clouseau, den Sie nun wiederbelebt haben, als traurige Figur bezeichnen?

Nein. Von außen betrachtet kann man ihn traurig finden. Aber eigentlich ist er das Gegenteil einer traurigen Figur. Er ist zufrieden. Er ist mit sich und der Welt absolut im Reinen. Das können wohl die wenigsten von sich behaupten.

Er ist zu dumm, einen Smart in eine sehr große Parklücke zu setzen, ohne die Autos davor und dahinter zu demolieren.

Aber er merkt nicht, dass er sie demoliert. Doch, ich würde ihn sogar als glücklich bezeichnen. Sie spielen auf die Figur des »traurigen Clowns« an, für den es in der Filmgeschichte viele Beispiele gibt. Clouseau gehört nicht dazu. Schon bei Peter Sellers war er es nicht. Obwohl Peter wusste, was Unglück ist.

Seine Depressionen sollen dazu geführt haben, dass er seine Umwelt terrorisiert hat wie kaum ein Zweiter ...

Ich will Ihnen sagen: Er war einer der respektvollsten Menschen, die ich kennenlernen durfte. Ein wundervoller Mann. Man muss solche Männer lieben, und zwar mit ihren Fehlern oder sagen wir: Unvollkommenheiten. Anders bekommt man so einen nicht geliefert.

Haben Sie ihn verehrt?

Ich habe ihn vergöttert.

Ein bisschen ein Klischee – der traurige Clown, nicht wahr?

Ja, ich denke schon. Nicht alle Idioten sind traurig. Die meisten sind es ja eben nicht. Clouseau ist ein glücklicher Idiot. Frei von Selbstzweifeln. Für solche Typen gibt es in der Realität viele Beispiele. Im Film sind sie allerdings witziger.

Sie gelten in Hollywood nicht nur als einer der größten Komiker, sondern wegen Ihrer schriftstellerischen Tätigkeit und Ihrem Interesse für moderne Kunst auch als eine Art Intellektueller ...

... o, mein Lieber, in Hollywood gilt man sehr schnell als Intellektueller, das können Sie mir glauben! Es erfordert ja nun absolut überhaupt keine Intelligenz, Schauspieler zu werden.

Nein?

Nein.

Sondern?

Talent.

Bedingt Talent nicht eine gewisse ...

Mein Gott, nein! Talent setzt doch keine Intelligenz voraus! Ich könnte Ihnen viele sehr berühmte Schauspielerinnen und Schauspieler nennen, die meine These belegen. Das merken Sie natürlich nicht auf der Leinwand. Erst bei einem Drink an der Bar. Aber Sie spielen auf meine Selbstzweifel an …

Man sagt den Intelligenteren unter den Komikern – wie eben Peter Sellers – nach, sie seien eigentlich von Selbstzweifeln geplagt. Auch Sie haben, mit Verlaub, schon einigen Interviewern das Leben nicht leicht gemacht.

Und jetzt fragen Sie sich, ob ich im Kern ein trauriger Mensch bin?

Wieso sind Sie Komiker geworden?

Ich war und bin kein depressiver Mensch. Ich war allerdings als Kind sehr schüchtern – und das in Texas! Schüchterne Menschen leiden an ihrer eigenen Überkontrolliertheit. Sie kommen nie von diesem goldenen Mittelweg ab. Das führt dazu, dass sie ersticken. Sie haben dann Angst vor dem Beruf, vor dem Leben – und auch vor der Liebe.

Showbiz war Ihr Ventil.

Showbiz war mein Ventil. Hier konnte ich extrem sein – und das, ohne von der Polizei abgeführt zu werden. Ja, ich denke, es ging um einen gewissen Extremismus. Wenn Sie als schüchterner Mensch merken, dass die Leute Sie als Extremisten großartig finden, dass Sie sogar reich und unabhängig damit werden, das ist eine gute Sache, verstehen Sie?

Sie müssen einen sagenhaften Ehrgeiz besessen haben.

Glauben Sie's oder nicht, aber ich war nicht ehrgeizig. Ich habe mir nie gesagt: »Steve, du wirst ein verdammter Erfolg!« Es ging bei mir – psychisch, wenn Sie so wollen – nur darum: »Steve, du bist im Showbiz! Du bist gerettet!«

Dann sind Sie mit sich im Reinen.

Ich bin es im Moment. Und seit einigen Jahren, ja. Ich habe eine Freundin, die ich sehr liebe und die meine vielen Fehler erträgt, weil sie mich offenbar auch liebt. Ich mache die Filme, die ich machen will. Ich verdiene mein Geld nicht mit dem Verkauf von Waffen. Ich denke, das alles ist eine gute Bilanz. Und ich muss niemanden um Verzeihung bitten, das ist der Punkt, ich tue niemandem weh.

Darf ich fragen, wann zuletzt Sie um Verzeihung gebeten haben?

Ich rede nur ungerne über mein Privatleben, so diskret Sie auch fragen.

Namen interessieren nicht.

…

Okay? Keine Namen und so was!

Nun, ich schrieb vor einigen Jahren den Roman »Shopgirl«, eine Geschichte über die Liebe eines älteren Mannes zu einem jungen und depressiven Mädchen. Vielleicht war das eine Art …

Den älteren Mann haben Sie im gleichnamigen Film auch gespielt. Eine sehr traurige Geschichte, Mister Martin …

Ja. Und dieses Buch, dieser Film, das war eine Entschuldigung. Das ist mir heute erst klar. Vielleicht sogar erst jetzt, wo Sie mich fragen. Denn alles basierte auf einer traurigen Geschichte, die ich erlebt habe. Ich habe diese Geschichte natürlich verfremdet. Aber ich hatte wohl das Bedürfnis, mich zu entschuldigen. Und die Geschichte, die mir passierte, war wichtig genug, um ein Buch daraus zu machen – diese Episode meines Lebens musste irgendwie manifestiert werden.

Eine sehr emotionale Geschichte.

Allerdings. Ja. … Allerdings.

Inzwischen entschuldigen sich die Leute öfter als früher nach traurigen Geschichten, nicht wahr? Viel öfter sogar.

Da haben Sie recht. Die Entschuldigung ist deshalb nicht mehr viel wert. Die Politiker haben sie entwertet. Clinton hat sich im Fernsehen bei seiner Frau entschuldigt, das müssen Sie sich vorstellen. Das ist in dem Sinne natürlich keine Entschuldigung, sondern ein politischer Akt. Seitdem entschuldigen sich Amerikaner am laufenden Band. Furchtbar.

Wird sich Clintons Nachfolger auch noch entschuldigen?

Bush?

Er sieht nicht so aus, oder?

Sie glauben, er ist sich seiner Sache zu sicher, um sich zu entschuldigen?

Er sieht so aus, finde ich.

Wissen Sie, was ich glaube? Ich glaube, nicht nur nachdenkliche Komiker wie ich oder nachdenkliche Journalisten wie Sie liegen nachts in den Betten und grübeln über das Leben. Bush tut es auch.

Ihr Präsident?

Ja. Er darf es nur nicht zeigen.

Mögen Sie Bush? Sie unterstellen ihm eine Nachdenklichkeit, die viele Menschen in Hollywood ihm nicht zutrauen.

Die Frage ist nicht, ob ich ihn mag. Sondern, ob ich seine Politik unterstütze.

Tun Sie es?

Nein.

Aber?

Kein Aber. Ich bin nicht einverstanden mit seiner Politik. Ich bin nicht einverstanden damit, was im Irak passiert. Aber es ist immer so leicht, über den Präsidenten herzufallen. Ich wollte nur sagen, dass er womöglich nachdenklicher ist, als er weiß Gott aussieht.

Hat ein Mensch, der um Verzeihung bittet, eine zweite Chance verdient?

Da kommt es darauf an, wie traurig die ganze Geschichte war, nicht wahr? Wenn Sie Tausende Menschenleben auf dem Gewissen haben, so wie viele Politiker …

Reden wir wieder von Ihnen! Und vielleicht von beruflichen Fehlern …

Nein! Nirgendwo hat das Wort Verzeihung eine so große Bedeutung wie in der Liebe. Wenn sie ernst gemeint ist. Wir sprachen ja eben von »Shopgirl« …

Haben Sie schon oft eine Frau um Verzeihung gebeten?

Ich musste es erst lernen. Wirklich wahr.

Und?

Und wenn man es aber ernst meint, hat man natürlich eine zweite Chance verdient. Wenn jemand es ernst meint, wirft man nicht einfach alles weg.

Für was haben Sie sich bei Frauen schon entschuldigt?

Nun, dafür, sie nicht aufmerksam genug behandelt zu haben. Da fällt mir eine etwas dumme Geschichte ein!

Bitte!

Ich habe neulich in Los Angeles in einem Café eine Frau gesehen – und bin spontan aufgestanden und zu ihr hingegangen.

Und?

Ich habe mich bei der Frau dafür entschuldigt, was ich ihr vor 25 Jahren angetan habe. Es war mir ein Bedürfnis. Die Sache war mir all die Jahre nicht aus dem Kopf gegangen. Ich gehe also mit gesenktem Kopf zu ihr. Und sage: »Hey, ich glaube, ich habe dich damals nicht gut behandelt. Es tut mir leid.«

Und die Frau?

Sie hatte keine Ahnung, wovon ich rede!

Eine Tragikomödie!

Nein, eine reine Komödie! Phantastisch. Sie freute sich, mich wiederzusehen – und bat mich immer wieder, ich solle endlich aufhören, mich zu entschuldigen. Sie wusste einfach nicht, wovon ich rede.

In Ihrem Beruf ...

Wissen Sie, warum die Liebe erfunden wurde?

Nein.

Sie wurde erfunden, damit wir ficken.

Wie bitte?

Ja. Das war der Plan.

Verzeihen Sie, aber ...

So ist es.

Soso, und die vielen, vielen Menschen, die ficken, ohne verliebt ...

Stop! Ich rede nicht von der traurigen Realität. Sondern vom Plan. Der besagte: Es reicht nicht, Kinder zu zeugen, man muss sie auch großziehen. Und dazu muss man aber eine Seelengemeinschaft bilden. Es geht darum, dass wir mit der Frau ficken, die wir lieben. Damit wir nicht aussterben. So war es wenigstens mal angedacht.

So weit der Plan.

Ja, nun.

Traurig.

Die Liebe muss deshalb nicht traurig sein. Aber sie kann.

Können Sie Liebeskummer beschreiben?

Den Tod eines geliebten Menschen zu verkraften, ist schlimm. Aber ich glaube, die traurigste Kraft, die an uns zehrt, ist der Liebeskummer. Psychische Grippe. Mit dem Leid, das uns da umtreibt, kann man Strom für eine Kleinstadt erzeugen.

Leiden Sie lange an so etwas?

Nach meiner letzten Beziehung hatte ich zwei Jahre lang Liebeskummer. Traurigkeit ist kein Ausdruck für die Finsternis, durch die ich gelaufen bin.

Man ist eine Art Junkie auf Entzug … nein?

Und?

Natürlich kommt man da raus. Man glaubt es nicht und kommt doch wieder raus. Das ändert nichts daran, wie schade es ist, dass es vorüberging. Oft merken die Leute ja erst zu spät, dass sie hätten zusammenbleiben sollen. Das ist dann der allertraurigste Moment. Das Begehren lief nicht synchron.

Zwei Jahre sind eine lange Zeit.

Sie gingen vorüber.

Keine Depressionen?

Nein. Ich sagte Ihnen schon, dass ich kein depressiver Mensch bin. Ich habe immer ein Licht am Ende des Tunnels gesehen. Es war allerdings zeitweise sehr klein, das Licht – das muss ich zugeben.

Clouseau braucht keine Frauen.

Nein, denn er hält sich selbst für viel zu großartig für die Frauen, sie haben ihn also gar nicht verdient. Und wie er selbst sagt: Gegen die Einsamkeit gibt es heute doch das Internet!

Im Kino habe ich darüber noch sehr gelacht. Jetzt gerade finde ich es traurig.

Aber auch dafür ist das Kino erfunden worden, dass Sie über so traurige Sachen lachen. Was nichts damit zu tun hätte, dass Clouseau ein trauriger oder doppelbödiger Charakter wäre. »Der Rosarote Panther« ist pures Entertainment. Da ist kein doppelter Boden. Nur Spaß.

Kann man sich vor Traurigkeit schützen?

Nein. Sie kommt. Man muss sich ihr stellen. Wenn Sie vor der Traurigkeit davonrennen, ist es nicht anders, als wenn Sie vor den Problemen, die eine Liebe mit sich bringt, davonrennen – und vorsichtshalber Solist bleiben: Sie werden sich dann als Solist selbst einholen.

In Ihrem Beruf …

Ich habe die traurigsten Fehler nie in meinem Beruf gemacht – und immer im Leben. Vielleicht ist es sogar besser so.

Der größte Fehler in Liebesbeziehungen?

Sehr einfach. Wenn Sie einer Frau nicht signalisieren, dass Sie 24 Stunden am Tag an allem, was sie denkt, fühlt und erlebt, partizipieren – wenn Sie das also nicht tun: wooooooooooom, ist sie weg!

Sie lachen.

Aber ich meine es ernst.

Und wie Sie lachen!

Los, sagen Sie Ihren Satz!

Okay. Ich sage jetzt: Frauen fühlen sich dann zu Tode geschmust. Ihre Definition würde doch keine Frau unterschreiben.

Natürlich nicht. Aber es stimmt trotzdem. Die Schlauen unter uns Männern haben das begriffen.

Und was machen diese schlauen Männer?

Sie heucheln. Sie heucheln ununterbrochenes Interesse an den Sorgen ihrer Frauen. Andere Männer hingegen sind von der Art, dass sie sich tatsächlich nur über ihre Frauen definieren. In diese zweite Sorte verlieben sich Frauen gerne. Sie bereuen es allerdings später sehr.

Okay – Sie sind einer der lustigsten Menschen der Welt. Wir müssen nun die Traurigkeit überwinden und zu einem glücklichen Ende kommen.

Ja. … Aber ich werde Ihnen trotzdem nichts von meiner Freundin erzählen.

Ich wollte doch gar nicht …

Sie hat nichts mit dem Showbiz zu tun. Ich schütze sie vor der Öffentlichkeit.

Sie lebt ein anderes Leben?

Sie ist überhaupt sehr anders als ich.

Und das geht?

Das ist sogar das Geheimnis unseres Erfolgs! Als wir das endlich akzeptiert hatten, blieb nur noch das übrig, was uns einst zusammengeführt hat.

Etwas Chemisches.

Ja. Wir wären vom Teufel besessen, uns das selbst zu versauen.

Verstehe.

Man malt sich dann gegenseitig in den schönsten Farben aus, verstehen Sie?

Das ist die Liebe.

Das ist die Liebe.

Clouseau wird es nie empfinden.

Nein. Er ist auch so glücklich.

(Die Pressedame kommt ins Zimmer: »Bitte jetzt die letzte Frage!«)

Wir müssen Schluss machen.

Yep. Tut mir leid. Strenge Regeln.

Gut, also: Empfinden Sie in Bezug auf Deutschland eine gewisse Traurigkeit?

Wieso das denn?

Nun ja …

Hören Sie mal: Die Sonne scheint! Berlin ist nicht mehr geteilt! Die Menschen …

Die Geschichte, die Schuld!

O, nein. Ich meine … also, sagen wir mal so: Ihr habt in Sachen Traurigkeit und Schuld einen sehr guten Job gemacht, oder? Jetzt dürft ihr wieder lachen!

Sie haben gut reden.

Nun, ich bin ja auch Texaner.

Danke. Ich wünsche Ihnen nur das Beste.

Ich Ihnen auch! Noch was für den Weg: Heute scheint hier in Berlin die Sonne. Und unter einem grauen Himmel ist auch New York hässlich. … Sie verstehen?

INTERVIEW MIT
MICK JAGGER

MICK JAGGER

**»Also, ich meine, ich kannte
Helmut Berger gut,
aber nein, wir hatten
kein erotisches Verhältnis!«**

Michael Phillip Jagger, geboren am 26. Juli 1943 in der Grafschaft Kent, hatte im Sommer 1962 mit den Rolling Stones seinen ersten Auftritt – im Londoner Marquee Club. Seit fast einem halben Jahrhundert nimmt die Band Platten auf und tourt. 2003 wurde Jagger vom Königshaus zum Sir geadelt. Auf ihrer letzten Tour im Jahre 2006 machten die Stones einen Reingewinn von 217 Millionen Dollar, mehr als jede andere Band zuvor. Abseits seines zeitweise skandalösen Privatlebens gilt Jagger als disziplinierter Arbeiter und fürsorglicher Vater relativ vieler Kinder.

Das Londoner Soho Hotel an einem Abend im September 2007. Eine Suite im zweiten Stock. Dieser Herr hat so schmale Schultern, dass man denkt, man kann ihn wie einen Speer durch die Gegend werfen. Das Gesicht erscheint nicht wie ein Gesicht – sondern wie die eine große Trademark des Gottes namens Pop. Mick Jagger ist kein Mensch, denkt man, sondern tatsächlich spricht man heute zum ersten Mal mit dem größten Logo der Welt. Kurz fasst man es nicht. Und dann? Dann ist er einfach nur ein aufmerksamer, gut gelaunter Mann aus London. Sehr fester Händedruck! Und wie er lacht und lacht und lacht …

Sir Mick, ich habe mich in meinen besten Anzug geworfen, und dies mit Bedacht.

Sie sehen aus wie Memphis Slim. Kennen Sie Memphis Slim?

Der Bluesmusiker? War er nicht ganz leicht untersetzt?

Er war großartig.

Memphis Slim war Afroamerikaner. Ich bin ein Weißer.

Spielt keine Rolle. Er hat auch immer diese grauen Anzüge getragen – vielleicht erinnern Sie mich deshalb an ihn.

Ich dachte, ein guter Anzug ist die beste Art, Rache zu üben.

Was habe ich verbrochen?

Jeder, der sich anzog wie Sie, machte sich zum Affen. Wenn man zum Beispiel nach einem Stones-Konzert 1982 mit einer gestreiften Hose in die Schule ging …

Gut, ja, Sie haben eine einfache Regel nicht befolgt.

Welche?

Dass es entscheidend ist, wann und wo man etwas trägt. Eine gestreifte Hose auf einer Bühne am Abend ist ein Utensil. Eine gestreifte Hose in der Schule am Morgen ist peinlich. Das tut mir leid für Sie. Wir haben hier bei uns in England Schuluniformen aus diesem Grund. Um die Jungen und Mädchen vor derartig dummen Peinlichkeiten zu bewahren.

Reden wir mal über Ihre unbestreitbare Klasse: Wieso schaden Ihnen Peinlichkeiten nicht?

Hm …

Ich meine, Sie sind ohne Zweifel der berühmteste Popstar der Welt …

… das ist ein übler Journalistentrick: Erst kommt das Kompliment …

... das ist ja nicht nur ein Kompliment, sondern eine Tatsache: Sie sind nun mal stilbildend. Aber ich habe mir jetzt diese Bonus-DVD auf Ihrer neuen Best-of-CD angesehen. Bitte verzeihen Sie: Sie haben da in einigen Videos Sachen an, dass man ja sofort blind werden möchte!

Okay, also: Sie haben recht. Ich sah diese Videos jetzt wieder. Bei »Let's Work« dachte ich: Ich sehe aus wie ein Irrer, verheerendste 80er-Jahre. »Dancing In The Street« mit Bowie, die flatternden Seidenhemden, wir hatten nur ein paar Stunden für das Video damals, aber so oder so: schlimm. Dann »Don't Look Back« mit Peter Tosh, 1978 in der Sendung »Saturday Night Life«: Ich trage eine Hose mit silbernen Klebestreifen! Sie deuten an, einige dieser Videos seien peinlich. Sagen wir es, wie es ist: Sie sind vielleicht sogar alle peinlich.

Muss man sich im Popgeschäft gelegentlich einfach deshalb blamieren, weil es nun mal das Popgeschäft ist?

Eine philosophische Frage. Also, ich muss darüber nachdenken. Ich denke nach, ich denke nach, ich denke nach ...

Sie nehmen es jedenfalls mit Humor.

Nun, Sie tragen keine Hosen mit Klebestreifen. Sie tragen einen smarten Anzug. Ich inzwischen auch, wie Sie sehen. Aber diese Videos sind nicht nur peinlich – sie sind ja auch wunderbar.

Sie sind ein Dokument. Sie dokumentieren den State of the Art – ihrer Zeit. Ich finde es sehr in Ordnung, das noch mal abzubilden. Ich meine, wen interessiert's, dass das peinlich ist nach 30 oder 20 Jahren?! Es sind gute Songs. Ich mag auch den Gedanken dahinter, dass David und ich für die Coverversion von »Dancing In The Street« nur ein paar Stunden Zeit hatten, Song und Video, das haben wir runtergehauen, weil es halt zu »Live Aid« schnell fertig werden musste, alles nicht perfekt, aber ich liebe beides, den Song und das Video. Beides hat eine sehr rohe, spontane Qualität. Sie sehen, ich nehme vieles mit Humor, vor allem meine Sünden. Was bleibt mir übrig?

Wenn Sie heutzutage das Drogen- und Sextheater um Leute wie Pete Doherty oder Amy Winehouse mitkriegen – was löst das aus? Vatergefühle? Langeweile?

Hm, schwer zu sagen. Am ehesten Langeweile? ... Aber Amy, sie ist eine wunderbare Künstlerin. Schreibt phantastische Songs, hat Klasse. Was löst es bei mir aus, sie auf Drogen in irgendwelchen Tabloids zu sehen? Am ehesten, dass ich hoffe, sie bekommt die Kurve. Es wäre schade.

Auch Pete Doherty spielt unbeirrt den Alltag der frühen Stones nach, oder?

Die Leute lieben Wiederholungen, Fortsetzungen, solche Sachen. Das Kino liebt so was. Und die Presse natürlich auch. Doherty bedient, was man von ihm sehen will, eine Art Teufelskreis …

. . . in der Art, dass man aus dem Image nicht mehr rauskommt?
Ja, er leidet an den Tabloids, weil sie nur über Dreck berichten, nicht über seine Kunst. Das Schlimmste aber wäre nun, dass sie gar nicht mehr über ihn berichten. Also gibt er sich ständig zu erkennen.

Und die Kunst?
Ich wüsste nicht, wie ich den Künstler Pete Doherty bewerten soll. Ich habe nicht ein Lied von ihm im Ohr … Bei Amy Winehouse ist das anders.

Das alles muss Sie an ganz, ganz alte Zeiten erinnern.
Neulich haben mich hier in Soho einige Fotografen über den Haufen gerannt. Ich sagte zu einem Freund: Was ist denn mit denen los? Er: Da hinten geht Pete Doherty. Ich: Was macht er denn Irres? Mein Kumpel: Er geht in ein Hotel. Ich: Was ist daran so aufregend? Er: Mick, ich habe absolut keine Ahnung, aber sie finden es ziemlich aufregend, und Pete Doherty findet es ziemlich aufregend, dass sie es ziemlich aufregend finden.

Haben die Fotografen Sie nicht erkannt??
Ich habe meine dezente Methoden der Verschleierung, damit man mich nicht erkennt. Da ich ein relativ einmaliges Gesicht habe, könnte ich sonst auch gar nicht auf die Straße gehen.

Ihre Stilikonen?
Hm …

Andy Warhol?
Andy? Nein!

Offenbar unpassend.
Nein, nein, schon in Ordnung – aber er ist keine Stilikone für mich. Nie gewesen.

Sondern?
Weiß nicht. Andy war halt eine Zeit lang da. Aber er war keine Ikone. Nicht für mich. Aber hier: Cary Grant hatte Klasse. David Niven. Fred Astaire. Coco Chanel für die Frauen. Ich habe diese Leute in meiner Jugend sehr verehrt. Später dann natürlich auch die klassischen Antihelden: John Cassavetes. Oder Marlon Brando in »On The Waterfront«.

Leni Riefenstahl.
Wie bitte?

Es gibt Fotos, wo man Leni Riefenstahl sieht, wie sie Sie und Bianca fotografiert.
Sieh mal einer an. Nun, lange her. Sie wurde gelegentlich eingeflogen von diesem oder jenem, nicht? Aber von mir? Nicht, dass ich mich erinnere.

Man denkt jedenfalls nicht, dass einer wie Sie den distinguierten Stil von David Niven oder Cary Grant verehrte. Jedenfalls kann man Ihnen schwerlich vorwerfen, dass Sie diesen Stil kopiert hätten.
Man sollte nie einen Stil kopieren, mein Lieber. Sondern einen schaffen. Sie haben ja gesehen, was passiert,

wenn man einen Stil kopiert. Damals. 1982. Als Sie mit Ihrer gestreiften Hose in die Schule gegangen sind. Hahaha!

Der Stil, den Sie geschaffen haben …

… verzeihen Sie, eine Ikone habe ich vergessen: Memphis Slim. Auch den habe ich sehr verehrt, auch optisch. Sie sind auf dem richtigen Weg, Sie sind auf dem Memphis-Slim-Way-of-Life!

Der Stil, den Sie geschaffen haben, war aber ein anderer: Sie sahen mitunter aus wie ein Transvestit. Warum?

Nun, um zu schockieren natürlich.

Nur? Also ausschließlich deshalb?

Was glauben Sie denn?

Weiß nicht. Heute würde man sagen: Um sich in seiner Gänze auszudrücken, seine inneren Widersprüche zuzulassen, Blockaden zu lösen … solche Sachen.

Unsinn. Vergessen Sie diesen Unsinn! Das ist Psychoratgeberzeugs aus den Zeitschriften.

Sie lachen.

Na klar, ich meine: Ich hatte keine inneren Widersprüche! Zumindest keine nennenswerten. Ich hatte Spaß. Und ich wollte berühmt sein. Reich. Begehrt.

Waren Sie dann auch, und zwar begehrt nicht nur von Frauen. Die Leute dachten: Jagger muss wohl bisexuell sein.

Das sollten sie ruhig. Hören Sie, wir waren talentierte, hart arbeitende Musiker. Aber wir wollten auch berühmte und reiche Musiker sein. Gut können Sie auch als Hotelpianist sein. Aber berühmt nur, wenn Sie sich noch einen Dreh einfallen lassen. Zu schockieren zum Beispiel.

Das klingt nach Betriebswirtschaft.

Das klingt nicht nur so. Wobei man sagen muss, dass es für einen jungen, fröhlichen Mann keine Tortur ist, sondern eine Freude, sich so zu benehmen, wie wir uns nun mal benommen haben.

Finden Sie das manchmal vielleicht – in der Rückschau – peinlich? Diese Frauenfummel auf der Bühne …

Aber keine einzige Sekunde davon finde ich peinlich. Würde ich es peinlich finden, wenn wir nach zwei Hits wieder weg gewesen wären? Allerdings. Aber meine Songlist kann sich sehen lassen. Die Leute machen sich das oft etwas einfach, verstehen Sie?

Inwiefern?

Mit schlechten Songs können Sie keine Karriere machen, okay? Zumindest keine dauerhafte, egal, ob Sie als Mann auf der Bühne Lippenstift tragen oder nicht. Ich denke, dass die Leute – vor allem hier in England – den Begriff Talent nicht richtig einschätzen. Es heißt immer, zum Talent müsse noch die Arbeit kommen. Wenn Sie mich fragen: Wenn man sehr talentiert ist, dann beinhaltet dieses Talent schon die Erkenntnis, dass jede Begabung ohne massive Selbstzweifel und sehr harte Arbeit nichts wert ist.

Endlich, da spricht nun das Ehrenmitglied der London School of Economics, der Betriebswirtschaftler Mick Jagger!
Wer auch immer da spricht: Jeder, der sagt, die Stones waren nur ein Haufen Wilder in zu engen Hosen, übersieht was. Es reicht ja auch nicht, einfach nur einen guten Anzug zu tragen – das war nur die eine Seite von Memphis Slim, die andere war: Er war sehr, sehr, sehr gut!
Gut, die Stones haben absolut brillante Songs geschrieben und phantastische Konzerte gegeben ...
Und zwar über einen sehr langen Zeitraum. Und wenn das oft lapidar aussah, so steckte halt sehr harte Arbeit dahinter. Schauen Sie mal, wie ich mich aufrege!
Ja, wieso eigentlich?
Weil es die Leute oft nicht kapieren. Wissen Sie, wieso England so lange schon nicht mehr Weltmeister war? ... Also, Frank Lampard oder wer auch immer schießt aus dem Zentralmittelfeld – sagen wir: aus 50 Metern – ein Tor. Okay?
Okay.
So. Was ist nun los? Eine Nation ist besoffen. Alle rasten aus. Überall Fahnen. Und dann? Zack! England ist ausgeschieden! Warum? Weil wir dachten, wer ein so sagenhaftes Tor schießt, ist schon durch. Aber das ist er nicht. Er bekommt – während er noch feiert! – zwei Dinger rein. Es ist harte Arbeit für

Lampard gewesen, so einen Schuss hinzukriegen. Aber es wäre nun eben auch harte Arbeit gewesen, gottverdammte harte Arbeit, ein ganzes Turnier durchzustehen.
Ihr Turnier dauert bald 50 Jahre.
So ist es. Und es ist immer wieder harte Arbeit, bis es so weit ist, dass es leicht klingt, leicht aussieht, leicht wirkt.
Okay. 64 Jahre alt zu sein – Strafe oder Geschenk?
Oh, Mann!
Sie wenden sich ab.
Na ja, herzlichen Glückwunsch.
Das will man halt wissen.
Also, die Frage stellt sich doch gar nicht, ich habe mir diese Frage überhaupt noch nie gestellt, ob das eine Strafe oder ein Geschenk ist, 64 Jahre alt zu sein.
Sie sind nicht so der Melancholiker, oder?
Nein.
Gut.
Ich meine, die Antwort ist doch klar: Entweder du stirbst jung. Ich habe mich entschieden, nicht jung zu sterben. Also werde ich komischerweise immer älter. That's all ...
Mann, ich kenne 30-Jährige, die sind melancholischer als Sie. Sie finden das Thema ja sogar regelrecht lustig ...
Ja, weil ... schauen Sie: Ich rege mich nicht darüber auf, dass es morgens hell wird und abends dunkel. Wieso sollte ich mich also aufregen, dass ich Mor-

gen für Morgen in meinem Bett erwache. Im Zweifel sollte ich eine gewisse Demut üben und dankbar dafür sein. Eine gewisse Restintelligenz hatte mich immer fest im Griff, und die sagte mir an gewissen Momenten meines Lebens: Lass es nun hiermit oder damit gut sein.

Einige Freunde sind jung gestorben.
Das ist bekannt, ja.

Haben Sie Glück gehabt?
Nicht nur. Ich sagte schon: Es hing auch mit etwas Intelligenz zusammen. Außerdem habe ich gute Gene, ich bin gesund. Trotzdem habe ich neulich was absolut Sonderbares gehört!

Was?
Dass wir alle eines Tages möglicherweise sterben werden! Es stand in der Zeitung.

Wundern Sie sich manchmal, dass Keith Richards noch lebt?
Man könnte sich manchmal wundern. Die Leute tun das. Ich nicht. Keith ist zäh. So war er immer schon.

Okay, das hier ist ganz lustig: 1976 schrieben die trottelligen Popkritiker zum ersten Mal, die Stones seien zu alt, sie sollten sich auflösen, und so was. Das vermutlich beste Konzert, das ich je gesehen habe, war das Club-Konzert der Stones im Circus Krone in München – und das war 2003.
Das war ein toller Abend in München, ich erinnere mich an dieses Konzert sehr genau, da war wirklich etwas in der Luft – es war übrigens brüllend heiß, oder?

Es war brüllend heiß! Jedenfalls dachte ich danach: Sollen sie halt weitermachen, bis sie 80 sind oder so. Ich meine, John Lee Hooker, Oscar Peterson, alles keine Frage des Alters, oder?
Ja, einerseits. Andererseits muss man natürlich aufpassen.

Auch eine Frage der Klasse, oder?
Ja. Sich aufzugeben, nur weil man über 60 ist, ich meine, wieso? Andererseits sollte man nicht wie ein 20-Jähriger, na, ich weiß nicht …

… sich, sagen wir, an die Eier fassen.
Exakt! Das wäre falsch, das ist ab einem gewissen Alter peinlich. Also geht es eher – und noch mehr – um die Musik als um das ganze Rock-'n'-Roll-Theater, Sie verstehen, vielleicht geht es also um eine etwas distinguiertere Darstellung.

Zeit für Las Vegas.
Nein, nein, niemals. Also: Nein!

Sie könnten da so als Elder Statesman des Rock 'n' Roll …
Nein! Hören Sie auf! Sonst komme ich noch auf dumme Gedanken: Man verdient in Vegas nämlich sagenhaft viel Geld! Mit verhältnismäßig bequemer Arbeit! Nicht der Künstler kommt zu den Leuten, die Leute kommen zum Künstler – das ist bequem. Grrr, verführerisch!

Wird es eine neue, weitere Tournee der Stones geben?

Keine Ahnung. Ich nehme mal an.

Langweilige Frage?

Nein, nein …

Doch, oder?

Nein, nur mehr so wie: Werden Sie bald mal wieder, ich weiß nicht, eine Bar besuchen oder: indisch essen gehen? Was würden Sie antworten?

Dass ich es annehme.

Sehen Sie. Ich kann diese Fragen immer schlecht beantworten. Weil ich nicht weiß, was morgen ist. Journalisten sind auch immer mächtig wütend, wenn's anders kommt. Wie oft habe ich gesagt: Es gibt nie mehr eine Stones-Tour! Einen Monat später haben wir eine neue Tour bekannt gegeben. Und zwar nur, weil wir plötzlich Lust dazu hatten – und natürlich weil wir die dummen Gesichter der Journalisten sehen wollten.

Ein Kumpel von mir, der überhaupt keine Klasse hat, hat mir eine Frage mitgegeben, die absolut nicht langweilig ist. Wollen Sie sie hören?

Na los.

Ich selbst würde sie niemals stellen.

Okay.

Die Frage wäre also gewesen: War es in erotischer Hinsicht damals aufregender mit Helmut Berger oder mit Uschi Obermeier?

Was? Ich würde diese Frage, falls Sie sie stellen würden, niemals beantworten. Das ist absolut unglaublich.

Finde ich auch.

Also, ich meine, ich kannte Helmut Berger gut, aber nein, wir hatten kein erotisches Verhältnis! Hehehe …

Lustig, oder?

Nicht übel, nicht übel.

Wenn wir über Klasse sprechen, wer in England hat heute noch welche?

Keine Ahnung. Ich? … Ich!

Außer Ihnen.

Keine Ahnung.

Gordon Brown?

Gordon Brown! Ja, sehr gut. Nun, ich würde ihn nicht als Stilikone bezeichnen. Andererseits wird er offenbar gerade eine, eben weil er so non-glamourous ist. Er sollte schnell Wahlen anmelden. Sonst merken die Leute, dass er viele Jahre bei Blair im Kabinett war.

Sagen Sie, die Zeit drängt, können wir am Ende kurz über London sprechen?

Gerne.

Finden Sie, diese Stadt hat noch die Klasse, die sie mal hatte?

Natürlich! Was glauben Sie denn?

Sie ist kalt geworden. Und es geht nur noch und ausschließlich um Geld.

Oh no, nicht diese Platte bitte! Lassen Sie die Sentimentalitäten! Das ist nicht cool. In London ging es immer um Geld, und es gab immer in dieser Stadt diese Dynamik, diesen Irrsinn ums Geld …

… Sie haben gut reden.

Na, meinetwegen, aber das ist doch nicht der Punkt. Das ganze Chaos, der Kampf ums Überleben, das alles machte immer schon die Klasse Londons aus. Dass Sie hier nie wissen, was der nächste Tag bringt. Auch diese immanente Brutalität ist das Geheimnis dieser Stadt, verstehen Sie? Immer gewesen! Fallen Sie nicht auf diesen 60er-Jahre-Kitsch herein. Wenn Sie in London ein neues Lieblingsrestaurant gefunden haben, so werden Sie sich schon eine Woche später wundern.

Weil es nicht mehr da ist.

Genau. Der Londoner hat immer alles ertragen, mit allem gerechnet, war meistens pleite – und hat sich seine gottverdammte Coolness nicht mal von ein paar durchgedrehten Terroristen nehmen lassen. Nein, nein, wenn man es weniger dynamisch, eher statisch mag, muss man halt nach, sagen wir …

… Paris …

… ziehen. Da können Sie sicher sein, dass die Brasserie an der Ecke noch ein paar Jahrzehnte erhalten bleibt. In London ist einen Monat nach der Eröffnung der Koch arbeitslos, und da, wo das Restaurant war, ist eine chinesische Reinigung.

Danke, Sir, dann machen wir mal Schluss jetzt.

Ich danke Ihnen. Machen Sie's gut!

INTERVIEW MIT FRANÇOISE WILHELMI DE TOLEDO

FRANÇOISE WILHELMI
DE TOLEDO

**»Wieso sollte ich ein Engel sein?
Ich sage Ihnen nur, wie Sie Ihr Gewissensleben wieder in den Griff bekommen!«**

*Dr. Françoise Wilhelmi de Toledo gehört zu den angesehensten Ernährungs- und
Naturheilkundlerinnen, die schönste ist sie allerdings sowieso. Zusammen mit
ihrem Mann Raimund Wilhelmi leitet sie die renommierten Buchinger-Kliniken
in Überlingen am Bodensee sowie in Marbella. Sie wurde 1953 in Genf geboren
und ist ein Kind der '68er-Bewegung. Mit ihrem Mann sowie den zwei Söhnen
lebt sie in Überlingen und lacht sich ins Fäustchen, wenn sehr dicke arabische
Familien mühsam anreisen und dann erfahren, dass es nicht reicht, da zu sein,
sondern dass man jetzt auch nichts mehr essen darf.*

Der sehr heiße Sommer 2003. Ein altes Haus in Überlingen, Blick auf den Bodensee, man geht in einen romantisch explodierten Garten, sitzt unter einem Kirschbaum und hofft, dass Martin Walser nicht vorbeischwimmt. Françoise Wilhelmi de Toledo serviert Olivenpaste und Bruschetta. Als sie neben dem Aufnahmegerät die Zigarettenpackung bemerkt, lächelt sie und holt einen Aschenbecher. Sie hat einen sofort im Griff. Im Folgenden geht es hauptsächlich um Schuld, Sex und Hähnchenflügel.

Frau Wilhelmi, danke für den Aschenbecher!

Bitte.

Sind wir uns nicht einig, dass das Leben eine notorische Gewissensfrage ist?

Ist das so?

Ja, reden wir nur vom Essen, da kennen Sie sich aus: Es schmeckt selbst einem Feinschmecker …

Sie sind Feinschmecker?

… warten Sie's ab! Es schmeckt selbst einem Menschen, der gerne gut isst, mitunter primitives Zeug. Und dann schämt man sich und denkt, man wird krank.

Was ist das Schlimmes, was Sie da zubereiten?

Hähnchenflügel, manchmal.

Nur die Flügel vom Huhn?

Ja. Ein Kilo Hähnchenflügel. Würzsalz drauf. Ab in den Ofen. 200 Grad.

Nach 45 Minuten sind sie salzig und knusprig.

Wieso sollte man das nicht zubereiten, wenn es den Gästen schmeckt?

Von Gästen war keine Rede.

Sie essen das Kilo alleine?

Ja, Sie müssen berücksichtigen: Da sind fast nur Knochen dabei.

Das stimmt. Trotzdem ist das alles recht umfangreich, oder?

Schon meldet sich wieder das schlechte Gewissen.

Sie sind lustig. Sie wirken ja nicht gerade krank oder verfettet.

Sie meinen, alle drei Wochen eine Hähnchenflügelattacke geht in Ordnung?

Alle drei Wochen? Schauen Sie, wenn Sie zwischendurch genug Obst und Gemüse, Fisch und Vollkornnahrung und kaltgepresste Öle zu sich nehmen, wieso dann nicht mal Hähnchenflügel?

Ich erzähle Ihnen das mit den Hähnchenflügeln, weil ich diese Junk-Food-Attacke für repräsentativ halte.

Natürlich ist sie das, machen Sie sich keinen Kopf, Sie nehmen doch kein Heroin, Sie essen nur Hähnchenflügel!

Es gibt Leute, die ernähren sich gut und schön, und plötzlich nagen sie an Spareribs herum, denen geht es auch so, oder?

Natürlich, und womöglich macht Sie Ihr schlechtes Gewissen kränker als die Hähnchenflügel, die Sie essen – wenn auch in sehr großen Mengen, das muss ich schon sagen.

Wieso rastet man angesichts gegrillter Hähnchenflügel vor Glück aus?

Sie schütten Serotonin aus. Das ist ein Glückshormon.

Ist diese Ausschüttung normal?

Die ist normal. Uns Menschen ist das angeboren, damit man nicht vergisst, Nahrung zu sich zu nehmen. So haben wir überlebt vor Zigtausenden Jahren. Heute müssten wir beim Verschlingen eines Bergs Hähnchenflügel eigentlich kein Serotonin mehr ausschütten, da wir ja ständig Essen zu uns nehmen könnten, im Sommer wie auch im Winter. Das war nicht immer so, früher, viel früher wurde im Sommer Fett angesetzt für die kalte Zeit, in der die Natur wenig oder gar kein Essen hergab. Im Tierreich und bei einigen Völkern ist es heute noch so.

Man schüttet beim Anblick von Hähnchenflügeln Glückshormone aus ...

Besonders während Sie sie essen.

Ist das was ...

Sexuelles?

Etwas Quasisexuelles sozusagen?

Ja, wenn Sie so wollen. Was Ihre Glückshormonausschüttung angeht.

Mein Gott.

Ja, aber Sie brauchen kein schlechtes Gewissen zu haben, Sie vergehen sich ja nicht an den Hähnchenflügeln! Das ist schon alles sehr rührend. Sagen Sie mir, ob Sie mal gefastet haben?

Versucht.

Wie lange?

Drei Tage.

Wie war das?

Zwei Tage nur Säfte, haben Sie mal Sauerkrautsaft getrunken?

Das ist ja furchtbar, wer hat Sie denn da beraten? Sauerkrautsaft ist zusätzlich abführend, und vor allem schmeckt er ...

... das Wort Ekel beschreibt nicht hinreichend den Geschmack von Sauerkrautsaft. Ich habe die Säfte dann weggeschüttet und eine Bratwurst gegessen.

Wie haben Sie sich nach der Bratwurst gefühlt?

Ich hatte ein schlechtes Gewissen.

Sie haben alles falsch gemacht, Sie haben sich in das Fasten gestürzt wie in eine Schlägerei! Ich denke, dass das Fasten auch Ihnen guttun würde.

Ich bin nicht dick.

Das ist doch nicht der Punkt! Schauen Sie sich die Menschen hier in der Klinik an, die meisten sind nicht dick. Das Fasten ist Urlaub für Ihren Körper und für Ihre Seele. Sie räumen sozusagen auf und fühlen sich nachher sehr, sehr gut. Aber das geht nicht mit Gewalt. Sie haben die Rezepte Ihres hektischen Alltags auf Ihre Fastenprozedur übertragen, das konnte nicht gut gehen.

Wie geht es denn gut? Und wie sieht der medizinische Nutzen des Fastens aus?

Das Fasten ist eine Art Ernährung von innen. Ihre Zellen werden von den Reserven an Fett, Vitaminen, Mineralien usw. genährt, die sie in rauen Mengen bei sich tragen. Sie tragen sozusagen ständig ein ganzes Menü mit sich herum. Das Fasten senkt das Cholesterin, das Insulin, den Blutzucker, es erholen sich Verdauungstrakt und Immunsystem besser als bei jeder anderen Heilmethode, das Blut fließt besser, Allergien und Entzündungen gehen zurück – und, das möchte ich schon gerne zufügen: Wir machen hier in der Klinik seit nun 50 Jahren die Erfahrung, dass ein abgeschlossener Fastenvorgang der Seele Flügel verleiht.

Man ist glücklich danach?

Man ist sehr glücklich danach, glauben Sie mir, ich mache das seit 32 Jahren und weiß, wovon ich rede.

Was mir aufgefallen ist: Ich hatte beim Fasten neben Ekel und Hunger ...

Sie hatten Appetit, keinen Hunger ...

... angefühlt hat es sich wie Hunger, ich hatte jedenfalls auch Kopfschmerzen.

Das ist am Anfang normal. Sie hatten gerade angefangen, den Körper zu entgiften. Gitanes und Kaffee kamen da zum Vorschein. Womöglich mussten Sie zusätzlich die Hähnchenflügel entschlacken, die Sie sich einen Tag, bevor Sie mit dem Fasten angefangen haben ...

... ist ja gut ...

... jedenfalls: Diese Kopfschmerzen sind am Anfang einer Fastenkur ebenso normal wie mögliche seelische Ausbrüche.

Wie äußern sich die?

Es kann passieren, dass Sie ohne einen zunächst ersichtlichen Grund anfangen, loszuheulen, sich gehen zu lassen.

Das ist bedenklich.

Wieso ist das bedenklich?

Menschen, die sich gehen lassen, sind eine Plage. Immer lassen sich alle gehen.

Nein.

Doch.

Hören Sie: Viele Menschen, die hier zu uns kommen, lassen zum ersten Mal seelisch fünfe gerade sein, es tut ihnen gut, mal zu weinen. Das Leben ist nicht leicht. Wir leben zum Beispiel in einer irre belastenden Arbeitswelt.

Man kann sich nicht ins Büro setzen

und rumheulen. **Das geht nicht. Ich verlange auch von anderen, das zu unterlassen.**

Schämen Sie sich Ihrer Tränen?

Frau Wilhelmi, das Problem ist: Wie passen Fasten, Gehenlassen und eine Arbeitswelt zusammen, in der fünf Texte bei Redaktionsschluss nicht da sind und alle Telefone gleichzeitig läuten? Soll man da zusätzlich rumheulen?

Sicher ist das schwer. Deshalb sollten Sie für Ihren ersten Fastenvorgang Urlaub nehmen und das Handy ausschalten. Sie sind ein Seismograph und werden beim Fasten Geborgenheit und Fachkompetenz brauchen. Ich kenne viele Menschen, die ein hartes Leben leben. Einige kommen erst zu uns, wenn sie den Infarkt schon hatten. Wieso nehmen die nicht einmal im Jahr Urlaub und fasten?

Insgesamt wirken das Fasten und das Leben in Ihrer Klinik wie das Gegenprogramm zum Leistungsterror draußen.

Es werden übrigens auch beim Fasten Glückshormone ausgeschüttet, wie beim Ecstasy.

Wie beim Ecstasy?

Ja, wenn auch nicht so radikal und nicht in so massiven, künstlichen Dosen. Und mit der Leistungs- und Spaßgesellschaft ist es ja eh nicht mehr weit her, nicht wahr. Aber à propos Spaß: Wenn Sie das Fasten – wie bei Ihrem ersten Fastenversuch – als Nahkampf

mit sich selbst verstehen, kann es nicht klappen. Man kann Genuss nicht bekämpfen, verstehen Sie? Sie müssen also den Essensgenuss durch andere Genüsse ersetzen, erst auf Zeit, später werden Sie dann diese neu gewonnenen Genüsse mit in Ihr normales Leben nehmen.

Was sind das für Genüsse?

Ich will nicht, dass es kitschig klingt: Aber es kann sein, dass Sie Musik, Kunst und Ruhe oder den Anblick eines Sees viel präziser genießen lernen als vorher. Zeit zu haben ist eine heute sehr zeitgemäße Spiritualität.

Mmh.

Ich bin sehr sicher! Sie brauchen Ruhe und Zeit. Machen Sie Ihrem Gewissen klar, dass Sie diese Ruhe verdient haben. Haben Sie sich diese Ruhe verdient?

Ja.

Sehen Sie.

Sie sind so eine Art Engel.

Wieso sollte ich ein Engel sein? Ich sage Ihnen nur, wie Sie Ihr Gewissensleben wieder in den Griff bekommen! Und die Gesundheit fördern. Sicher sind Sie einfach nur erholungsbedürftig.

Frau Wilhelmi, haben Sie jemals gesündigt? Auch mal alles in sich reingemampft oder so?

Schauen Sie, ich war im Mai 1968 15 Jahre alt, ich war ein hedonistisches Mädchen, dem es materiell gut ging, dem es an nichts mangelte, wie man so sagt.

Aber?

Ich litt an Bulimie. Das hatte viel mit dem Bild zu tun, dass wir Frauen uns damals eintrichterten: Wir müssen nicht am Herd stehen, wir können studieren, wählen, ob wir einen Mann oder Kinder wollen, tun und lassen, was wir wollen, und: Wir sind schön – schön schlank vor allem! Wir merkten dabei nicht, dass dieser Schlankheitswahn die neu erworbene Freiheit der Frauen wieder zunichtemachte. Ich brauchte eine Psychotherapie. Und ich fing 1970 an, unter ärztlicher Aufsicht zu fasten. Ich habe mein Seelenleben umgekrempelt.

Was haben Sie gegessen, als Sie an Bulimie erkrankt waren?

Kuchen. Unmengen von Kuchen.

Sie waren gewissenskrank.

Natürlich. Ihr Gewissen macht Sie irre, wenn Sie sich laufend Pflichten wie auch Freiheiten einbilden und ständig beides nicht erfüllen können. Wir Frauen haben uns in den 60er-Jahren viele wichtige Sachen erkämpft. Aber viele von uns haben sich auch mächtig übernommen mit ihren Ansprüchen. Ich mich auch. Mit einigen Folgen der erkämpften Freiheiten müssen sich viele junge Frauen heute noch auseinandersetzen.

Wie äußerte sich Ihr Hedonismus?

Wie gesagt: auch beim Essen. Sagen Sie, können Sie noch etwas anderes zubereiten als Hähnchenflügel mit Würzsalz?

Hühnersuppe.

Aus den Knochen der Hähnchenflügel?

Lassen Sie mal die Hähnchenflügel! Entschuldigung.

Wie ist es mit Sex beim Fasten?

Oh, etwas kompliziert. Faszinierend!

Berichten Sie!

Also: Insgesamt kann man sagen, dass der sex drive bei Männern während einer mehrwöchigen Fastenzeit deutlich nachlässt. Nach der Fastenzeit nimmt dieser sex drive hingegen rapide zu.

Was soll daran kompliziert sein?

Kompliziert ist, dass dieser sex drive bei Frauen – anders als bei den Männern – während der Fastenzeit zunimmt. Und nach der Fastenzeit nimmt er nicht ab.

Wieso nimmt er bei Frauen zu?

Es hat nach allem, was man weiß, auch damit zu tun, dass sie abnehmen, die Haut wird klarer, die Frauen werden schöner und fühlen sich dementsprechend besser. Bei Frauen erhöht das Gefühl von Schönheit die sexuelle Lust.

Dann will der fastende Mann keinen Sex und die fastende Frau aber ständig?

So kann es passieren.

Und nach dem Fasten?

Nach dem Fasten sind wir Frauen erwiesenermaßen ungeheuer fruchtbar.

Ist das empirisch bewiesen?

Ja, empirisch und privat. Ich bin zweimal nach einem Fastenvorgang in Rekordgeschwindigkeit schwanger geworden. Meine Söhne sind heute 16 und 17.

Immer liegen Steine im Weg.

Wie kommen Sie jetzt darauf?

Der Mann hat beim Fasten wochenlang keine Lust auf Sex und frustriert seine Frau. Die aber wird nach dem Fasten sofort von ihm schwanger, was wiederum ihn frustriert. Totaler Wahnsinn!

Wissen Sie, was eine der schönsten Nebenwirkungen des Fastens ist? Man nimmt das Leben leichter danach.

INTERVIEW MIT
DAVID GILMOUR

DAVID GILMOUR

**»Es gibt Gitarristen, die sind mir in
technischer Hinsicht weit überlegen.
Womöglich finden Sie ein paar
von denen in der Londoner U-Bahn.«**

*David Gilmour wurde 1946 in Cambridge geboren und ersetzte 1968 den seelen-
kranken Syd Barrett bei »Pink Floyd«. Gemeinsam mit Rick Wright, Nick Mason
und Roger Waters gelang Gilmour mit Alben wie »Dark Side Of The Moon«,
»Wish You Were Here« und »The Wall« eine beispiellose Karriere. Er prägte mit
sphärenhaftem Gitarrenspiel und tief daherschwebender Stimme maßgeblich das
Klangbild der Gruppe, von der sich Waters Anfang der 80er-Jahre im Streit trennte. Gilmour produzierte seit Ende der 70er-Jahre drei viel gelobte Soloalben.*

Mai 2006, in einem feinen Saal des Künstlerbereichs der Alten Oper in Frankfurt: Durch die Tür kommt ein kräftiger, sehr gut aussehender etwas älterer Herr. Schwarze Hose. Schwarzes T-Shirt. Exzellente Wildlederschuhe. Ein etwas ironisches und leider total überlegenes Lächeln. Dazu diese leicht animalischen Augen, die von tanzenden Brauen in die Mangel genommen werden. Seine Antworten sind nicht selten aufreizend kurz. Die Stimme? Als ob ein Grizzly in eine Regentonne brummt. Wenn er ein wenig genervt ist und eine Antwort mit einem »Well…« einleitet, nimmt er die höheren Tonlagen, was zugleich müde wie auch bedrohlich klingt. David Gilmour ist ein zivilisierter Mann aus gutem Hause. Er sieht aus wie ein Stararchitekt. Unhöflich ist er ganz und gar nicht. Ob mit ihm aber in jedem Fall gut Kirschen essen ist? Man sollte es lieber mal bezweifeln. Sehr mochte ich die Sekunden, in denen er über den Pink-Floyd-Auftritt im Londoner Hyde Park 2005 sprach – und noch mal klarstellte, dass nicht mehr Roger Waters, sondern er, Gilmour, in der Firma Pink Floyd die Hosen an hat. Große englische Psychoschule!

Mister Gilmour, haben Sie die Autogrammjäger draußen bemerkt?
Ja.

Es sind viele junge Menschen drunter.
Es sind überhaupt viele junge Menschen auf dieser Tour. Ja, schön. Aber ich gebe nicht so sehr gerne Autogramme.

Warum nicht?
Ich gebe nicht gerne meine Handschrift in die Hände fremder Menschen.

Es ist nur Ihr Name. Was ist der Grund, dass Sie es nicht tun?
Nun, es ist immerhin mein Name. Meine Handschrift. Vielleicht ist es ein bisschen so wie bei den Indianern, die sich nicht fotografieren lassen wollen, weil sie sich ihrer Seele beraubt fühlen? Vielleicht. Ich möchte niemanden kränken. Es bedeutet mir viel, dass die Leute kommen. Aber ich setze ungerne meinen Namen auf fremde Zettel. Ich verstehe auch diese, sagen wir, Überhöhung nicht.

Überhöhung?
Die Überhöhung meiner Person.

Sie sind einer der einflussreichsten Gitarristen, das ist nun mal so.

Aber ich meine, für Menschen, die mich nicht kennen, sollte ich nur ein Musiker sein, oder? Doch die Menschen hören meine Musik und denken: David Gilmour ist so und so ... Aber so bin ich nicht.

Wie sind Sie denn?

Ich bin verletzend und ungerecht. Nicht immer natürlich. Aber ich habe dunkle Seiten. Ich verschanze mich – ich bin ja Engländer – hinter einem Panzer aus Ironie. Ich neige zu recht gewalttätigem Sarkasmus. Das habe ich so gelernt.

Können Sie mir bitte Erfolg definieren?

Nein, nein, das kann ich nicht.

Sie waren als wesentliches Mitglied von »Pink Floyd« Bestandteil einer der größten Erfolge in der Geschichte der Unterhaltungsindustrie, oder?

Und auch meine neue Soloplatte gehört in diesen Wochen zu den bestverkauften Platten in Europa und den USA. So weit der numerische Teil meines Erfolgs.

Haben Sie jetzt noch damit gerechnet?

Ja, ich habe damit gerechnet. Ich weiß, dass es eine sehr gute, persönliche Platte geworden ist. Sie verzichtet auf übermäßige Effekte, sie hat einen Flow. Sie wäre allerdings auch eine sehr gute Platte, wenn ich nur zehn Exemplare davon verkaufen würde. Sagen wir: Diese Platte mit meinen Freunden auf-

zunehmen, das war wichtiger, als sie zu verkaufen – ob Sie's glauben oder nicht.

Aber der Erfolg der CD und der Ansturm auf Ihre Tour, es macht Sie stolz, oder?

Ja, klar, es bedeutet mir etwas. Doch ich mache das Glück nicht an Verkaufszahlen fest. Ich bin ein glücklicher Mann. Stellen Sie sich vor, ich bin vor ein paar Tagen 60 Jahre alt geworden. Eine sagenhafte Erfolgsgeschichte!

Warum sind Sie glücklich?

Auch ein Tischler kann glücklich sein, nicht wahr?

Nun sind Sie kein Tischler. Mal so gefragt: Macht Geld doch glücklich?

Nein! Es macht nicht glücklich! Ich habe in den letzten Jahrzehnten viele berühmte Menschen kennengelernt, die waren enorm reich – und enorm unglücklich. Unglück ist sogar ein zu kleines Wort für den deprimierenden Zustand, in dem sie sich befanden. Waren diese Menschen erfolgreich? Das waren sie nicht.

Einige von denen mussten zum Beispiel erst lernen, mit dem Erfolg umzugehen.

Einige andere von denen sind zum Beispiel früh gestorben.

Verstehe.

So ist das. Und weil es so ist, sage ich heute: Ich bin meine eigene persönliche Erfolgsgeschichte. Ich lebe. Ich habe eine wunderbare Frau. Ich habe acht Kinder.

Vier aus erster, vier aus zweiter Ehe ...

... so ist es.

Wie geht Ihre zweite Frau Polly mit Ihren eben skizzierten Nachteilen um?

Eine eher persönliche Frage.

Polly Samson ist eine angesehene Journalistin und Schriftstellerin. Sie schreiben auch Songtexte zusammen ...

... ja, wir führen offensichtlich das, was man eine kreative Ehe nennt. Sie kann auch etwas, was ich nicht so gut kann.

Was?

Reden. Schreiben. Mit Sprache umgehen. Ich kann mit meinem Instrument umgehen, mit meiner Stimme. Aber ich denke mal, mir fehlen oft die richtigen Worte. Womöglich haben Sie es schon bemerkt.

Sicher nicht leicht für Ihre Frau.

Sie nennt mich in liebevollen Momenten »ein wenig nonverbal«. Und in weniger liebevollen Momenten »autistisch«.

Acht Kinder sind womöglich auch eine Erfolgsgeschichte.

Das glaube ich allerdings auch. Wobei ich sagen muss: Acht Kinder sind wirklich viele. Verstehen Sie?

Der Lärm?

Wenn einige dieser Kinder auch noch wahllos Freundinnen und Freunde mit zu uns nach Hause bringen, dann sind es nicht nur viele. Es sind dann zu viele.

Ihr Ernst?

Nein.

Also was jetzt?

Ich liebe das alles. Es ist das reine Glück.

Muss man sich das Leben des ehemaligen Großrockers Gilmour heute als normales englisches Landleben vorstellen?

Bis in die Spitzen! Kinder in die Schule bringen, Kinder aus der Schule abholen, Kinder in den Kindergarten bringen, Kinder aus dem Kindergarten abholen. Mit den Kindern Bilder malen, mit den Kindern Bilder in der Küche aufhängen.

Meine Kinder haben sich eine elektrische Gitarre gewünscht.

Sehr gut. Wie alt sind die?

Sechs und neun ... Also eine gute Idee?

Ja, einerseits.

Und andererseits?

Andererseits sollten Sie aufpassen.

Warum?

Die elektrische Gitarre ist ein gefährliches Instrument. Sie verleitet dazu, sich schnell für unwiderstehlich zu halten. Ich habe Menschen, die das von sich geglaubt haben, an diesem Instrument zerbrechen sehen. Ich hatte unverschämtes Glück – die hatten es nicht.

Wollen Sie sagen, es war nur Glück bei Ihnen? Das meinen Sie nicht ernst.

Es gibt Gitarristen, die sind mir in technischer Hinsicht weit überlegen. Womöglich finden Sie ein paar von denen in der Londoner U-Bahn.

Sie haben einen unverwechselbaren Stil.

Ich vermute auch, ja. Und der ist sicher wichtiger für den Erfolg gewesen als Virtuosentum. Virtuosen gehen einem mitunter ja auch auf die Nerven, nicht?

Wegen Angeberei?

Vielleicht, ja. Es ist dann mehr eine Zurschaustellung von Geschwindigkeit und so weiter. Furchtbar. Ich wäre aber schon rein technisch nicht dazu in der Lage gewesen. Hingegen war ich allerdings zum richtigen Moment in einer sonderbaren Band namens Pink Floyd.

Verstehe, man sollte also …

Sie sollten Ihre Kinder mit einer gewissen Bandbreite kreativer Möglichkeiten konfrontieren. Kein Druck!

Ein Thema, das Sie berührt?

Ja. Es drehen zu viele durch in diesem Zirkus. In einer Band zu leben, mit ihr auf Tour zu gehen, das ist irreal. Und ich habe den Eindruck, es ändert sich auch nichts. Die jungen Bands machen es uns heute einfach nach. Ich denke manchmal, es muss eine Art Handbuch für den angehenden Rockstar geben: Drogen, Frauen, verträumter Blick. Und so weiter.

Es langweilt Sie, oder?

Nicht, dass Sie mich falsch verstehen: Nicht diese vielen neuen und teils sehr guten Bands langweilen mich. Aber die Attitüde ist oft so enervierend. Ich denke dann manchmal: Jesus! Ändert sich denn nie etwas? Immer noch dieselben Tricks? Dieser Zirkus hat ja nichts mit der Wirklichkeit zu tun. Es ist eher Flucht. Man stößt dann aber an eine Grenze. Da angekommen, zerbrechen viele.

Wo liegt Ihr Glück?

Heute? In der Familie natürlich.

Was, glauben Sie, denkt ein junger Rockmusiker – womöglich noch einer, der Sie verehrt –, wenn er Ihr Plädoyer für die Familie in der Zeitung liest?

Ich habe absolut keine Ahnung, was dieser junge Musiker denkt. Irgendwann denkt er vielleicht, dass der alte Mann recht gehabt haben könnte.

Es gibt also noch junge Bands, die Ihr Ohr erreichen?

Natürlich. Die Arctic Monkeys sind eine gute Band. Mike Skinner von den Streets ist sehr gut. Gute Sachen unterwegs.

»Pink Floyd« gehörten zu den Ersten, die in Fußballstadien auftraten. Sie waren nicht nur Teil des großen Zirkus, Sie haben ihn maßgeblich mit kreiert, oder?

Und ich sage jetzt nicht: Ich bedauere das. Das wäre verlogen. Auch unwahr. Von Pink Floyd wird überliefert, wir seien kompliziert gewesen und an unserer Größe psychisch zerbrochen. Man sollte auch mal sagen: Wir hatten massiven Spaß! Wir hatten alles im

Überfluss. Nur: glücklicher bin ich allerdings heute.

Auf eine Bühne zu kommen, und 100000 Menschen strecken einem die Hände entgegen. Was ist das?

Eine Droge. Nichts anderes.

Weil man …

Nun, was passiert, wenn die Wirkung von Drogen nachlässt? Man fällt tief. 100000 jubelnde Menschen sind phantastisch fürs Ego. Kurz darauf aber sitzen Sie alleine in einem Hotelzimmer. Möglich, dass Sie in der Stille dann einige Gespenster sehen – und vielleicht erlauben sich diese Gespenster auch noch, Ihnen lieb zuzuwinken!

Auf dieser Tournee spielen Sie – mit wenigen Ausnahmen – in eher kleineren und dafür recht ehrwürdigen Hallen.

Ich genieße das. Ich weiß, dass wir auch viel größere Hallen ausverkauft hätten. Möglich, dass wir im Sommer noch ein paar große, schöne Plätze bespielen. Es gab ja viele Leute, die jetzt keine Tickets bekommen haben. Aber in einem Stadion möchte ich nicht mehr auftreten.

Vor einigen Jahren sprachen wir – da lag gerade ein unglaubliches Angebot für eine Wiedervereinigung von »Pink Floyd« vor. Für eine Stadiontournee.

Diese Angebote kommen immer wieder. Groteske Summen. Absolut absurd.

Sie sagten damals: »Ich habe keine Lust mehr auf den Scheiß.«

Habe ich mich derart ausgedrückt?

Ja.

Soso. Aber gut, ich kann nun die Gesichter der Menschen sehen, die zu den Konzerten kommen. Und wenn wir uns verspielen und einen Song unterbrechen und uns auf der Bühne die Meinung sagen, dann muss nicht an einem Mischpult in 100 Meter Entfernung die Lichtregie neu programmiert werden.

Sie verspielen sich auf dieser Tour?

Im Pariser »Olympia« haben wir uns gleich mehrmals verspielt. Pures Chaos.

Machen Sie das mit Absicht?

Nicht direkt, nein … hm.

Aber?

Es ist nach langsameren Stücken eine gute Methode, diejenigen Leute in der Halle, die gerade eingeschlafen sind und laut schnarchen, wieder zu wecken.

Sie sprachen eben von dem glücklichen Tischler. Sagen Sie bitte nur nicht, dass Ihr Reichtum Ihnen Schmerzen bereitet.

Ich bin sehr dankbar, okay? Auch empfinde ich das viele Geld aber als ungerecht.

Sie haben keine Waffen verkauft, keine Frauen auf den Strich geschickt.

Sicher. Aber es ist eben sehr viel Geld. Zu viel. Es ist viel mehr, als ich, meine Frau oder meine Kinder je ausgeben werden.

Schlechtes Gewissen?

Ja.

Nicht Ihr Ernst!

Doch. Es gab sogar eine Phase, wo ich ernste Probleme hatte damit. Ich habe Konsequenzen daraus gezogen.

Die Obdachlosenorganisation »Crisis« zum Beispiel wirbt mit Ihnen als einem der prominentesten Unterstützer. Sie spenden viele Millionen Pfund.

Ich habe nie darum gebeten, dass man es an die große Glocke hängt. Im Gegenteil. Aber »Crisis« bat darum, da sie sich einen Nachahmungseffekt erhofften – und da hofften sie richtig. Ohne massive private Spenden wäre zum Beispiel das »Common-Ground«-Projekt in London nie auf die Beine gestellt worden.

Was ist das für ein Projekt?

»Crisis« kümmert sich um die Reintegration von Obdachlosen. Um Wohnungen. Um Jobs. Und ohne private Spender ginge es nicht. Ganz und gar nicht.

Private Spender wetzen somit natürlich auch die Fehler der Regierung aus …

… sie macht es nie richtig, verstehen Sie? Klar, unsere Regierung versagt hier, und sie versagt dort. Aber als reicher, als vom Schicksal beschenkter Mensch sollte ich nicht die Regierung angreifen dafür, dass sie zu wenig Steuergelder für soziale Projekte ausgibt. Andere Menschen arbeiten ungleich härter als

ich – und ich schäme mich ein wenig, wenn ich in der Zeitung lese, was sie verdienen. Ist man derartig reich, so hat man dafür ja nicht nur hart gearbeitet. Sondern vielmehr auch unverschämtes Glück gehabt. Nichts ist also heldenhaft daran.

Was sagen Ihre teils erwachsenen Kinder dazu, dass Daddy so sehr viel Geld spendet, statt es ihnen zu vermachen?

Oh, es ist mein Geld. Nicht das Geld meiner Kinder. Es spricht nichts dagegen, dass sie sich selbst mal was verdienen.

Kann man als derart reicher Mann noch guten Gewissens links sein?

Ich möchte es so sagen: Ich bringe es nicht fertig, die Welt aus der Sicht des Underdogs zu besingen. Aber: Muss ich meine Überzeugungen, die ich im Herzen trage, seit ich als junger Mensch anfing zu denken, aufgeben? Muss ich nun ein Tory sein? Es schlägt wohl nach wie vor ein eher sozialistisches Herz in meiner Brust. Kann ich nichts dran ändern.

Klingt nach einem Gewissensproblem für einen, der mit den Hippie-Idealen …

… oh, ich bitte Sie! Ich weiß bis heute nicht, was ein Hippie ist.

»Pink Floyd« waren Hippies. Oder?

So? Ich meine hingegen: Wir waren Teil des verdammten Establishments! Wir waren ambitioniert. Zu gewisser Zeit auch Avantgarde. Und gegen das

Establishment. Plötzlich aber waren wir reich. Auf die Sekunde genau waren wir dann Teil des Establishments. Das bringt Geld so mit sich. Kann man nichts dran ändern. Schon ist man arriviert! Es wäre sinnlos zu leugnen, dass wir die Vorzüge des Reichtums nicht auch mit der einen oder anderen Orgie genossen hätten.

Mister Gilmour – diese Frage nun muss ich stellen, da es viele Fans interessiert …

Live 8!

Bleibt es bei der einmaligen Revitalisierung von »Pink Floyd« für vier Lieder, die wir 2005 in London erlebten?

(*Er gähnt plötzlich sehr, sehr lange. Danach lächelt er unter spöttisch müden Augen von exakt einem Ohr bis zum anderen. Er sieht aus wie ein Kind, das etwas ausgefressen hat und gleich zufrieden in die Heia geht.*) Vielleicht machen wir es noch mal, mmmh, sagen wir, wenn sich eine besondere Gelegenheit bietet. Das war doch eine nette Sache. Oder?

Und Ihr Intimfeind Roger Waters und Sie – Sie haben sich nicht die Haut vom Leib gekratzt während der Proben?

Nein, nein. Zwei zivilisierte Senioren. Ich meine, nach über 20 Jahren Schweigen reden wir wieder miteinander. Sozial vorbildlich. Es ist nur kein Grund, so zu tun, als hätte die Band eine Zukunft.

Sie sagten in dem Magazin »Word«, der Auftritt sei für Sie wie »Sex mit der Exfrau« gewesen. Na hören Sie mal!

Ich habe das mehr so gemeint, dass meine musikalische Zukunft grundsätzlich nicht in der Vergangenheit liegen kann. Es bezog sich nicht konkret auf den Abend im Hyde Park. Die haben das etwas frei interpretiert, die feinen Gentlemen von der englischen Presse.

Wurden die vier Songs für den Auftritt streng demokratisch ermittelt?

Schon, ja, ja.

Also?

Roger wollte, dass wir mit »In The Flesh« vom »Wall«-Album eröffnen und dann »Another Brick In The Wall, Part II« spielen – ebenfalls vom »Wall«-Album.

Dann hätten Sie gesungen: »Wir brauchen keine Erziehung.« Nicht der angemessene Text für den Anlass. Oder?

Natürlich nicht. Also sagte ich: Wir eröffnen nicht mit »In The Flesh«. Und den anderen Song da, den spielen wir auch nicht – ich mag ihn eh nicht besonders.

Und dann?

Wir haben die beiden Lieder, wie Sie sicher bemerkt haben, nicht gespielt.

Kein Streit?

Eine, sagen wir, zivilisierte Diskussion, die gleichwohl … na, auch egal.

Die gleichwohl?

Die gleichwohl andeutete, was passieren könnte, wenn man es noch mal im großen Stil miteinander versuchen würde. Das hätte keinen Sinn. Roger war im Hyde Park auch mehr so ein, well … Gast?

Haben Sie sich seitdem gesehen?
Einmal sind wir uns begegnet. Da laufe ich ins »Wolseley«, ein nettes Restaurant in London. Roger saß dort. Und zwar mit unserem alten Schlagzeuger Nick Mason.

Surprise, surprise …
Hab ich auch gedacht.

Angenommen: Der 30-jährige Superstar David Gilmour von 1976 hätte in der Zukunftskugel den David Gilmour sehen können, der im März 2006 mit einem prallen Fest in Notting Hill seinen 60. Geburtstag feierte. Was hätte er gedacht?
Oh, was für eine Frage! Gut. Also, okay: Ich glaube, er hätte den Mann gemocht. Er hätte gedacht: Doch, der Typ da in der Kugel, er ist ein halbwegs cooler Hund.

Fein. Das wär's.
Er hätte aber auch die acht Kinder gesehen, in der Kugel, oder? Er hätte auf eine gewisse Gier geschlossen, die der alte Mann in der Zwischenzeit ausgelebt hat.

Ich vermute mal, ja.
Acht Kinder. Nun – das hätte den David Gilmour von 1976 etwas nervös gemacht.

INTERVIEW MIT
MARTIN PARR

MARTIN PARR

»Reichtum und die Abwesenheit von
wirklich ernsten Problemen alleine führen
beim Deutschen an sich offenbar nicht
zu großer Heiterkeit.«

Martin Parr wurde 1952 in Epsom, Surrey, geboren und lebt heute mit Frau und Tochter in Bristol und London. Als Dokumentarist der Alltagskultur ist Parr seit seiner Aufnahme in die legendäre Agentur Magnum (1994) zu einem der weltweit größten Fotografen der Gegenwart geworden. Seine Bilder sind nie artifiziell, meist mit gewöhnlichen Mittelformat- und Kleinbildkameras auf Streifzügen durch gewöhnliche Orte und Touristenoasen aufgenommen. Einen Überblick über seine Arbeit bietet der schöne Band »Martin Parr« von Val Williams, der 2004 bei Phaidon erschienen ist.

Frühling, 2006. Das Café im Haus der Kunst in München. Martin Parr ist groß und britisch. Er näselt beim Reden, und er redet schnell. Wenn Augen lächeln können: Seine tun es das ganze Gespräch über. Vor dem Fotografen stehen ein Stück Schokoladentorte und eine Tasse Tee mit kalter Milch. Er schaut sich dieses Gedeck einige Sekunden an, bevor er in die Torte gabelt. Tatsächlich sieht es aus wie ein brillantes Motiv für ein Parr-Foto!

Martin Parr, Ihre Fotos von Menschen und Dingen sind oft komisch, meistens drastisch. Liebe oder Hass?
Wenn Sie so direkt fragen: Ich finde die Menschen liebenswert, und nein, Hass ist natürlich nicht der Antrieb, meine Bilder zu machen. Aber nein!

Sie bilden Ihre sonnenverbrannten Landsleute am Strand ab oder Speisen, die nicht appetitlich aussehen …
… Sie denken, das ist zynisch?

Zynismus wird Ihnen öfter unterstellt.
Ja, ich weiß. Aber ich möchte bitte mal klarstellen: Bin ich zynisch – oder sind die Werbung und die an sie gekoppelte Industrie zynisch?

Sie spielen auf das perfekte Menschenbild an, das im Fernsehen und in den Zeitschriften propagiert wird.
Ja, eben auf: die Propaganda. Fotografie dient heute mehr denn je der Propaganda. Wenn ich Menschen und Dinge und Orte so zeige, wie sie aussehen, was soll daran zynisch sein? Ist es nicht vielmehr gerade nicht zynisch? Oder anders gesagt: Bin ich das Problem für die Menschen? Oder ist das Problem nicht eher, dass wir alle nicht aussehen, wie wir laut Propaganda aussehen sollen? Und dass die tiefgekühlten Beefsteaks, die wir gebraten haben, ebenfalls nicht so aussehen wie auf der Packung? Ist das meine Schuld, der ich die Beefsteaks, nachdem sie gebraten wurden und während sie leider nicht mehr lecker aussehen, fotografiere? Und was ist falsch daran, an einem Urlaubsort die Betonwüste zu fotografieren, die dort ein Hotel umgibt, das laut Katalog von Palmen umgeben sein sollte?

Nicht Sie sind das Problem, sondern die Gesellschaft, in der Sie leben?

Das klingt nach sehr alten Schlachten, aber: ja, warum eigentlich nicht?

Zumal man Ihnen nicht unterstellen könnte, dass Sie unkomisch wären.
Das möchte ich hoffen. Ich bin doch kein Agitator.

In der hier laufenden Ausstellung »Click – Doubleclick« hängen Bilder von Ihnen, die Parklücken zeigen.
Korrekt.

Ich nehme nicht an, dass Sie damit auf die Umweltverschmutzung ...
... nun ... nein ... nicht direkt.

Sondern?
Ich wollte auf ein globales Problem hinweisen.

Zu wenig Parkplätze auf dieser Welt.
Natürlich. Oder auch: zu viele Autos auf dieser Welt. In Mexiko City und London und Tokio fahren zeitversetzt Menschen mit ihren Autos Warteschleifen um die Häuser, weil sie hoffen, dass einer mit seinem verdammten Wagen aus diesen schlafenden Blechschlangen verschwindet. Auch das ist komisch, finden Sie nicht? Eine Art globales Ballett.

Die Menschen stehen lächelnd vor Ihren Fotos. Nicht befremdet, wie bei anderen Fotografen heute, die ihren eigenen Penis fotografieren, was ja nicht Ihr Stil ...
... nein, wobei jeder, der will, seinen eigenen Penis unbedingt fotografieren sollte! Doch ich sage es freiheraus: Das mit den Parklücken ist die albernste

Idee, die ich je hatte. Aber ... ich mag sie.

Okay, definieren Sie die Aussage!
Dass die Unterschiede global nivelliert werden. Das Problem ist ja nicht nur die wachsende Armut in der Welt. Sondern auch der wachsende Reichtum. Schauen Sie sich die Zulassungszahlen für Neufahrzeuge in China an! Für den gewöhnlichen Chinesen soll mich das ja freuen. Global gesehen, denke ich, dass uns der ganze Laden deswegen um die Ohren fliegen wird: Es gibt zu viele Chinesen mit einem eigenen Auspuff.

Mister Parr, Sie haben sogar auf der Beerdigung Ihrer Schwiegermutter fotografiert.
Ja, auch das wurde mir von einigen Leuten als Zynismus ausgelegt.

Was hat Ihre Frau dazu gesagt?
Sie war ein wenig peinlich berührt. Sie ist sehr englisch in ihrem Wesen, und die Engländer mögen es, dass alles immer seinen normalen Weg geht – und zwar auch auf einer Beerdigung.

Sie galten dort also als etwas sonderbar.
Das kann man so sagen, ja. Aber ich wollte die Beerdigung nun mal festhalten mit meiner Kamera. Das mag für einige einen moralisch verwerflichen Eindruck hinterlassen haben, für mich hat es das nicht. Ich frage mich, wieso bei Hochzeiten glückliche Menschen fotografiert werden dürfen, bei Beerdigungen aber keine traurigen Menschen.

Wollen wir die Wahrheit? Oder wollen wir die Lüge?

Menschen sind bei Hochzeiten oft nicht so glücklich, wie sie sich geben.

Da sind wir doch an einem interessanten Punkt: Wie oft werden zum Beispiel weinende Kinder fotografiert? Eher nicht, oder? Es gibt ein ungeschriebenes Gesetz, das besagt, dass Kinder lachend fotografiert werden sollten. Dabei besteht eine Kindheit normalerweise aus einem Mix aus Lachen und Weinen. Die Propaganda setzt sich fort bis ins Familienalbum. Gibt es Kinderfotos von Ihnen, auf denen Sie weinen?

... hm ...

... vermutlich nicht oder nur wenige. Demnach war Ihre Kindheit nur und ausschließlich das reine Glück. Es kann aber auch sein, dass sie das nicht war. Ihre Kinderbilder sind Propaganda.

Haben Sie Kinder?

Ich habe eine Tochter. Sie ist 19.

Ist sie – mit der ganzen Propaganda und dem Lifestyle heute – glücklicher, als Sie es waren in diesem Alter?

Ich denke, sie ist eine relativ glückliche junge Frau, ja, und nicht wegen der glänzenden Abbilder, die sie umgeben. Aber natürlich, sie wächst in einer nahezu perfekten und reichen Welt auf im Vergleich zu mir früher.

Reden Sie mit ihr darüber?

Ich rede mit ihr zum Beispiel darüber, dass sie mit ihren 19 Jahren sicher schon 100-mal in einem Flugzeug gesessen ist. Ich hatte meinen ersten Flug mit 24!

Wie eine Businesslady ...

Wie eine Billigflieger-Businesslady, ja. Sie hat mehr Freiheiten, aber sie unterliegt auch einem anderen Druck, und dieser Druck entsteht aus Propaganda.

Erklären Sie ihr das?

Wir reden darüber, aber ich predige nicht in meiner Arbeit – und ich predige nicht zu meiner Tochter. Ich predige nur im Moment und rede über die böse Propaganda. Weil Sie mich dazu verführen!

Na ja.

Ich möchte nur klarstellen, dass ich mir nicht anmaße, die Welt zu verändern mit meiner Arbeit. Ich bin ein Heuchler.

Warum das?

Weil ich mich über das Ozonloch errege und gleichzeitig umherfliege wie ein Irrer. Weil ich inzwischen wohlhabend bin und mein Konsum- und mein Reiseverhalten nicht in Einklang bringe mit meinen umweltpolitischen Überzeugungen. Am Ende aber ziehen wir Engländer der Predigt eine andere Methode der Aufklärung vor – wenn es ernst wird.

Den Humor.

Genau. Er rettet uns. Tag für Tag.

Wovor?

Vor den vielen Sachen, die in England schlecht oder gar nicht funktionieren. Nehmen Sie nur unser marodes Gesundheitssystem, das sich nun ein wenig bessert. Nehmen Sie die öffentlichen Verkehrsmittel! Sie sind privatisiert worden. Seitdem sind sie in ihrer Gänze nur mit dem zu vergleichen, was wir beide gemeinhin als Müll bezeichnen würden.

Ihre Arbeiten erinnern zuweilen an den Humor von »Monty Python«.

Vielleicht spielen Sie damit auf eine Hassliebe an, mit der man auf seine Heimat und auf sich selbst schaut. Dann würde ich das als Kompliment verstehen.

Also Hassliebe …

… und vergessen Sie bitte nicht, wenn ich diese Bilder von Menschen, Dingen und Orten als das Gegenteil von Propaganda verstanden wissen will, so beziehe ich mich selbst ja mit ein.

Sie halten sich selbst nicht für schöner als Ihre oft ungünstig aussehenden Opfer.

Nicht nur das: Ich sehe mich in diesen Opfern selbst! Ich bin nicht schöner als sie, nicht klüger als sie, denn vergessen Sie nicht: Ich bin Engländer. Und ich fürchte, man sieht es mir auch an.

Würden Sie …

… ich bin sogar, wenn ich das eben zu Ende bringen darf, mein Lieblingsopfer. Insofern ist diese Hassliebe für mich eine Art von, sagen wir, sanfter Therapie.

Was sehen Sie, wenn Sie morgens in den Spiegel blicken?

Fehler.

Das kam jetzt sehr schnell. Nur Fehler?

Ich sehe einen alt werdenden Engländer. Mit wachsenden Asymmetrien!

Und ohne jeden Selbsthass.

Natürlich. Ich kann nicht die Fehler der anderen, die ich – wie Sie sagen – mitunter ungünstig aussehen lasse, in Wahrheit charmant finden, meine eigenen aber nicht. Es sind Brüche, die uns liebenswert oder zumindest einzigartig machen, das mag etwas kitschig klingen, aber ich bin sicher, dass es so ist. Deshalb ist es auch so wunderbar, Frauen zu fotografieren.

Wieso gerade Frauen?

Weil sie sich mehr Mühe geben als Männer, diese Brüche zu übermalen. Das ist wunderbar. Diese Camouflage! Ich möchte das nur nicht zynisch verstanden wissen. Ich finde diese Camouflage oft komisch, aber das macht die Frauen und ihre Bemühungen nicht uncharmant. Ich finde diese Frauen sehr liebenswert.

Sie gehen in Ihrer Arbeit vielen Klischees nach: Deutsche trinken Bier, Engländer liegen krebsrot in der Sonne …

Wissen Sie, in welchem Land ich am meisten gedruckt werde?

Nein.

In Frankreich.

Oh!

Der Grund ist ja wohl klar, oder?

Hm …

… wie Sie wissen, sind England und Frankreich zwei seit Langem überaus verfeindete Nationen. Die Franzosen finden natürlich nichts prächtiger als einen Engländer, der seine Landsleute und sein Heimatland so ablichtet wie ich.

Das bekümmert Sie nicht?

Ich sagte schon, dass wir Humor haben.

Es gibt in England auch Leute, die sagen, eben der Humor sei das Problem: Er führe dazu, dass alle Sorgen nicht gelöst, sondern einfach weggelacht würden.

Wie raffiniert! Ein hinterhältiges Argument! Aber gut, wenn ich die Wahl habe, bei der Lösung der Probleme zu verzweifeln oder über sie zu lachen: Ich würde mich für den Humor entscheiden.

Aber ist denn nicht was Wahres …

… ja, sicher ist da was Wahres dran. Man hört ja immer wieder von Geschäftsleuten, die an ihren Partnern in England verzweifeln. Daran, dass wir nie wissen, wo der Spaß aufhört und wo der Ernst beginnt – zumal, wenn es bei diesen Geschäften um riesige Geldsummen geht. Aber das ist ja eben das Komische.

Was?

Dass wir genau dann nicht wissen, wo der Spaß aufhört und der Ernst beginnt. Wenn wir das wüssten, wären wir ja nur halb so komisch.

Wenn wir über Propaganda reden, **müssen wir auch über Klischees reden, auch Sie bedienen diese Klischees.**

Der Punkt ist doch: Wenn Sie an die englische Südküste oder nach Spanien fahren, finden Sie dort meine Landsleute mit verbrannter Haut. Ich mag es, wenn Klischees von der Realität bedient werden. Sie finden in München auch dicke Männer, die Bier trinken und Würstchen essen. Das ist doch großartig.

Was verbinden Sie auf Anhieb mit München?

Reichtum.

Aber …

Nein, nein, Sie haben mich nach meinem Auf-Anhieb-Eindruck gefragt, und heute zum Beispiel bin ich nur kurz hier in der Stadt. Aus dem wundervollen, bunten, multikulturellen, aber etwas schäbigen London kommend mit einer natürlich verspäteten British-Airways-Maschine, verbinde ich München mit: Reichtum, Glanz und Sauberkeit!

Und die Menschen?

Ich mag die Kultur und die Ernsthaftigkeit, mit der die Deutschen …

… okay, aber wollen Sie als humorgewohnter Engländer den Menschen hier nicht zurufen: Ihr seid reich! Ihr lebt in einer schönen Stadt! Ergreift das Glück!

Ich?

Ja, so gefühlsmäßig …

Nein, oh nein, das wollen Sie mir jetzt in den Mund legen.

Aber Sie sprachen doch von die-

ser Ernsthaftigkeit, die uns Deutschen …

… ja, Reichtum und die Abwesenheit von wirklich ernsten Problemen alleine führen beim Deutschen an sich offenbar nicht zu großer Heiterkeit.

Na also.

Aber das fehlte noch, dass ich hier rufe: »Ergreift das Glück!« Das ist mir zu schmaltzy. Das haben Sie so gesagt – und auch noch als Deutscher!

Ich mein ja nur …

… und dann steht bei Ihnen in der Zeitung die Überschrift: »Martin Parr ruft den Deutschen zu: Ergreift das Glück!« Oh nein! Da kann ich mich anschließend erschießen. Sie legen mir hier Sachen in den Mund. Wehe, Sie zitieren mich damit! Ist das lustig!

Ist ja schon gut. Aber das Lachen haben wir nicht erfunden, oder?

Nun … tatsächlich gilt es in England nicht als üblich, den Deutschen an sich für den Erfinder des Lachens zu halten. Ich kenne allerdings Deutsche, mit denen man großen Spaß haben kann. Der Humor hat sich hier womöglich einfach noch nicht überall herumgesprochen.

Stattdessen werden wir in englischen Zeitungen mit Pickelhauben …

… hehe! Ja, das dürfen Sie nicht so ernst nehmen. Sagen Sie mal, wie heißt dieser englischsprachige Sketch, der immer zu Neujahr im deutschen Fernsehen läuft?

Dinner for One?

Ja!

Und?

Ich habe Ausschnitte davon gesehen. Das sind ja wohl zwei britische Komiker.

Ja, Sie kennen das nicht?

Nur Ausschnitte, wie gesagt. Es wurde neulich mal bei uns im Fernsehen gezeigt.

Der Sketch wurde in den 60er-Jahren in Hamburg in einem Studio aufgenommen, glaube ich. Ja, ein Dauerbrenner …

Es gibt großen Wirbel darum hier in Deutschland, nicht wahr?

Fanden Sie es nicht lustig?

Nicht besonders. Nein. Aber der Beitrag im Fernsehen darüber, der war nett.

Wieso?

Es ging um den Humor der Deutschen.

INTERVIEW MIT
HANS JANKE

HANS JANKE

»Das ›gute Gespräch‹ ist ein Mythos.
Alles ist in Kommunikation lösbar, ja löslich?
Glaube ich nicht.«

Hans Janke, geboren 1944 in Erwitte/Westfalen, ist nach Meinung der taz der »Gentleman vom Lerchenberg« – und auf jeden Fall einer der geschätztesten Film-, Fernseh- und Drehbuchexperten in Deutschland. Janke leitet im ZDF seit 1990 das Fernsehspiel. Davor war er sieben Jahre lang Leiter des Adolf-Grimme-Instituts in Marl, dort war er auch verantwortlich für die Konzeption und Organisation des renommierten Grimme-Preises. Der für Branchenverhältnisse ruhige und unscheinbare Mann ist gleichwohl ein beliebter wie gefürchteter Diskutant, sein Stil wird dabei als britisch beschrieben. Janke sollte mal ZDF-Programm-chef werden. Die Berufung des auch nach Meinung vieler Konservativer besten Kandidaten, der als moderat SPD-nah gilt, wurde aber von Unionspolitikern im Verwaltungsrat des Senders verhindert. Im Winter 2008 geht er in einen – vermutlich unruhigen – Ruhestand.

Sommer 2002. Es ist, wie man lesen wird, eine Zeit, in der alles noch seinen Platz hat, Manuel Andrack zum Beispiel seinen neben Harald Schmidt. Ein Restaurant in Köln. Hans Janke gehört nicht zu den Menschen, die einfach losreden. Sagt man zum Beispiel erst mal Sachen wie »So, ja, da sitzen wir nun!« oder »Ja, so, hoffentlich ist die Kassette okay!«, so reiht er sich dann nicht mit ähnlichem Quatsch irgendwie ein. Sondern sagt nichts. Auch sein mindestens hintergründiges Lächeln beim Betrachten der Tonbandaufbauarbeiten des Interviewers macht die Sache nicht leichter. Zumal wir über gute und schlechte Dialoge reden wollen.

Herr Janke, meine erste Frage: Wie beginnt ein guter Dialog?
So jedenfalls nicht.

Herrje …
Ja, los, jetzt müssen Sie trotzdem fix eine zweite Frage nachlegen! Sonst haben wir nicht nur keinen guten, sondern gar keinen Dialog.

Fangen wir noch mal von vorne an?
Ist das Ihre zweite Frage?

Nein, nein, natürlich nicht.
Also, ich gebe Ihnen lieber gleich Beispiele für gute Dialoge: Al Pacino und Robert de Niro in »Heat«, Harald Schmidt und Manuel Andrack dienstags bis freitags, Ihr Kollege Axel Hacke und sein Kühlschrank im SZ Magazin, Hannelore Hoger und Peer Jäger in der ersten »Bella Block«. Fabelhaft. Da stimmen die Dialoge von vorne bis hinten. Aber eben auch: von vorne.

Danke. Warum sind die von Ihnen genannten Beispiele so gut?
Weil sie sich nicht nur aufs Wort verlassen.

Sondern auch?
Ein guter Dialog nimmt Blicke und Gesten nicht minder wichtig als den Text.

Der Gitarrist Eric Clapton hat vor langer Zeit mal gesagt, dass die Töne, die er spielt, nicht so wichtig sind im Vergleich zu den Pausen, die er zwischen diesen Tönen macht. Altklug?
Nein, ein guter Satz.

Geht es auch um die berühmte Authentizität?
Ja, mitunter, aber nicht zwangsläufig. Hannelore Hoger wirkt in »Bella Block« Satz für Satz und Ausdruck für Ausdruck sehr authentisch. Humphrey Bogart und Ingrid Bergmann sprechen

in »Casablanca« hingegen einen Dialog von hinreißender Künstlichkeit, der aber trotzdem oder eben gerade deshalb sehr wirkt. Um Authentizität geht es also nicht zwingend. Es geht eher um Nicht-zu-viel und Nicht-zu-wenig. Ums richtige Maß. Offenbar ist das ja ohnehin das Schwierigste. In der Kunst wie im Leben.

Bleiben wir also lieber bei den Pausen …

Ja, gut, da fällt mir »Spiel mir das Lied vom Tod« ein. Sergio Leone lässt da wirklich nicht viel reden, setzt die Blicke und die Gesten und Bronsons Mundharmonika und Morricones hinreißende Musik virtuos ein und lässt den Film so sprechen. Schiere Magie! Drei Idioten warten schätzungsweise zehn Minuten lang wortlos auf einen Zug, um einen Typen umzulegen. Dann steigt Bronson aus, die Männer sagen »Wir haben nur drei Pferde«, Bronson sagt »Zwei zu viel« und schießt die drei über den Haufen. Eine perfekte Szene.

Das ist es in der Tat, ein wirklich königlicher Film, sagen Sie: Gibt es einen besseren faststummen Dialog in der Filmgeschichte?

Mein Gott, Sie sind ja besessen davon!

Gibt es einen besseren faststummen Dialog in der Filmgeschichte als in »Spiel mir das Lied vom Tod«?

Jedenfalls ist es ein erstklassiges Beispiel für einen meisterhaften Dialog, und da sind wir noch mal bei Clapton.

Leone beginnt ja seinen Film mit einer mächtigen Pause. Der Dialog, den diese drei Gestalten mit Bronson führen, beginnt im Grunde schon, während die elend lang auf diesen Zug warten, aus dem er dann endlich aussteigt.

Diese drei Typen sind ja ständig in der Schwebe zwischen »cool« und »idiotisch cool«.

Eben, das ist alles auch sehr komisch. Der Film bleibt ja auch ständig in der Schwebe zwischen ziemlicher Tragik und ziemlicher Komik. Und der Dialog läuft im Grunde schon eine ganze Weile, als der Satz fällt »Wir haben nur drei Pferde«. Und er ist naturgemäß schon zu Ende, als Bronson sagt: »Zwei zu viel.« Großartig. Man merkt, die haben sich im Grunde schon ewig unterhalten. Und man merkt auch: Die könnten reden so viel sie wollen, denn klar ist, den Idioten wird es nicht helfen.

Eine Metapher auf unser geschwätziges Leben?

Wollen wir so weit gehen?

Wieso wird in deutschen Filmen und Serien innerhalb der Dialoge immer alles erklärt? Wieso wird so wenig vorausgesetzt?

Kennen Sie Fernsehfilme und Serien so gut, dass Sie bei der Behauptung bleiben können? Es gibt auch bei uns sehr gute Dialoge!

Davon habe ich zum Beispiel in Wedels ZDF-Serie »Semmelings« nicht viel gemerkt, er hat doch da rauf und

runter in den Dialogen die politischen Verhältnisse erklärt.

Das war bei dem Sujet auch nötig! »Die Affäre Semmeling« hatte auch, sagen wir mal, sehr viel zu berichten. Wie viel und wie viel Richtiges, haben manche übrigens erst später mitgekriegt. Ich finde Wedels »Semmelings« in diesen Wochen auf eine Weise beglaubigt, die mir beinahe wehtut.

Geben Sie sich einen Schubs: Wieso schaffen es die Amerikaner, in vordergründig lapidaren Satzfetzen mehr Magie und Weisheit zu transportieren als wir Deutschen in einer halben Stunde TV-Serien-Gequassel?

Machen wir uns nichts vor: Den Amerikanern und den Engländern kommt ihre Sprache sehr entgegen.

Das ist keine Entschuldigung.

Doch, doch: Diese Sprache ist schön umweglos. Nehmen Sie mal einen Satz wie: »Once bitten twice shy«. Das kriegen Sie im Deutschen nicht hin. Das kriegen Sie doch schon kaum übersetzt!

»Gebranntes Kind …«

Ja, herzlichen Glückwunsch! Aber ist es das wirklich? Ist das wirklich der Satz? Nein, irgendwie eben nicht. Und dieses Irgendwie bezeichnet die Lakonie im Englischen, diese runtergekühlte Verknappung zur pistolenschussartigen Pointe. Das steht uns im Deutschen so nicht zur Verfügung. Das müssen wir hinnehmen.

Herr Janke, Sie sind jetzt sehr diplomatisch. In der Regel schauen sich deutsche Fernsehfiguren beim Reden auch noch an wie die Kühe. Es ist in den meisten Fällen gar nicht zum Aushalten!

Nein, das ist nicht wahr! Außerdem sollten Sie nicht Ihren und womöglich meinen Geschmack zum Maß der Dinge machen. Wissen Sie, in Strombergers legendären »Drombuschs« gab es lange, ja geradezu sentenziöse Lebensbetrachtungen. Das hat manchen Kritikern nicht behagt, aber dem ganz großen Publikum hat es offenbar viel gesagt. Es hat also auch den Prediger gemocht, weil der Prediger etwas von Menschen und vom Leben zu erzählen hatte.

Können Sie nicht zugeben, dass das furchtbar ist?

Nein, es gibt sehr verschiedene Berechtigungen, gerade im Fernsehen. Es gilt nie eins für alles.

Dann schauen Sie sich eine amerikanische Krankenhausserie wie »Emergency Room« an und im Vergleich eine deutsche Krankenhausserie …

Gut, ich bestreite nicht, dass die Amerikaner direkter, taffer, witziger erzählen als wir. Hier bei uns neigt man dazu, viel Botschaft beizuladen. Dafür fehlt uns oft die eine starke Idee, das wirklich tragende erzählerische Motiv, kurz: die Geschichte, die es lohnt, mit sehr hohem Aufwand auf den Bildschirm gebracht zu werden.

Könnte es sein, dass wir zu wenig Vertrauen in die Intelligenz der Zuschauer haben?

Ja, häufig zu wenig und selten zu viel. Im Übrigen stellen sich die üblichen Fragen von Könnerschaft, Kreativität und Handwerk. Es fällt schon auf, dass die Spitzen der amerikanischen Fernsehintelligenz in Serienproduktionen wie »Emergency Room«, »Seinfeld« oder den »Sopranos« arbeiten. Bei uns sieht man diese Exzellenz eher im klassischen Fernsehfilm. Aber diese Verteilung ist kein Naturgesetz. Das kann sich mal ändern. Professionelle Autorenschulung, auch für einzelne Genres, gibt es bei uns noch nicht so lange. Sie fängt gerade erst an, Früchte zu tragen. Aber sie wird.

Also: Könnten wir insgesamt mehr riskieren?

Ich denke schon. Wir sind ein bisschen bange, weil wir uns vor Einbrüchen fürchten. Aber reden wir nicht von Mut, das ist inzwischen auch so'n Vollversammlungswort. Reden wir doch wirklich mal lieber vom Können! Harald Schmidt – um den größten Trostspender im Fernsehen zu nennen – ist ja nicht nur ein singuläres Talent, ein Genie, hätte man früher gesagt. Er ist vor allem einer, der arbeitet und arbeitet, der sich nichts schenkt. Ein Produzent seiner selbst. Schauen Sie sich 15 Jahre alte Sendungen von Harald Schmidt an … Und natürlich, es ist eben auch nicht so, dass in Amerika nur Serienkünstler am Werk sind, sondern vor allem solide Köche, die nach sehr traditionellen Rezepten ihre Gerichte zubereiten.

Themawechsel: Wie gefallen Ihnen die Dialoge in unseren Talkshows?

Ich weiß, worauf Sie hinauswollen, aber da muss ich Sie enttäuschen.

Sie schauen gerne Talkshows.

Ja. Hekatomben von Sendungen, die nichts anderes sind als mal mehr, mal weniger gut organisiertes Geschwätz.

Und das gefällt Ihnen?

Ich kann den Hals nicht voll genug davon kriegen. Ich ärgere mich über die Gäste, ich ärgere mich über die Moderatoren, ich ärgere mich über mich selbst, wenn ich selbst in so einer Sendung bin. Aber ich sitze davor, und ich warte, dass sich jemand so offenbart, wie ich das nicht erwartet hätte, wenn Sie so wollen: auf den Augenblick der wahren Empfindung! Aufs plötzlich Interessante!

Sie kommen also in solchen Momenten auch nicht von der Kiste los. Da sind wir ja offenbar bei einer ganz anderen Magie des Dialogs …

Man ist bei diesen Sendungen in einer Art endloser Vorlust. Ich ersehne zum Beispiel den Moment der Decouvrierung, auch im guten Sinne, es geht da ja nicht nur um die Blamage, es geht auch um lichte menschliche Momente. Die können sich Dieter Bohlen ebenso verdanken, wenn er bei Beckmann sitzt, oder Angela Merkel und Gregor

Gysi bei Friedman. Ich glaube, ich hab das Personal der Republik im Wesentlichen bei »Drei nach neun« und »live« und all den anderen Talkshows seit »Je später der Abend« kennengelernt. Und man lernt sie ja wirklich alle kennen, einige gleich ein paarmal die Woche. Man könnte hier von einem gesellschaftlichen Panoptikum sprechen, aber auch von einem Panorama. Alles Kulturelle, alles Politische, alles Sittengeschichtliche inklusive. Mmh, ich hab vor Jahr und Tag mal was Längeres über Talkshows geschrieben, der Titel lautete »Gesellschaftsausweis«. Der trifft es, glaub ich, immer noch. Besonders hier in Deutschland.

Gibt es Beispiele für monologisierende Sendungen in Deutschland?

Natürlich, Harald Schmidt führt in seinen Dialogen mit Andrack am Ende immer einen fortwährenden Monolog. Durchaus im Sinne des von ihm verehrten Thomas Bernhard.

Marcel Reich-Ranicki monologisiert seit dem Ende des »Literarischen Quartetts« in seiner ZDF-Solosendung ebenfalls.

So ist es.

Funktioniert das bei ihm?

Nicht so wie im »Quartett«.

Herr Janke, klären Sie bitte gegen Ende unsere Leser auf: Kommt man, wenn man lange genug über etwas redet, bei einem Problem weiter?

Nein! Das »gute Gespräch« ist ein Mythos. Alles ist in Kommunikation lösbar, ja löslich? Glaube ich nicht. Man redet, weil man sich versteht, und nicht, damit man sich versteht.

Den letzten Satz würde ich gerne in Marmor hauen.

Nur zu!

Es gibt in Deutschlands Firmen und Betrieben einen Konferenz- und Mitsprachealltag sondergleichen …

Ja, furchtbar. Die Leute mit den längsten Redebeiträgen haben meistens am wenigsten zu tun.

Haben Sie in Ihrem Leben oft das Gefühl, dass jedes Wort ein Wort zu viel ist? Vollkommen überflüssig?

Ja.

Richtig oft?

Ja.

Noch mal zum Film: Ist das nicht gesprochene Wort wichtiger als das gesprochene Wort?

Sehr oft: ja.

Sollen wir jetzt aufhören?

Ja.

Hatten Sie sich für dieses Gespräch ein paar Pointen zurechtgelegt?

Ja.

Sind Sie Ihre Pointen losgeworden?

Nein.

INTERVIEW MIT
BRUCE WILLIS

BRUCE WILLIS

»Ein Mobiltelefon wird sich auf den Weg machen und von unten meine Eier filmen. Ist es das, was uns die Popkultur einst versprach?«

Bruce Willis wurde am 19. März 1955 in Idar-Oberstein als Sohn eines GIs und einer Deutschen geboren. Die Familie zog in die USA, als er zwei Jahre alt war. Er wuchs in einfachen Verhältnissen auf und lernte Theaterspielen als Therapie gegen das Stottern. Biographie: Seinen ersten Bühnenerfolg hatte Willis nach vielen Gelegenheitsjobs 1984 in Sam Shepards »Fool For Love«, seinen Durchbruch als Kinoschauspieler in Blake Edwards' »Blind Date«. Als Polizist John McClane wurde Bruce Willis ab 1988 in den »Die Hard«-Filmen zum Kassenmagneten – und zum Prototypen einer Generation von auch rhetorisch schlagfertigen Actionstars. In Filmen wie zum Beispiel »Breakfast of Champions«, »The Sixth Sense« oder in Terry Gilliams »12 Monkeys« bewies er seitdem, dass er auch als Komödiant oder Charakterdarsteller eine glänzende Figur macht. Bruce Willis lebt seit seiner Trennung von Demi Moore in New York, Los Angeles – und in Idaho, wo er in einer Kleinstadt ein eigenes Theater betreibt und sonst relative Ruhe genießt. Er hat drei Töchter.

Bruce Willis – im Juni 2007 im Berliner Regent: Er sieht furchterregend smart aus. Schlaksiger, größer als erwartet. Schmales Sakko, weißes Hemd. Fester Händedruck (alles andere wäre auch noch schöner gewesen). Wenn es ihm ernst ist und er politikverdrossen, legt er die Stirn in traurige Falten und schnarrt den Tisch an wie ein beleidigter Bauarbeiter. Wenn er aber spielen will, und das will er auch, nimmt er den Gesprächspartner grinsend ins Visier. Da ist dann dieses John-McClane-Blitzen in den Augen, und man muss tot sein, um das nicht etwas beeindruckend zu finden. Die vereinbarte Zeit wird weit überschritten. Wenn Bruce Willis redet, lässt er sich nicht durch die reizende Dame von der Filmfirma verunsichern, die lange winkend im Raum steht.

Also, ich weiß, eine ärgerliche Frage, aber ich muss damit beginnen.

Hier kommt Ihre erste Frage: »Bruce, gibt es noch einen Unterschied zwischen Ihnen und der Figur, die Sie spielen, den Polizisten McClane aus ›Die Hard‹?«

Ich hatte mir wirklich sehr fest vorgenommen, Sie nicht zu langweilen.

Alles okay. Keine Panik. Fragen Sie, was Sie wollen. Absolut alles. Und ich entscheide dann, ob und wie ich drauf antworte. So machen wir das jetzt.

Also, der Polizist McClane aus »Die Hard« und dessen Darsteller Willis – nachdem ich nun die vierte Folge gesehen habe, kommt es mir vor, als seien Sie, Bruce, endgültig mit McClane verwoben.

Was ist das für ein Typ für Sie?

McClane? Für mich?

Ja. Nennen Sie mal Eigenschaften! Also, er ist inzwischen Anfang 50, wie ich …

… er ist ein grundkonservativer Kumpel, er liebt seine Heimat, seine Familie – und er ist etwas aus der Zeit gefallen.

Aus der Zeit gefallen?

Er hat keine Ahnung von Computern, er dreht bei einem Song von »Creedence Clearwater Revival« das Radio lauter, solche Sachen, er ist ein bisschen: lustiger weißer US-Durchschnitt. Nicht wahr?

Hm, wow … okay.

Das macht den Film oft komisch, weil Sie da ja einen jungen Typen

an Ihrer Seite haben, der Ihnen reichlich oft die Moderne erklären muss.

Hm, Sie meinen, McClane ist …

… eine Art Clown.

Ein Clown?

Ein gut gebauter Clown natürlich. Und zweifellos rettet er Amerika. Aber sowohl Sie wie auch McClane sind analoge Helden in einer digitalen Zeit.

Gut. Ja, ich kann mich mit John McClane schon sehr identifizieren. Er überlebt wie ich mit Sarkasmus in einer ungerechten Welt, er liebt seine Familie – und er hat ein Problem mit Autoritäten aller Art.

Mit welchen Autoritäten haben Sie Probleme?

Nun, mit politischen? Ja, mit politischen Autoritäten habe ich Probleme.

Ich bin etwas überrascht.

Warum?

Weil Sie so was wie der Last Action Hero der Republikaner sind. Nein?

Wer hat Ihnen diesen Scheiß erzählt?

Clooney, Spielberg und alle anderen sind für die Demokraten – für Bush wirbt in Hollywood hingegen nur noch einer: Bruce Willis. Steht in jeder Zeitung.

Bullshit! Also … ich sage mal so: Sind Sie cool? Ja, oder? Sie sind cool, oder?

Ohne jeden Zweifel!

Wieso lesen Sie dann Zeitung? Wieso verbringen Sie Ihre Zeit nicht damit, sich fit zu halten, zu reisen, sich um Ihre Familie zu kümmern? Haben Sie Kinder?

Ja.

Na also. Unternehmen Sie was mit den Kindern! Oder Sie lesen ein Buch! Ich lese ein Buch nach dem anderen. Im Moment lese ich eine Biographie über Roosevelt. Also, wieso lesen Sie Zeitung?

Ich schreibe ja sogar für eine Zeitung. Sagen Sie es keinem: Ich find's natürlich auch total absurd!

Oooh, nein, nein, nicht einschmeicheln! Das Problem ist doch: Ich sage Ihnen jetzt, dass ich nicht für die Republikaner werbe und es auch nicht tun werde. Aber Sie werden es natürlich in Ihrer Zeitung nicht drucken!

Wieso nicht?

Ich habe es schon 20-mal gesagt. Und? Die Arschlöcher drucken es nicht. Keiner will das hier lesen: »Die politische Einstellung von Bruce Willis ist mitunter schwer einzuordnen. Dies hängt damit zusammen, dass Bruce Willis ein differenziert denkender Mann ist.« Es würde die Welt der Magazine zu kompliziert machen.

Auch Sie bedienen Magazine in Amerika mit Fotos aus Ihrem Privatleben …

… selten, mein Lieber, und natürlich tue ich es, denn ich hätte gerne einen wenigstens minimalen Einfluss darauf, wie meine Familie draußen dasteht, wie meine Töchter draußen dastehen, wie ich selbst draußen dastehe. Aber ist das wirklich wichtig? Nein, das ist es nicht.

Die Klatschpresse gab es sozusagen schon im alten Rom, oder?

Sicher, aber YouTube.Com gibt es erst seit kurzer Zeit. Und seit es YouTube gibt, stehe ich, wie einige meiner Berufskollegen, jeden Tag in Unterhosen vor der Weltöffentlichkeit. Ich beklage mich nicht über mein sehr privilegiertes Leben. Aber es ist so: Sobald ich in New York oder Los Angeles auf die Straße gehe, sobald ich im Meer bade, einkaufen gehe, einen Burger esse oder mit dem Fahrrad durch die Wüste fahre: Es wird im Internet zu sehen sein, weil es irgendwer mit einem fuckin' mobile phone filmt. Eines Tages wird man Wege finden, mich zu filmen, während ich selbstvergessen auf dem Klo hocke. Ja, ein Mobiltelefon wird sich auf den Weg machen und von unten meine Eier filmen. Ist es das, was uns die Popkultur einst versprach?

Wie meinen Sie das?

Na, ging es nicht bei der Kunst wie im Internet um Aufklärung, Freiheit und Information? War das Internet nicht das perfekte Projekt zur Verschmelzung von Pop und Politik? Das Infoparadies? Was waren das für schlaue Theorien überall!

Na ja ...

Wir haben uns alle getäuscht, Mann! Das Internet ist ein Ort der Jagd, der Ablichtung, der Durchleuchtung. Im schlimmsten Fall: ein Ort von Hinrichtungen, sexuellem Missbrauch, ein Ort für Fahnder und Datenschützer. Im harmloseren Fall: eine eskapistische Quatschwelt. Das Internet hat etwas Sonderbares bewirkt: Klatsch war immer ein Nebenprodukt der Popkultur. Nun ist Klatsch das Hauptprodukt des Pop. Es kann wirklich jeder seinen gottverdammt großen Spaß mit dem alten Bruce haben: Aber das alles ist nicht meine Welt. Nicht einmal auf einem Filmset sind wir mehr sicher. Sie können keine Auseinandersetzung mehr führen mit anderen Darstellern, mit dem Regisseur, ohne dass Sie Gefahr laufen, dass irgendwer sein mobile laufen lässt. Schon ist alles im Internet.

Haben Sie David O. Russell am Set von »Huckabees« auf YouTube gesehen? Er flippt da völlig aus ...

Das mag witzig sein für den Moment, verstehen Sie? Der Punkt ist, David wird nie mehr das Gefühl haben, unbeobachtet von Leuten, die nichts mit dem Film zu tun haben, am Set arbeiten zu können. Wir alle haben das Gefühl nicht mehr. Früher war ein Filmset einer der bestbewachten Plätze auf der Welt.

Also, ich verspreche Ihnen jetzt erst mal zu drucken, dass Sie bestreiten, ein lupenreiner Republikaner zu sein.

Ich danke Ihnen.

Und doch denke ich, dass Sie vermutlich ein sehr klares Wertesystem haben, oder?

Yep. Allerdings. Sehr klar.

Wie sieht es aus, das Wertesystem?
Ich bin ein guter Dad, das ist das Erste! Ich bin ein guter Dad, kein Superdad, aber ein guter Dad. Nichts ist mir wichtiger als meine Mädchen, okay? Wie McClane liebe ich also meine Familie, und ich liebe meine Heimat. Ich liebe Amerika. Ich bin dezidiert der Meinung, dass wir unsere Freiheit energisch verteidigen müssen, dass wir unsere Auffassung von Gerechtigkeit verteidigen müssen, unsere Ethik, unsere Grundsätze.

Viele halten die amerikanische Außen- und Wirtschaftspolitik …
… nein, keine Politik, über die amerikanische Außenpolitik mag man zurecht sehr hart urteilen. Aber reden wir mal über Ethik! Also, niemand hat ethisch das Recht, weil er ein religiöser Fanatiker ist, einen unschuldigen Entwicklungshelfer zu kidnappen und vor laufender Kamera zu enthaupten, oder? Ebenso wie in Los Angeles, Berlin oder München niemand das Recht hat, ein Kind zu entführen, zu vergewaltigen und dann zu töten. Ich denke, beide Verbrecher, der eine wie der andere, sie sollten die Kugel in ihrem Kopf jeweils fest einkalkulieren, oder? Beide sollten wir mit einem »Fuck you!« von dieser Welt verabschieden.

Aus ethischen Gründen wurde die Todesstrafe in Deutschland abgeschafft.
Das ist okay. Sie und ich leben in einer freien Welt. Das ist das Wunderbare.

Es gibt also klar ersichtlich: gut und böse. Das ist in der Tat nicht kompliziert.
Nein, kompliziert wird es in der Praxis. Wir sind Menschen, also machen wir Fehler. Aber ich entschuldige mich meist nicht für Fehler, es sei denn, sie betreffen meine Kinder. Ich versuche nur, grundsätzlich auf der guten Seite zu bleiben. Und ich versuche vor allem eins: keine Zeit zu verschwenden.

Das heißt?
Ich weiß nicht, wie es Ihnen da geht. Aber ich bin umzingelt von Leuten, die mir sagen: Weißt du, Bruce, dies mache ich, wenn ich 40 bin, das mache ich, wenn ich 50 bin, dies mache ich, wenn ich 60 bin. Mich erstaunt diese Haltung.

Warum?
Weil diese Menschen sicher sind, dass sie noch ewig Zeit haben. Alle Zeit der Welt. Ich bin mir da nicht so sicher.

Haben Sie Angst vor dem Tod?
Nein. Ich rechne ja fest mit ihm. Ich bin mir bewusst, dass es jeden Moment vorbei sein kann. Hoffentlich liegen dann keine Pläne in der Warteschleife, verstehen Sie? Ich will nicht, dass es morbide klingt. Aber es gibt keinen Grund, Pläne auf die lange Bank zu schieben oder sie so lange zu hinterfragen, bis man sich im alten Trott wieder eingerichtet hat.

Was für Pläne?
Was auch immer: zu einem riskanten, aber aufregenden neuen Job wechseln!

Den Ehepartner, mit dem man sich eh nur streitet, verlassen! Heiraten! Umziehen! Was auch immer. Es gibt keine Zeit zu verlieren. Wir müssen alles jetzt in Angriff nehmen, und sei es, dass wir sehr bewusst in Angriff nehmen, die Karriere ruhen zu lassen. Ich versuche, diese Einstellung in meine Freunde regelrecht hineinzubeten. Aber sie hören nicht auf mich. Neulich sagte mir ein Kumpel, er werde kürzertreten und sich ausruhen, aber erst in ein paar Jahren. Ich sagte, dass ich ihm wünsche, dass er seine Ruhephase noch erlebt. Die Leute schauen mich dann an. Dabei meine ich das nicht apokalyptisch. Ich meine, dass man Chancen erkennen muss. Sonst sind sie weg. Oder man selbst ist weg. Wooops! Verstehen Sie?

Vor einigen Jahren starb Ihr jüngerer Bruder an Krebs, das wird Sie diesbezüglich beeinflusst haben, nehme ich an.

Ja.

Menschen verdrängen nun mal den Tod.

Bei euch in Europa tun sie das weniger als bei uns. In der europäischen Kultur, in der Kunst, im Film, in der Literatur, im Theater ist der Tod allgegenwärtig. Die amerikanische Kultur leugnet den Tod. Amerikaner empfinden den Tod als eine beleidigende Sache: Ich meine, da sieht man toll aus und ist gut drauf und läuft noch als 80-Jähriger mit Sneakers spazieren – und dann soll man sterben?

Sonderbar für ein Land, das sich mit Kriegen auskennt, oder? Der Tod ist doch jeden Tag in den Nachrichten.

Ja.

Und auch gerade steckt Amerika wieder in einem verheerenden Krieg fest.

Ja, aber der Tod wird hier nicht gezeigt beziehungsweise nur in Form polierter Särge. Und in Form von Zahlen.

Die Legitimation für diesen Krieg ist doch gerade: die von Ihrem Präsidenten geschürte Angst vor dem Tod. Es kann Amerika zu jeder Sekunde treffen.

Ja. Und?

Wie sehen Sie das?

Ich sehe das so, dass es Amerika zu jeder Sekunde wieder treffen kann. Natürlich.

Da gehen Sie mit Ihrem Präsidenten also Hand in Hand.

Da gehe ich, soweit möglich, mit unseren Soldaten Hand in Hand. Ich war im Irak – und ich habe mit den Soldaten geredet, zum Beispiel auch mit denen, die nur noch ein Bein oder einen Arm haben. Das ist bewegend, sehr bewegend, das kann ich Ihnen sagen.

Sind Sie für oder gegen diesen Krieg?

Ich weiß nicht, wie sinnvoll es ist, noch lange dort unten zu bleiben. Aber natürlich muss Amerika seine Freiheit verteidigen. Es wird inzwischen oft übersehen, dass wir von Al Khaida aus Afghanistan angegriffen wurden. Es wird übersehen, wie viel Leid Saddam Hussein über den Irak gebracht hat. Keiner will Krieg, oder? Aber diese Soldaten verteidigen Rechte und Freiheiten, auf die wir alle stolz sein sollten. Ich möchte, dass wir die Soldaten nicht vergessen, die da ihren Arsch für uns hinhalten.

Es gibt die Theorie, dass man möglicherweise mit dem gezielten Einsatz von Geheimdiensten mehr erreicht hätte. Zum Beispiel nicht so viele zivile Opfer.

Mann, wer will zivile Opfer? Wer? Keiner will zivile Opfer! Aber vertrauen Sie etwa den Fähigkeiten unserer Geheimdienste? Reden wir mal nicht mehr über die Soldaten, die das nun ausbaden müssen. Sondern über die Politik und über Ihren Geheimdienstvorschlag: Die CIA hat die Taliban groß gemacht, weil sie sie brauchte im Kampf gegen die Sowjetunion! Die CIA hat Saddam Hussein groß gemacht, weil sie ihn brauchte im Kampf gegen den Iran! Die CIA hat Verbrecher wie Augusto Pinochet unterstützt, weil sie Panik vor einem kommunistischen Chile hatte! Last not least hat die CIA 9/11 nicht verhindert, obwohl die Möglichkeit klar bestanden hätte. Und denen trauen Sie zu, Osama bin Laden zu finden und die Taliban zu erledigen? Fuck, no! Die Sache sieht so aus: US-Regierungen haben Blut an den Händen, wir haben zu oft die falschen Leute mit Waffen ausgerüstet – und unsere jungen Soldaten

da unten müssen auch das jetzt ausbaden.

Sie haben grundsätzlich kein Vertrauen in die Politik, oder?

Wer bin ich, dass das von Interesse wäre! Ich bin kein Philosoph. Ich bin bekannt. Das ist alles. Ich nutze, wie mein Freund George Clooney …

… der eher als liberal gilt als Sie …

… ich bin auch liberal! Ich meine, oft genug habe ich keine konservativen, sondern liberale Ansichten. Oder?

Hm, okay.

Jedenfalls nutzen wir von Zeit zu Zeit unsere Bekanntheit. Ich habe das früher nicht gemacht. Ich fand das eitel. Ich fand, als Schauspieler sollte man sich da nicht in den Vordergrund drängen. Aber man ändert seine Meinung, wenn man sieht, dass man Menschen helfen kann.

Wie helfen Sie beide?

In Darfur sind kaum Kameras – obwohl wir es mit Völkermord zu tun haben. Also wirbt George Clooney für mehr Aufmerksamkeit. Ich werbe dafür, dass man unsere Veteranen, die aus Afghanistan oder dem Irak zurückkommen, nicht alleinelässt. Jeder vernünftige Mensch weint um tote Zivilisten im Irak. Aber ich habe im Irak Zivilisten getroffen, die in Saddams Folterkellern gesessen hatten. Diese Menschen waren froh, dass er nicht mehr an der Macht ist. Und wir haben schon unsere Veteranen aus den anderen Kriegen nachher alleingelassen.

Das ist alles kompliziert, Mann. Es ist nicht einfach.

Vertrauen Sie Bush? Oder Cheney?

Zeigen Sie mir einen Politiker, der verhindert, dass sich jährlich Trilliarden von Steuergeldern in Luft auflösen! Zeigen Sie mir einen, der Kindern armer Leute in den USA eine vernünftige Bildung zukommen lässt! In einer Schule ohne Waffen! Theodore Roosevelt hat von 1901 bis 1908, also in acht verdammten Jahren, mehr für das Volk erreicht als alle Präsidenten nach ihm zusammen.

Was war der letzte Erfolg?

1958 haben wir was gegen Polio erfunden. Das war nützlich, oder? Aber heute? Wieso sieht man auf den Straßen in den USA keine Verbesserung?

Ronald Reagan hat den Kommunismus besiegt – sagt man.

Ach was, Reagan hat gesagt, er will die Mauer weghaben. Wer wollte das nicht? Reagan hat die Sowjets mit seinen Militärausgaben erdrückt. Aber der Kommunismus hat sich selbst besiegt.

Clinton …

Oh, nein, nicht auch noch Clinton …

Also vertrauen Sie keinem?

Ich habe neulich einem Kumpel gesagt, er soll mich narkotisieren, wenn der Wahlkampf losgeht – und er soll mich wieder wecken, wenn alles vorbei ist. Ich kann die talking heads nicht sehen, mir wird öfter mal schlecht, wenn ich die sehe. Geht es Ihnen nicht so?

Doch, mir ist auch ständig schlecht.

Zeigen Sie mir den neuen Roosevelt – und ich werde ihn unterstützen! Egal ob er Republikaner ist, Demokrat oder von der Buddha-Partei. Ich nehme mich dabei aber nicht wichtig, verstehen Sie? Ich habe ja ein simples Weltbild, wie Sie inzwischen bemerkt haben.

Wir müssen Schluss machen. Jetzt haben wir wenig über »Die Hard« geredet.

Doch, haben wir. Im Grunde ging's nur um den Film. Sie werden's merken, wenn Sie das Band abhören.

Danke jedenfalls.

Passen Sie auf sich auf, und Sie haben sich das Wichtigste gemerkt?

Ich glaube, ja.

Verschieben Sie nichts auf morgen!

INTERVIEW MIT
PHIL COLLINS

PHIL COLLINS

»Bingo! Ich habe noch nie die gottverdammten Tories gewählt.«

Phil Collins, 1951 in London geboren, trieb von 1970 bis 1996 als brillanter Schlagzeuger und später auch Sänger den Erfolg von »Genesis« voran; nicht erst seit seiner Solo-LP »Face Value« (1981) ist er auch Produzent, Jazzmusiker, Filmmusikkomponist und Schauspieler. Zuletzt feierten Mariah Carey und andere R&B-Größen Erfolge mit Interpretationen seiner Lieder – insgesamt zählt er mit mehreren Hundert Millionen verkaufter CDs zu den erfolgreichsten Popmusikern der Gegenwart. Er lebt seit einigen Jahren recht zurückgezogen in Féchy in der Schweiz.

Herbst 2002: Er ist klein, aber sehr präsent. Schlagzeuger-Arme, eine Stimme aus Eisen, kreisrunder Kopf, stechend blaue Augen, mitunter hinter einer Brille, die ihm das Aussehen eines schlauen und dann doch sehr netten Grundschulleh-rers verleiht. Ohne Zweifel würde man mit dem in einem Pub Spaß haben, denn er liebt es, sich gleichzeitig zu amüsieren und aufzuregen. Die Journalisten, die er zitiert, imitiert er blendend, er ist ein außerordentlich begabter Komiker. Am Abend tritt er dann in Hamburg vor 14 000 Leuten auf, am Anfang alleine am Piano (»In The Air Tonight«), am Ende hinter zwei Congas (»Take Me Home«). Sowohl die Trennung von seiner dritten Frau Oriance Cevey wie auch die Wie-dervereinigung von Genesis im Jahre 2007 waren zum Zeitpunkt des Interviews noch kein Thema.

Über was wollen Sie sprechen?
Nennen Sie ein Thema, irgendeins! Ich bin gekommen, um Ihnen Antworten zu geben, zu welchem Thema auch immer.

Zwei Themen zur Auswahl. Thema 1: Schweiz. Das Land, in dem Sie leben.
Und das andere?

Thema 2: Journalisten. Das sind die Leute, die Ihnen Ihrer Meinung nach seit 35 Jahren Unrecht tun.
Über Journalisten? Wir reden nur über Journalisten? Hohooo! Thema 2!

Okay.
Journalisten! Ich hätte mir den ganzen Nachmittag für Sie freihalten sollen.

Reden Sie gerne über Journalisten?
Nein, eigentlich nicht, aber mit einem Journalisten natürlich schon. Sie werden das vor Ihren Kollegen rechtferti-gen müssen, aber ich nicht vor meinen. Das ist gut. Schießen Sie los!

Worin unterscheidet sich ein Radio-journalist des Jahres 2002 von ei-nem Radiojournalisten aus dem Jahr 1972?
Mmh, zunächst unterscheiden sie sich äußerlich erheblich. 1972 sahen die Journalisten verwegener aus als die Musiker, die von diesen Journalis-ten interviewt wurden. Wir haben uns manchmal erschrocken …

Und inhaltlich?
Wir waren 1972 mit Genesis zum ers-ten Mal in Amerika, damals galten

wir – glauben Sie es oder nicht – als Avantgarde-Band. Die Journalisten sagten, wir sollten unsere Lieblingsplatten mitbringen und dürften sie dann in den Stationen abspielen. Ich sehe mich noch in New York Platten kaufen, eine seltene Pressung von Frank Zappas »Peaches en Regalia« war dabei. Die haben das alles gespielt, die Sendung dauerte drei Stunden, wir waren ja fünf Mann bei Genesis.

Und heute?
Neulich war ich in den Staaten in einer Radiosendung. Ich hatte CDs dabei, von denen ich dachte, die Leute sollten sie hören. Keine gängigen Sachen, eher …

Und dann?
Ein Moderator in Anzug und Krawatte, anders als damals, verstehen Sie … Der Typ sagte: »Mister Collins, oh, es tut mir so leid, aber die Songs für die nächsten 60 Minuten sind schon programmiert, ich kann Ihre CDs nicht abspielen.« Darauf ich: »Ja, aber steck mal diese CD da rein, dann läuft sie doch.« Und er: »Nein, das geht nicht, das ist alles programmiert.« Ich: »Ja, dann programmier es um und steck doch mal diese CD da rein!« Darauf brach ihm der Schweiß aus: »Es ist alles programmiert – es ist alles programmiert – es ist alles programmiert.« Ich dachte, wenn ich noch einmal »Bitte bitte« sage, brennen in diesem Studio die Sicherungen durch und alles fliegt in die Luft. Also habe ich die CDs ungespielt

wieder mitgenommen. Alleine, dass ich sie dabeihatte, war aber systemgefährdend. Wie schnell das heute geht …

Der Typ war auch programmiert.
Er war ganz nett, aber offenbar unfrei. Ich meine, heute gibt es in den großen Sendern in den Staaten für jede Musikrichtung ein eigenes Department. Da sitzen Leute unten in der Poststelle vor ihren Hauspostfächern und murmeln: »Die CD geht dahin – die CD geht dorthin – die geht wieder dahin – die CD hier geht mal besser in den Müll« – und so weiter, fucking mad. Dann werden 30 Lieder für den November programmiert, und dann sitzt da ein Mann, der den Computer nicht umprogrammieren darf.

Können Sie sich beschweren, dass Ihre Lieder nicht im Radio gespielt würden?
Ich beschwere mich nicht. Sie wollten über Journalisten reden, jetzt haben Sie die Misere. Es macht Spaß mit Ihnen! Wissen Sie, wie man Radiomoderatoren heutzutage verrückt machen kann?

Sagen Sie …
Indem Sie längere Sätze bei einer Antwort bilden. Die kriegen dann dieses vollkommen irre Flackern in den Augen, immer zur Studiouhr und wieder zurück, weil sie ja ständig Werbung bringen müssen. Ich bilde immer gerne längere Sätze im Radio.

Sollen wir ein paar Phil-Collins-Klischees abarbeiten?
Nur zu. Ich fange mit Klischee Num-

mer eins an: Phil Collins hat eine Formel im Computer, mit der er Hits schreibt. Einer Ihrer Kollegen kommt und sagt: »Nur ein Genie kann so zielsicher einen Hit nach dem anderen landen, aber ein Typ wie Sie, Mister Collins, kann kein Genie sein! Also: Wo ist die Formel?« Ich antworte: »Es gibt keine Formel, ich summe, ich klimpere herum, ich schreibe.« Darauf der Journalist: »Sie müssen aber eine Formel haben!« Ich: »Ich habe keine Formel.« Er: »Doch.« Ich: »Nein.« Er: »Doch.« Ich: »Nein.« Er: »Doch!« Ich: »Neiheiiiiiin!« – Sie lachen?

Lustig.

Ja, und das Lustigste ist: Ich hatte nicht immer nur Hits, sondern auch ein paar hübsche Flops. Eine von mir produzierte Platte meines Freundes Eric Clapton war ein Flop, eine von mir produzierte Platte mit Philip Bailey von Earth, Wind & Fire war ein Flop, meine CD »Both Sides« war ein relativer Flop. Die Plattenfirma hat mir verboten, über meine Flops zu reden, aber voilà, das waren sie! Nennen Sie mal ein weiteres Klischee!

Punk wurde erfunden, um Leute wie Phil Collins zu töten.

Ja, nicht schlecht. Ich glaube es aber nicht. Yes, Jethro Tull und Emerson, Lake & Palmer standen in der Reihe der Abschusskandidaten weit vor Genesis und Phil Collins. Ich bin der Meinung, dass wir im Gegensatz zu diesen Bands keinen artifiziellen Mist produziert haben, sondern sehr gute Musik. Drum hat Genesis Punk auch überlebt, wohingegen Jethro Tull und Emerson, Lake & Palmer bald weg waren. Ich habe Emerson, Lake & Palmer oder Ian Anderson mit seiner komischen Querflöte immer gehasst – und nie einen Hehl daraus gemacht. Die Sex Pistols waren sehr nützlich, ich halte »Anarchy In The U. K.« heute noch für einen rohen, erstklassigen Song. Sage ich so was, sagen Journalisten: »Sie lügen.« Ich: »Nein.« Der Journalist: »Doch.« Ich: »Nein, ich halte es genauso für einen guten Song wie ›Stan‹ von Eminem.« Der Journalist: »Sie mögen Eminem nicht!« Ich: »Doch.« Der Journalist: »Nein.« Ich: »Pass auf, Arschloch, hier kommt noch was: Ich verehre Madonna, sie ist eine sehr starke Künstlerin!« Er: »Das glauben Sie nicht wirklich!« Ich: »Doch!« Er: »Nein!« Ich: »Fahr zur Hölle!« Nächstes Klischee …

Phil Collins wählt die Tories.

Bingo! Ich habe noch nie die gottverdammten Tories gewählt. Ich wurde vor langer Zeit einmal gefragt, wen ich mir als Wahlsieger wünsche, ich antworte: »Ich weiß es nicht, aber ich hoffe, dass ich nach der Wahl nicht 98 Prozent meines Vermögens an die Steuer abführen muss.« Ich meine, ich gelte in sozialen Dingen wirklich nicht als geizig …

Und dann?

Dann hieß es: Er wählt die Tories! Er ist ja sowieso middle of the road, es passt alles so perfekt zusammen! Nachdem ich nach Genf gezogen war, schrieben sie: Er spart Steuern und wählt die gottverdammten Tories, oh, er ist so furchtbar!

Sie leben in der Schweiz mit Ihrer dritten Frau Oriane Cevey. Sagen wir mal so: Sie sparen Steuern und haben nach zwei gescheiterten Ehen etwas mehr Ruhe vor der Boulevardpresse.

Es bereitet Boulevardjournalisten aus England mitunter keine Probleme, in die Schweiz zu fliegen und sich vor mein Haus zu stellen. Drum tun sie es ja auch.

Oriane war, als Sie sie kennenlernten, noch keine 30 Jahre alt, arbeitete als Dolmetscherin. Sie war recht unerfahren im Umgang mit der Presse.

Für sie war es total absurd. Es ist absurd, wenn ein Journalist seinen Kopf über den Gartenzaun hält und wissen will, wie es denn eigentlich so geht – nur, weil du mit Phil Collins zusammen bist. Wissen Sie, als ich Oriane kennenlernte, war ihr Vater an Krebs erkrankt, er hatte nur noch kurz zu leben. Es ist wahnsinnig, wenn nach der Beerdigung am Ausgang des Friedhofs Journalisten herumstehen und die originelle Frage stellen: »Oriane, wie fühlen Sie sich? Ist Phil jetzt eine Hilfe für Sie?« Was soll sie sagen? »Ich fühle mich großartig, und Phil ist keine Hilfe für mich«, oder so was. Ich weiß es nicht.

Es heißt, Sie können schwer damit leben, kritisiert zu werden ...

Ich bin selber kritisch, auch mir selbst gegenüber. Ich leide unter starken Selbstzweifeln, wenn ich etwas mache. Und ich kann mit aufrichtiger Kritik gut leben. Als wir 1981 »Abacab« rausbrachten und den Genesis-Sound entschlackten, pfiffen die älteren Fans uns aus. Ich kann mich noch an Konzerte in Köln und in Leiden erinnern, das war nicht so lustig. Andererseits dachte ich: Es ist aufrichtig von den Leuten, sie identifizieren sich mit uns, sie haben das Recht ...

Auch Kritiker haben das Recht ...

Kommen Sie, die Musikkritik ist heute in den seltensten Fällen eine Musikkritik! Wenn man früher eine Platte machte, hörten die Leute sich das an, machten sich ihre Gedanken. Dann hieß es: Es sind auf dem neuen Genesis-Album drei Knaller, aber auch ein paar Songs, die Durchschnitt sind, und leider auch ein Song, der Scheiße ist. Heute bist du ausschließlich ein Synonym für etwas, das die Leute lieben oder hassen. Also muss womöglich die neue Platte von Collins Scheiße sein, weil Collins ja sowieso Scheiße ist. Aber noch mal: Sie wollten über Journalisten reden. Ich kann ja mit allem leben, sogar sehr komfortabel.

Aber wieso steht ein Mann, der von anderen Musikern wegen seiner Fähigkeiten bewundert und von anderen Leuten wegen seines Reichtums

beneidet wird, nicht über solchen Dingen?

Schauen Sie, was würden Sie sagen, wenn Sie erführen, dass ich nach diesem Gespräch zu der sehr netten Dame von der Plattenfirma gehe und sage: »Du, dieser Typ, den du mir geschickt hast, der war leider das mit Abstand dümmste Arschloch, das ich in meinem bisherigen Leben getroffen habe! Lebte er in England, er würde die Tories wählen!«

Hm …

Sie wären verletzt! Ich bin auch manchmal verletzt. Und so kann es passieren, dass ich Journalisten anrufe …

Sie rufen Journalisten an? Sagen Sie, dass das nicht Ihr Ernst ist!

Well, ich rufe sie nicht laufend an. Aber auf der letzten Genesis-Tour Anfang der Neunziger spielten wir in Indianapolis, ein Football-Stadion voller Menschen, an die 100000. Große Begeisterung. In der Zeitung lese ich nachher, das Konzert sei nichts als komplette Scheiße gewesen, besonders zwei Lieder haben dem Rezensenten ganz und gar nicht gefallen. Nun hatten wir diese zwei Lieder aber ganz und gar nicht gespielt, ich dachte, ich werde wahnsinnig …

Und dann haben Sie den unterbezahlten Lokalzeitungsjournalisten in Indianapolis angerufen? Was hat er gesagt?

Er glaubte erst nicht, dass ich das bin am Telefon, und gackerte rum. Dann sagte er, dass wir die zwei von ihm bemängelten Lieder mit Sicherheit doch gespielt hätten. Ich sagte: »Pass mal auf, du Clown, meinst du nicht, ich müsste wissen, welche Lieder die Band Genesis in Indianapolis gespielt hat? Und zwar weil ich DER SÄNGER der Band Genesis bin?« Dann er: »Dann haben Sie aber dafür zwei Lieder gespielt, die den von mir genannten Liedern sehr ähnlich gewesen sein müssen. Und ich wundere mich, dass Sie den Artikel überhaupt gelesen haben, Mister Collins, was für eine Ehre!« Darauf ich: »Ja, und weißt du was, du Arschloch? Außer mir haben ihn noch ein paar Hunderttausend Leute gelesen!« Er hat mir dann leidgetan, am Ende haben wir uns vertragen. Ich bin harmoniesüchtig und begebe mich, wenn ich mich mit Leuten verkrache, nachher stets auf eine lange Suche nach diesen Leuten, um mich wieder zu vertragen.

Haben Sie schon mal einen Journalisten rausgeschmissen?

Ja, bei einem Promo-Termin für den Disney-Film »Tarzan« vor ein paar Jahren, aber darüber müssen wir nicht …

Na los!

Ich saß im Besprechungszimmer eines Hotels, im Zehnminutentakt kamen die Journalisten rein, vor allem: eine für mich seltsame Sorte von Journalisten!

Nämlich?

Filmjournalisten! Leute, die über Filme

schreiben. Ich meine, das ist ja noch mal eine Sorte für sich. Ponyfrisuren über traurigen Augen, Sie verstehen …

Hm …

Also kommt der Erste, ich frage: »Hat Ihnen der Film gefallen?« Er: »Nein.« Kommt der Zweite, ich frage: »Hat Ihnen der Film gefallen?« Er: »Nein.« Kommt der Dritte, ich frage: »Hat Ihnen der Film gefallen?« Er: »Nein.« Sie hatten, jeder für sich, atemberaubende Argumente. Alle zusammen hatten sie prinzipielle Probleme mit der Marke Disney, der sie die Schuld für alles Elend dieser Welt gaben. Dann sagte einer: »Der Film fördert den Eskapismus!« Ich sagte: »Aaaah, eine sehr interessante und durchdachte Feststellung! Könnte dies denn damit zusammenhängen, dass es sich bei Tarzan um einen Zeichentrickfilm für Kinder handelt?« Ich meine, ich habe selber vier Kinder. Jeder kann mit seinen Kindern in diesen Film gehen, ohne dass sich die Kleinen nachts mit Albträumen in den Betten wälzen. Das ist schon eine Menge in diesen Zeiten …

Wie kam es zum Rauswurf des Journalisten?

Es war ungerecht von mir. Er war lediglich der ungefähr Sechste oder Siebte, der auf meine Frage, ob ihm der Film gefallen habe, antwortete: »Nein, durchaus nicht.« Darauf ich: »Okay, fuck off!« Er war dann von der Rolle und ich auch.

Und das Ende vom Lied?

Ich bin später raus auf den Gang. Da stand er noch rum und war blass. Wir haben dann herausgefunden, dass der jeweils eine dem jeweils anderen leidtut. Wir sind uns fast um den Hals gefallen.

Und?

Und haben das Interview gemacht.

Ein Happy End, das finde ich ehrlich gesagt ziemlich rührend …

Ich bin komplizierter, als ich offenbar wirke. Und ich trage immer einen Berg von Schuldgefühlen mit mir rum.

INTERVIEW MIT
GOLDIE HAWN

GOLDIE HAWN

»Es ist kein Wunder, dass die Kuh in Indien Sie geschubst hat, mein Lieber. Sie hat gespürt, dass Sie mit ihr nicht im Reinen sind, glauben Sie's mir!«

Goldie Hawn wurde 1945 in Silver Spring, Maryland, geboren und zählt bis heute zu den beliebtesten Schauspielerinnen Hollywoods. Ihren großen Durchbruch feierte sie 1980 in »Private Benjamin«. Die vielfach ausgezeichnete Komödiantin spielte danach an der Seite ihres Lebenspartners Kurt Russell in »Overboard – ein Goldfisch fällt ins Wasser«, mit Mel Gibson in »Ein Vogel auf dem Drahtseil«, mit Bruce Willis in »Der Tod steht ihr gut«, mit Woody Allen in »Everyone says I love you«. Goldie Hawn lebt in Santa Monica. Mit Stolz verfolgt sie die Schauspielkarriere ihrer Tochter aus der Ehe mit dem Musiker Bill Hudson – Kate Hudson.

Dezember 2002. Eine Suite im Hamburger Atlantic-Hotel. Goldie Hawn sitzt im Schneidersitz auf einem Sofa, das sehr groß ist, weshalb sie in ihm mehr oder weniger verschwindet. Neben ihr wird gerade, auch auf dem Sofa, ein umfangreicher Teller mit Vorspeisen abgestellt. Sie inspiziert lange die Häppchen, schnappt dann zu. Nachdem sie den ersten Bissen geschluckt hat, verdreht sie die Augen und grinst. Klar ist schon nach Sekunden: Das Leben schmeckt ihr! Sie wird das Gespräch nun nutzen, um den Interviewer mental wieder auf die richtige Spur zu bringen. Es ist ein bisschen wie in diesen »Psycho to go«-Läden in Los Angeles, wo man sich als Halbdepressiver mal eben wieder einrenken lassen kann.

Miss Hawn, es tut mir leid, Sie beim Essen zu stören …

Sie stören nicht, sweetheart, entschuldigen Sie, dass ich esse, aber ich muss jetzt essen. Gott, sind die lecker, es ist atemberaubend, wie lecker die sind. Und diese kleinen Soßentellerchen. Sehr niedlich. Sind Sie aus dem schönen Hamburg?

Aus München.

Oh, München ist ja auch eine sooo schöne Stadt. Leider bin ich dieses Mal nicht in München. Nächstes Mal muss ich wieder nach München!

Ich würde mit Ihnen gerne über ein bestimmtes Wort reden.

Nur über ein Wort? Hoffentlich ist es ein gutes Wort.

Ich habe zwei zur Auswahl mitgebracht.

Okay. Gott, ist das lecker …Entschuldigen Sie! Also: The word!

Das eine lautet: Männer.

Okay.

Das andere: Freude.

Okay. Welches bevorzugen Sie?

Freude.

Ich auch. Absolut. Das ist interessanter als Männer. Freude also.

In Ihrem neuen Film spielen Sie ein Ex-Groupie, das in den 60er- und 70er-Jahren jung war. Sie haben diese Zeit auch miterlebt. War es damals leichter als heute, Freude zu empfinden?

Definitiv. Die meisten Leute waren damals auf Drogen. Sie empfanden also schon deshalb Freude, viele merkten allerdings zu spät, dass das eine Fehleinschätzung war. Aber generell hatten wir unbekümmerter Freude. Heute steht vor jeder Freude ein Verbotsschild. Es war eine unschuldige und spontane Zeit damals, das hatte eine Menge für sich.

Was schätzen Sie, wie die Leute reagieren, wenn man ihnen sagt, dass man ein Interview mit Goldie Hawn macht?

Weiß nicht, sagen Sie!

Ausnahmslos alle lächeln. Und sagen: Wundervoll, die ist sicher nett, das wird sicher nett. Man wird beneidet, als habe man ein entspanntes Date gebucht.

Hey, ist das so? Das ist doch wundervoll. Wie erklären Sie sich das?

Nun, Sie können es sich sicher selbst erklären. Es ist so, dass Sie durch die Rollen, die Sie spielen, Freude auslösen. Und zwar bei allen. Sie sind eine Erlösung.

Ich finde das absolut großartig.

Sie leiden nicht darunter?

Nein! Ich meine: Wieso soll ich darunter leiden? Wissen Sie, es wäre schon sehr prätentiös, darunter zu leiden. Wenn man in seinem Leben da angelangt ist, wo ich angelangt bin, hat man wirklich wenig recht, sich zu beklagen.

Viele Komödianten leiden unter ihrem Image. Sie werden auf der Straße angesprochen und sollen komisch sein.

Die sollen sich nicht beklagen, ich beklage mich auch nicht. Die Leute beklagen sich laufend über irgendetwas, es ist ziemlich furchtbar, finde ich. Wenn es einem schlecht geht, soll man traurig sein, und zwar wirklich richtig traurig. Aber sich darüber zu beklagen, dass die Leute einen mögen? Ich meine, hey, oder?

Ist es nicht schwer, dem Image immer gerecht werden zu …

Ich will Ihnen mal was sagen, wir wollten doch über Freude reden: Wenn man unglücklich ist, ist das erst die Voraussetzung zur Freude. Freude ohne Unglück gibt es nicht. Freude wird gerade in Amerika gerne mit Spaß verwechselt. Wir haben viele Menschen, die viel Spaß haben. Eigentlich hat sogar fast jeder dauernd Spaß in Amerika. Aber Spaß hat mit tiefer Freude wenig zu tun. Und tiefe Freude ist lebenswichtig. Ohne tiefe, wahre Freude gehen Sie ein wie eine ungegossene Pflanze.

Wenn Unglück die Voraussetzung für Freude ist, wann sind Sie unglücklich?

Schauen Sie, ich bin eine Frau, die schon ein paar Sachen hinter sich hat. Ich habe zwei Scheidungen hinter mir, und zwar von Männern, die ich sehr geliebt habe. Da weiß man, was Unglück ist. Eines meiner Kinder ist fast gestorben, da wusste ich weiß Gott, was Unglück ist. Als meine Eltern gestorben sind, war ich wahnsinnig unglücklich.

Nun, das sind jeweils einschneidende Erlebnisse, aber es fehlt Ihnen of-

fenbar trotzdem so eine Art Leidens-
gen ...

Nein, das hat mit den Genen nichts zu
tun, sondern mit einer Einstellung, die
man sich aneignen kann. Um es mal
knapp auszudrücken: Das Glas ist immer halb voll, es ist nie halb leer.

**Kennen Sie das, dass morgens noch
im Halbschlaf ein halbes Dutzend
Urängste, zwei Alltagsängste und nebenbei ein paar ungelöste berufliche
Probleme vor dem inneren Auge vor-
beiparadieren?**

Jesus, ist es bei Ihnen so?

**Bei einem guten Freund ist es so.
Wir sprachen neulich darüber.**

Jaha, bei einem guten Freund! Also:
Natürlich gibt es Phasen, in denen bei
mir die Ängste ihre Paraden abhalten.
Da muss man dann gegen angehen.

Wie gehen Sie dagegen an?

Indem ich mir die Frage nach dem
Grund meiner Ängste stelle. Und dazu
kann es sehr wichtig sein, erst einmal
richtig traurig zu sein, wenn man einen Grund dazu hat. Ich bin ein förm-
licher Mensch, ich lege Wert auf gute
Umgangsformen, ich liebe gute Kleidung und den ganzen formalen Kram,
bei Frauen wie bei Männern. Aber es
ist absolut irre, was für Anstrengungen
Menschen unternehmen, um ihre eigene Traurigkeit zu unterdrücken. Sie lächeln dich aus traurigen Augen an.

**Das ist oft eine Frage der Haltung.
Man kann ja nicht überall losheulen ...**

Es wäre für viele Menschen besser,
sie könnten mal losheulen. Es ist besser, als traurig zu lächeln und zugrunde
zu gehen. Bei ständigem Pessimismus
muss man sich aber auch mal die Frage
nach der, well, generellen Sicht auf die
Welt stellen, oder? Ich glaube, wir finden heute zu viel zu selbstverständlich.
Ich habe wunderbare und gesunde Kinder, über was soll ich mich beklagen?
Darüber, dass sie nicht alle von einem
Mann sind?

**Miss Hawn, mir scheint, Ihre wohl-
tuende Sicht auf die Dinge und das
Leben ist amerikanisch, und meine
Sicht ...**

...nein, nein, es ist die Sicht Ihres
ängstlichen Freundes ...

**... genau, das ist also die europäi-
sche Sicht auf die Dinge. Dabei gibt
es Angst doch auch in Amerika. Seit
dem 11. September 2001 wird Ihr
Land nicht zuletzt mit dem Faktor
Angst regiert. Sicher haben auch Sie
den großartigen Film »Bowling for
Columbine« gesehen ...**

Ja, habe ich. Aber auch hier gilt: 9/11
hatte nicht nur schlechte Auswirkun-
gen auf unser Land. Wenn wir den be-
vorstehenden Krieg mal beiseitelassen,
müssen wir schon feststellen: Es gab
in den USA vom 11. September 2001
an eine unglaubliche Welle an Hilfsbe-
reitschaft und Unterstützung. Auch hat
sich die Sicht vieler auf die Kostbarkeit
des Lebens verändert. Es gab noch nie
so viele Firmen, die so viel Geld für so-

ziale Einrichtungen und so weiter gespendet haben.

Das Land ist zusammengerückt.

Exakt, es war plötzlich eine Art Nestwärme da. Man kann darüber streiten, ob sie noch da ist, aber in dem Moment, als wir verletzt wurden, haben wir uns wieder auf etwas konzentriert, das in Amerika fast verloren gegangen war: auf die Gemeinschaft. Es hieß über viele Jahre immer nur: Du bist der Beste! Du gehst jetzt an die Börse! Und wenn du am Boden liegst, stehst du wieder auf! Individuen haben Amerika groß gemacht, aber wir haben die Gemeinschaft darüber vernachlässigt. Ich glaube, dass wahre Freude ohne eine funktionierende Gemeinschaft – es muss keine Familie sein, es kann auch ein Dorf, eine Firma sein oder Freunde – nicht zustande kommt. Es gibt arme Länder, in denen die Dorfgemeinschaft noch funktioniert …

…man sieht in diesen Ländern öfter arme, aber glückliche Menschen.

Ja, mehr als in New York, mein Lieber!

Mehr auch als in Deutschland. Ich präsentiere Ihnen jetzt mal das Ergebnis einer Umfrage des Gallup-Instituts. Demnach blickt weltweit keine Bevölkerung so pessimistisch in das Jahr 2003 wie die Deutschen.

Ist das Ihr Ernst? Das ist ja großartig! Wahnsinn! Habt Ihr ein Hungerproblem? Mein Gott, es sind immer die wohlhabenden Länder …

… nur 13 Prozent der Deutschen

glauben, die Welt entwickle sich in eine positive Richtung.

Das ist absolut verrückt! So ein schönes Land, in dem Sie hier leben. Ich meine, hey, das ist doch etwas paranoid, oder?

Wie erklären Sie sich das?

Wie erklären Sie sich das?

Mmh … wir haben offenbar eine finstere Grundstimmung hier.

Na, das glaube ich aber auch. Wie haben andere Länder abgeschnitten?

Interessant ist die Liste in Hinsicht auf die größte Zuversicht: Die herrscht in China, Indien und Mexiko. In Ländern, die zum Teil unter großer Armut leiden.

Hatte ich fast schon erwartet. Dass Indien darunter ist, wundert mich allerdings nicht. Ich fliege mindestens einmal im Jahr nach Indien. Die Menschen dort sind sehr, sehr arm, aber nirgendwo auf der Welt treffen Sie so viele höfliche und glückliche und wunderbare Leute.

Offenbar auch eine spirituelle Frage.

Natürlich. Die haben gelernt, dass sie nach innen hören müssen. Es ist unglaublich wichtig, nach innen zu hören.

Wo fahren Sie hin, wenn Sie nach Indien fahren?

Ich kenne das ganze Land in- und auswendig. Jede Stadt. Ein faszinierendes Land, die Farben, die Menschen, es ist so wunderbar. Ohne Indien wäre ich ärmer.

Waren Sie mal in Rishikesh, am Himalaya, da, wo die Beatles einst die Erleuchtung suchten?
Oh ja, wir wohnten da in einem großen Haus, fast komplett aus Glas, man schaute auf den Ganges runter, ich habe nie mehr solche Farben gesehen.
Ich bin in Rishikesh mal von einer Kuh angegriffen worden.
Oh! Haben Sie die Kuh provoziert? Man muss die Kühe in Indien wirklich total in Ruhe lassen. Sonst gibt es Ärger.
Ich habe der Kuh nichts getan. Sie stand zwischen zwei Gemüseständen herum und fraß einem Händler seinen Karren leer. Aber verrückt war: Ich ahnte irgendwie schon aus 50 Metern Entfernung, dass sie mich schubsen will.
Dann ist es auch kein Wunder, dass sie Sie geschubst hat, mein Lieber!
Die Kuh konnte meine Gedanken lesen?
Absolut.
Da müssten die Kühe in Indien aber von vielen Menschen die Gedanken …
… nein, nein, aber die Kuh hat gespürt, dass Sie mit ihr nicht im Reinen sind, glauben Sie's mir!
Sie sagten eben, die Menschen in Indien haben gelernt, nach innen zu hören. Hören Sie auch nach innen?
Das tue ich, und ich kann es weiterempfehlen. Wenn Sie nach innen hören, hören Sie Ihren Atem. Sie stellen dabei fest, wie wunderbar es ist, den eigenen Atem zu hören, und dass es ein Geschenk ist, den eigenen Atem zu hören: Sie kommen auf die Welt und atmen bis zu Ihrem Tode. Das ist wundervoll. Freunden Sie sich mit Ihrem Atem an!
Vermutlich ist es recht mitteleuropäisch, wenn ich jetzt feststelle, dass ich mich dann eher darüber sorge, dass ich ja irgendwann nicht mehr atme.
Hmm, sagen wir mal so: Der Inder würde sich über seinen Atem freuen. Und er findet es nicht besonders schlimm, dass er irgendwann nicht mehr atmet. Für den Inder ist das Glas fast immer halb voll, verstehen Sie? Das Gespräch mit Ihnen bereitet mir übrigens Freude.
Danke. Aber noch mal: Haben Sie einen Verdacht, warum die Deutschen nicht hungern, aber traurig sind?
Einen womöglich banal klingenden Verdacht vielleicht … nein, er ist nicht banal: Bei euch ist der Himmel oft sehr grau. Der Mensch aber braucht Licht. Ich glaube auch, er braucht mehr Licht, als die Wissenschaftler meinen. Man muss ans Licht. Gehen Sie unter die Sonne, zur Not unter die künstliche Sonne! Ja, es hängt sicher auch mit dem grauen Himmel hier zusammen.
Haben Sie noch einen Tipp?
Ich verrate Ihnen jetzt meine Lebenseinstellung, okay? Ich habe sie in schwierigen Phasen selber beherzigt und mit Erfolg an meine Kinder wei-

tergegeben: Fragen Sie sich immer und grundsätzlich, ob das, was Sie machen, Ihnen Freude bereitet! Ich rede nicht von den kleinen Widrigkeiten, die ein Beruf oder eine Partnerschaft mit sich bringt. Ich rede vom Grundsätzlichen: Bringen die Dinge noch Freude? Oder aber Frust? Wenn Letzteres: Kill them! Definitely kill them! Da darf man nicht zögern.

Sie haben gut reden, nicht jeder kann seinen Job killen, man muss Geld ...

...hören Sie: Goldie Hawn war auch nicht ihr Leben lang wohlhabend. Wir stürzen vermutlich trotz Armut nie in eine Armut wie in Indien, wo die Menschen bizarrerweise trotzdem glücklicher sind als in Deutschland oder in den USA. Also, wenn man so eine Entscheidung getroffen hat, beginnt eine harte Phase, womöglich sogar eine sehr harte Phase. Aber härter, als den Frust notorisch auszuhalten, ist sie nicht. Und wenn die Phase vorbei ist? Ist man froh, damals den Job gekillt zu haben. Deshalb, für den Fall der Fälle: Kill it!

Miss Hawn, das waren zwei schöne letzte Worte.

Hey, ich wünsche Ihnen alles Gute, okay? Und geben Sie München einen süßen Kuss von mir!

INTERVIEW MIT
UDO JÜRGENS

UDO JÜRGENS

»Ich habe den Thomas Bernhard mal getroffen – einmal im Café Sacher in Wien, dann noch mal in Salzburg. Das war jedes Mal unwahrscheinlich nett.«

Udo Jürgens (eigentlich: Udo Jürgen Bockelmann) wurde 1934 in Klagenfurt geboren und lebt heute in Zürich. Er ist seit dem Grand-Prix-Sieg von 1966 (»Merci Chérie«) der populärste Entertainer deutscher Sprache und nach wie vor regelmäßig auf Tour. Im Laufe der Karriere schrieb er mit großem Erfolg auch Songs für internationale Stars – zum Beispiel für Shirley Bassey, Bing Crosby oder für seinen Freund Sammy Davis Jr.

Vorweihnachtszeit 2004. Der Mann im Münchner Hotel Königshof ist von großer Verbindlichkeit. Im langen Gespräch akzentuiert er mit Bühnenstimme, lauscht auf Zwischentöne, wägt seine Worte auch dann, wenn sie von emotionaler Schärfe gelenkt wirken. Er sieht fabelhaft aus, sehr schlank, gerader Gang, dann aufrecht im Sessel sitzend, ein aufmerksamer Herr, dessen turbulentes Leben ein paar ganz gute Spuren im Gesicht hinterlassen hat. Wer mit 70 Jahren so dasitzt, der hat mit Leidenschaft gelebt – und ist nun, wie zum Dank, das Gegenteil von verlebt.

Udo Jürgens, das Thema Frauen lassen wir weg, oder?

Ja, kein Problem.

Was ist kein Problem? Dass wir das Thema Frauen weglassen?

Genau, ja.

Es gibt da diesen Satz: Frauen und Männer passen nicht zusammen.

Wahrer geht's nicht. Auch wenn es sich mit der Arterhaltung beißt. Aber den Auftrieb um das Zusammenleben von Frauen und Männern, dieses Drumherum, das haben wir den Religionen zu verdanken.

Darf ich Sie als Idealisten bezeichnen?

Ja.

Oder kränkt Sie das?

Nein, da liegen Sie richtig. Ich bin ein großer Idealist. Mit einer, wie ich zugebe, nicht minder großen Portion Naivität.

Sie lieben die Menschen.

Ja. Ich liebe die Menschen, fürchte hingegen mitunter die Menschheit.

Sie finden die Menschen nicht schon vereinzelt zum Fürchten?

Falls Sie darauf hinauswollen: Ja, ich weiß, dass es üble Typen gibt. Aber wenn wir hier aus meinem Hotelfenster sehen, dann sehen wir auf die illuminierte Eisfläche am Stachus, die Menschen …

… von hier oben sieht das schön aus, aber wenn Sie da näher rangehen …

Ich war eben da unten und habe eine Bratwurst gegessen. Es war sehr schön.

Sie sind jetzt 70 Jahre alt und glücklich. Das ist wirklich beneidenswert.

Ich habe den Schlüssel gefunden, Menschen, auch Menschenansammlungen, zu lieben, ja. Wenn Sie den gefunden haben, sind auch Sie ein glücklicher Mensch.

Dabei waren Sie ein scheues Kind.

Ein panisches Kind! Auf dem Hof meines Vaters, in Kärnten, da war eine Gans, die hat diese Angst gerochen. Gänse können sehr gefährlich sein. Immer, wenn ich aus der Tür kam, raste die gleich mal mit gestrecktem Hals auf mich los.

Und Sie?

Ich hab nach der Mama gerufen.

Erst das Klavier hat Sie groß gemacht.

Wenn ich am Klavier saß, hat sich alles verändert. Die Menschen, die Räume, ich habe mir sogar eingebildet: die Farben. Das ist immer noch so. Ich schaue vor einem Konzert durch den Vorhang in eine Halle mit 10000 Leuten und kriege das große Flattern. Sobald ich am Flügel sitze, ist das wie weggeblasen.

Ich sprach gestern mit Joachim Kaiser über Sie. Er sagte: »Der Udo Jürgens hat die deutsche Umgangssprache in seinen Liedern zu einer sehr menschenwürdigen Kommunikationsform erhoben.«

Das sagt er … ja?

Ja.

Das freut mich aber wirklich sehr.

Sie leiden auch sonst nicht an einem Mangel an Anerkennung.

Was Kaiser sagt, freut mich, weil es um die Sprache geht. Auch um die besondere Anerkennung der Umgangssprache.

Könnte man nicht sagen, dass Lieder wie Ihre von charmanter Umgangssprache leben? Dass das selbstverständlich ist?

Ist charmante Sprache in deutschen Liedern selbstverständlich?

Sie schämen sich für Ihre Branche?

Ich möchte ja nicht, dass das selbstgerecht klingt, einige meiner frühen Lieder würde ich nur ungerne ohne Selbstironie kommentieren. Aber ich schäme mich manchmal für die Branche, in der ich arbeite. Das deutsche Lied strotzt seit Kriegsende oft vor Dummheit. Wobei wir natürlich auch sehr gute Leute haben, Herbert Grönemeyer zum Beispiel.

Woher kam die Dummheit?

Es gab da nach dem Krieg diese Italiensehnsucht. Verständlich. Die hat aber nicht viel Platz gelassen für intelligente Texte. Sie dürfen nicht vergessen, dass die vielen jüdischen Autoren nicht mehr da waren. Bis dahin gab es in Deutschland eine jüdische Kultur, auch einen jüdischen Sprachwitz. Denken Sie nur an die Comedian Harmonists! »Veronika, der Spargel wächst!« Anzüglich, aber wirklich lustig. Das war nun mehr als das, was der Schlager heute bietet, so in der Art »Ich komm zurück / Du bist mein Glück«. Umgangssprache ist das nicht. So wie in den Schlagern redet ja im Ernst kein Mensch. Briefe schreibt so auch keiner. Die deutsche Umgangssprache ist einfacher und schwieriger zugleich. Aber auch die Schwierigkeiten, die man mit ihr hat, sind eigentlich sehr reizvoll.

Was sind das für Schwierigkeiten?

Es gibt im Deutschen etwas Hartes und Konkretes, nicht nur im Umgang der Menschen miteinander, auch in der Sprache, die die Menschen nun mal abbildet. Das hat die Musikbranche in Deutschland nach dem Krieg zu zwei Schritten veranlasst, die man verlogen nennen könnte, wobei ich das nicht so böse meinen möchte: Es gab einerseits den Hang, den lederhosigen Charme der Heimat zu besingen – andererseits auch verständliches Fernweh. »Adio Donna Gracia!« und so Sachen. Total humorlos natürlich.

Einverstanden, dass auch Sie diese Sehnsucht mitunter bedient haben?

Einverstanden. Wenn ich auch darum bitte zu unterscheiden. Ich habe früh damit angefangen, meine eigenen Lieder zu schreiben, entweder alleine oder mit Textern. Da war Schluss mit Arrivederci und so weiter. Und wer den »Griechischen Wein« für ein Lied über Touristen in Athen hält, sollte sich den Text anhören.

Es geht um Gastarbeiter. Sehr aktuell.

Denke ich auch.

Willy Brandt war einer Ihrer größten Fans. Sie waren mit einem Mal en vogue.

Ich habe von da an ernstere, auch persönlichere Lieder geschrieben, kurz: konkret davon gesungen, was mich bewegt.

Als Sie anfingen – in den 50er-Jah-
ren –, war es üblich, dass in den Plattenfirmen Texter und Interpreten getrennt arbeiteten. Die Interpreten hatten zu singen, was die Texter sozusagen mit der Hauspost vorbeibringen ließen. Das kann man sich heute kaum noch vorstellen.

Richtig, so war es – im deutschsprachigen Raum zumindest – bis in die 60er-Jahre! Und es erforderte einigen Mut damals, da seinen eigenen Weg zu gehen.

Von wem kann man lernen, wenn es um die charmante Umsetzung der harten deutschen Sprache geht?

Von Marlene Dietrich zum Beispiel. Ich traf sie Anfang der 60er-Jahre. Die war nicht nur im persönlichen Umgang sehr unkompliziert, von entwaffnendem Charme. Von ihrem Auftritt habe ich mir auch gleich mal etwas abgeschaut.

Was?

Dass man in deutschen Liedern die großen Worte meiden sollte. Das gesungene Wort klingt im Deutschen eh groß und mächtig akzentuiert. Marlene hat nur wenig variiert in ihren Liedern, die Wirkung aber war unglaublich: »Sag mir, wo die Männer sind … sag mir, wo die Soldaten sind … sag mir, wo die Gräber sind«.

Könnte man sagen, dass das Deutsche weniger schwimmt als das Englische – aber dafür dem Französischen ähnlich ist? Der Sprache Aznavours und Bécauds?

Ja, deshalb könnte man auch sagen,

dass jene Freunde mir etwas verdeutlicht haben: Geschichten so zu erzählen, dass die Geschichte im Vordergrund steht – und keine überbordende Poesie.

Im »Ehrenwerten Haus« oder in »Ich war noch niemals in New York« erzählen Sie eigentlich Kurzgeschichten …

… richtig, und für eine starke Geschichte brauchen Sie keine rhetorischen Nebelschwaden. Ich möchte diese Geschichten so erzählen, dass die Leute sie verstehen.

Was ist eine starke Geschichte?

Eigentlich ist es einfach: Sie brauchen einen Menschen in dieser Geschichte, der die anderen Menschen berührt. Und Sie brauchen die Zeit, in der er sich spiegelt.

Können Sie ein Beispiel nennen?

»Ich war noch niemals in New York«: Der Typ geht runter, Zigaretten holen. Draußen überkommt ihn die Sehnsucht, endlich abzuhauen. Im Grunde ist er fertig mit seinem Leben, die Tochter ist im Bett und schläft, die Frau sitzt vor der Glotze. Der liebt seine Familie. Aber seine Frau interessiert sich nicht mehr für ihn.

Großes Thema deutscher Gegenwart!

Natürlich. Jetzt ist das Lied über 20 Jahre alt, und ich habe das Gefühl, es wird immer aktueller. Die Kerle sind ausgepumpt von der neuen Rollenaufteilung, die Frauen eigentlich auch, die Familien zerbrechen ja wie am Fließband …

Man hat Ihnen wegen des Liedes vorgeworfen, Sie wollten die alte Rollenaufteilung zurückhaben: Der Kerl geht zur Arbeit und ist ein ganzer Kerl, die Frau steht am Herd und ist ein ganzes Weib.

Man hat mir viel vorgeworfen, das interessiert mich nicht. Ich bilde die Menschen in ihrer Zeit ab. Ich zwinge die Leute doch nicht, ein Lied zu mögen! Aber dass »Ich war noch niemals in New York« einer meiner größten Hits war, das kommt ja nicht von ungefähr. Glauben Sie, dass das nur Leute schön finden, die sich das Rollenklischee der 50er-Jahre zurückwünschen? Ich glaube das nicht.

Es hat natürlich auch eine wirklich hinreißende Melodie …

Raten Sie mal, wer das Lied auf Konzerten am lautesten mitsingt!

Die Frauen?

Die Frauen. Ich weiß nicht, warum. Entweder münzen sie die Opferrolle einfach auf sich um – oder sie leiden mit ihren Männern mit. Es ist faszinierend.

Ihre Lieder beginnen umweglos: »Und nach dem Abendessen sagte er …« oder auch »In diesem Haus wohnen wir seit einem Jahr und sind hier wohlbekannt …« Das entbehrt jeder Schönschreiberei.

Sie werden bei Bécaud oder Aznavour kaum mehr Poesie finden. Das ist irrsinnig konkret, fast überkonkret. Wenn die über ein Synonym für »Autoreifen« nachdachten, kamen sie am Ende zu dem Ergebnis, dass das Wort »Autoreifen« eigentlich ein ganz gutes Wort ist. Sie bekommen ein solches Wort gut untergemischt – wenn Sie den Leuten Geschichten erzählen, die bewegen! Da gibt es nicht nur französische Vorbilder. Nehmen Sie »My Funny Valentine«. Gershwin. Über das Mädchen, das sich hässlich findet. Eine wunderschöne, weil alltäglich erzählte Geschichte.

Bleiben wir bei der Alltäglichkeit – auch der Alltäglichkeit Ihrer Texte. Im Grunde benutzen Sie simple Bilder, oder? Dem Narren steht die Schminke nicht, das Treppenhaus riecht nach Bohnerwachs und Spießigkeit ...

... vollkommen richtig.

Man könnte sagen: Der Udo Jürgens bildet Gemeinplätze ab. Ernst Jünger sagte mal, es fehle an »menschenwürdigen Gemeinplätzen« in der deutschen Sprache.

Das ist ein sehr guter Satz. Das ist doch eine unserer größten Aufgaben als Songschreiber: diese menschenwürdigen Gemeinplätze zu finden! Die großen Popsongs, die großen Chansons – sie waren immer dazu da, in Gemeinplätzen von den Menschen in ihrer Zeit zu erzählen. Wenn Sie so wollen, ist das »Ehrenwerte Haus« einer meiner größten Gemeinplätze. Das mag einigen Intellektuellen natürlich zu simpel sein. Aber bitte.

Intellektuelle sind auch oft simpel.

Oh, das glaube ich auch. Wobei echte Intellektuelle – also »Geistesmenschen«, wie Thomas Bernhard sagen würde – mit Gemeinplätzen so wenig Probleme haben wie mit den dreiminütigen Liedern, in denen diese Gemeinplätze vorkommen.

Thomas Bernhard war ein Landsmann von Ihnen. Mit dem würde ich Sie sonst aber nicht in einen Topf werfen.

Sicher nicht. Aber eine Parallele gibt es: das Aufwachsen in der österreichischen Provinz, das Brutale, Beklemmende, Religiöse dieser Provinz, die Verlogenheit der Österreicher dem Nationalsozialismus gegenüber. Als ich seine Kindheitserinnerungen las, dachte ich: »Der beschreibt meine Kindheit!« Das ist das Eindrücklichste, was man lesen kann, was der da aufgeschrieben hat. Ohne jedes Wortgeklingel. Lupenrein. Ich habe den Bernhard mal getroffen – einmal im Café Sacher in Wien, dann noch mal in Salzburg. Das war jedes Mal unwahrscheinlich nett. Die Betonung liegt hier auf »unwahrscheinlich«.

Als nett im herkömmlichen Sinne galt Thomas Bernhard nicht.

Das hatte ich auch gehört. Eine gequälte Existenz, der man die größte Tortur antut, wenn man sie anspricht.

Sie haben ihn trotzdem angesprochen.

Ich sitze im Sacher, esse eine Wurst und lese die Zeitungen. Da schaue ich hoch und gerate regelrecht in Furcht ...

... wie mit der Kampfgans früher, als Sie klein waren ...

... so ungefähr, ja. Gegenüber sitzt der Thomas Bernhard und isst auch eine Wurst und liest auch die Zeitungen.

Wann war das?

Irgendwann in den 80er-Jahren. Ein paar Jahre vor seinem Tod. Die Skandale um ihn waren da sicher auf einer Art Höhepunkt. Ich war wirklich einfach nur beeindruckt, dass ich den mal so in natura sehen darf. Da sieht er mich ...

... steht auf und ballert Ihnen eine.

Nein, er hebt sein Glas. Ich denke: »Mmh, eine eher einladende Geste.« Ich wäre da sonst niemals rübergegangen. Und dann ist das ja immer wieder so, wie es schon damals bei der Marlene Dietrich war. Dass sich angebliche Scheusale als reizende Menschen herausstellen.

Über was haben Sie mit ihm geredet?

Über Österreich. Die Schönheit des Landes, die Verlogenheit der Politik. Wie gesagt: Wir hatten nicht unähnliche Erfahrungen gemacht. Wenn ich auch im Gegensatz zu ihm aus einer sehr politischen Familie komme, auch aus einer politisch bewegten Familie. Aber doch hatten wir in der Schule dasselbe Bild von Österreich vermittelt bekommen. Die Österreicher glauben ja im Ernst heute noch, sie seien vom Hitler überfallen worden.

So wird aus dem einen Sonderling später ein böser Eremit hinter der Schreibmaschine – und aus dem anderen Sonderling ein Liebling der Massen hinter dem gläsernen Flügel. Das ist märchenhaft.

Als böse habe ich den Thomas Bernhard nicht wahrgenommen. Ich bin sicher, dass er ein Liebender war, der hat sein Land geliebt wie kein Zweiter, da seien Sie sicher! Mit Pathos und mit Leidenschaft und ja auch mit aller Komik. Der war Österreicher durch und durch.

Kannte er Ihre Lieder?

Das sage ich nicht.

Los, geben Sie sich einen Ruck!

Nein, nein, das wäre eitel.

Ach egal, später können Sie sagen, Sie seien halt gefragt worden. Der Bernhard hatte doch Liedern wie Ihren gegenüber ein unverkrampftes Verhältnis, oder?

Er war, was einige Lieder anging, recht textsicher.

Udo Jürgens, Sie sprachen eben vom Pathos. Richtig, dass Sie mit einigen Ihrer Lieder die ganze Welt retten wollen?

Ich würde gerne die Welt retten, ja. Ich maße mir nicht an, es auch zu können.

Kritiker warfen Ihnen vor, es gelegentlich aber zu versuchen. Sie sollten sich an der leichten Muse versuchen, die sei nun mal Ihr Metier.

Wissen Sie, was dabei herauskommt, wenn Sie – zum Beispiel aus einem Konzert – die Momente des Pathos streichen?

Minimal Art?

Nein, Kunstkacke! Das ist doch der Grund, warum so viele Intellektuelle schlimme Probleme mit der Magensäure haben! Wenn Sie die Momente des Pathos, der Erlösung nicht zulassen auf Konzerten, wenn Sie das alles auf den kompositorischen Rechenschieber oder auf Jux und Dollerei reduzieren – dann vergehen Sie sich an der Musik! Dazu war Musik nie da! Der von den Intellektuellen verehrte Bach: hoch emotional. Der Rock 'n' Roll trat dann an, um das Pathos zu vernichten, aber hören Sie mal die Beatles oder Pink Floyd: tiefe Sehnsucht. Der Ur-Rock-'n'-Roller Presley begann seine Konzerte mit dem »Zarathustra«. Entschuldigen Sie, aber: Der Mensch strebt nach Erlösung. Machen wir uns doch nicht immer so klein!

Das Theater wird heute immer unpathetischer, die zeitgemäße Musik und die Oper eigentlich ebenso.
Könnte die viel zitierte Krise des Theaters nicht eben damit zusammenhängen? Ich glaube schon. Das Kino, vor allem das Hollywood-Kino, zeigt doch diese Gefühle. Und ist erfolgreich damit. Auch die neuen deutschen Filme sind erfolgreich, wenn sie sich das trauen.

Pathos beißt sich halt mit der Kritischen Theorie. Da wittert man Verrat. Pathos hat so was Religiöses, nicht?
Nein, bei mir nicht. Ich bin dafür, dass wir uns die Erlösung im Diesseits holen – nicht im Jenseits. Die Religionen sind eine einzige Katastrophe. Ich respektiere ja den Glauben jedes Einzelnen über die Maßen. Aber ich teile ihn nicht.

Sie glauben nicht an die Auferstehung?
Ich sagte Ihnen schon, dass ich die Menschen grundsätzlich liebe. Aber bedenken Sie bitte: All den miesen Typen, die Ihnen schon auf der Erde das Leben schwer gemacht haben, denen begegnen Sie im Falle Ihrer Wiederauferstehung natürlich auch wieder.

Ich habe nicht vor, wiederaufzuerstehen.
Vernünftig! Da halten die Religionen ja gleich ein ganzes Arsenal von Heilsversprechungen bereit, das geht, wie man hört, bis zu 70 schönen Jungfrauen …

… da hätten Sie schon frühzeitig zum Islam konvertieren müssen …
… eine freche Bemerkung! Aber sagen wir so: Ich habe das Leben im Diesseits ausgekostet. Mit allem, was dazu gehört. Auch mit allen sogenannten Fehlern.

Sie würden die Fehler noch mal machen?
Natürlich. Was ist denn ein Fehler? Etwa die Ehe mit meiner wunderbaren Frau Panja? Ein Fehler, weil wir nun geschieden sind? Wir haben zwei hinreißende Kinder, die wir beide sehr, sehr lieben. Nein, diese Ehe war kein Fehler.

Von John Updike stammt das hier: »Dass eine Ehe zu Ende geht, ist al-

les andere als ideal. **Aber alle Dinge unter dem Himmel gehen zu Ende, und wenn zeitliche Begrenztheit einer Sache ihren Wert nähme, dann könnte nichts im Leben wirklich gelingen.« Kann man so sehen, oder?**

Ja … ja, wirklich.

Trostreich?

Ja, deutlich trostreicher als eine Wiederauferstehung zum Beispiel.

Jetzt reden wir doch von den Frauen.

Schluss jetzt damit!

Was wünschen Sie sich für 2005?

Politisch oder persönlich?

Erst mal politisch.

Dass die Menschen begreifen, dass man Übles nicht mit Waffen bekämpfen kann. Für jeden abgeschlagenen Kopf wachsen drei nach. Dass einige Führer der westlichen Welt ihren eigenen religiösen Wahn überdenken, das wünsche ich mir ebenso.

Sie sind in der Tat ein Idealist.

Geben Sie nicht immer alle Hoffnung auf! Sie sind doch auch ein Idealist.

Nein.

Doch.

Was wünschen Sie sich für sich selbst?

Gesundheit.

Bescheiden.

Ich bin 70 Jahre alt, mein Lieber.

Sie machen einen vitalen Eindruck. Und Sie sehen toll aus.

Und doch geht der große Vorhang irgendwann zu. Dann ist Ruhe.

Ängstigt Sie das?

Nein. Er geht zu. So ist das.

Sie werden dann wahrhaft und bis über die Rauschgrenze hinaus gelebt haben.

Ja … Das kann man so sagen.

Keine Angst vor dem Tod?

Nein.

Wirklich nicht?

So sind die Gezeiten der Natur.

Gut, aber …

… nein, nein! Was nehmen wir uns denn bitte so wichtig? Es ist gut, dass der Vorhang eines Tages zugeht. Diese ständige Sehnsucht nach Unendlichkeit – auch in den Ehen, im Arbeitsleben –, sie macht die Menschen doch total verrückt. Man sollte solche Verhältnisse beenden, wenn sie nicht mehr funktionieren, glauben Sie mir das! Wer damit rechnet, dass sich eine diesseitig verschleppte Entscheidung im Jenseits mal auszahlt – der wird ja sozusagen noch aufs Bitterste enttäuscht werden. Ich habe solche Entscheidungen immer im Diesseits getroffen.

Udo Jürgens, ich ende mit dem Titel eines Ihrer Lieder, okay?

Welcher da lautet …

… ein Narr sagt Dankeschön.

Dann sind wir jetzt schon zwei Narren!

Danke noch mal.

Wissen Sie, worauf ich jetzt Lust habe?

Nein.

Auf einen Schweinebraten.

INTERVIEW MIT
GEORGE LUCAS

GEORGE LUCAS

»Niemand, der in den 60er-Jahren in San Francisco herumlief, 20 Jahre alt war und noch dicht im Kopf, niemand von diesen Leuten war oder wurde mal ein Republikaner! Das ist unvorstellbar!«

George Lucas, geboren am 14. Mai 1944 in Modesto, Kalifornien, schuf mit »Star Wars« die »lukrativste Trademark der Filmgeschichte« (Profil). Nach und nach drehte Lucas ein Kinomärchen, von dem anfangs kaum jemand außer ihm selbst überzeugt war. Bevor die erste Folge nach turbulenten Dreharbeiten im Mai 1977 in die amerikanischen Kinos kam und ihm zu einem spektakulären Erfolg verhalf, war Lucas schon mit seinem düsteren Weltraumfilm »THX« aufgefallen (seiner Abschlussarbeit an der Universität) sowie durch die schöne Komödie »American Graffiti«, einer Hommage an seine eigene rebellische Kleinstadtjugend.
An das Weltraumdrama »THX« möchte der Regisseur nun nach Abschluss der »Star Wars«-Saga anschließen: »Ich möchte wieder einen Science-Fiction-Film machen, aber einen kleinen, finsteren, dramenorientierten Film, sehr unkommerziell.« George Lucas ist Chef seines milliardenschweren Filmimperiums und lebt mit drei Adoptivkindern nördlich von San Francisco.

April 2005. London, Abbey Road Studios. Hinter einer Glasscheibe dirigiert der große John Williams das London Symphony Orchestra. Die letzten Einstellungen der letzten Folge von »Star Wars« sausen über die Leinwand. Immer wieder setzt das Orchester neu an, um die Bilder zu untermalen. What a sound! Plötzlich steht da ein kleiner Mann mit Bart und vorsichtigen Äuglein; in Jeans, Sneakers und Holzfällerhemd. Der Mann sieht aus wie ein Tontechniker, vielleicht auch wie der Hausmeister. In gewisser Hinsicht also ist George Lucas ein wirklich uneitler Mann.

George Lucas, eine etwas peinliche Frage zu Beginn, wir sitzen ja hier in den Abbey Road Studios …

… Sie wollen wissen, ob ich draußen mal wie die vier von den Beatles über den berühmten Zebrastreifen gelaufen bin …

… genau …

… vor vielen Jahren, ja. Zusammen mit ein paar Leuten aus der Crew, mein Freund Frank Oz war noch dabei. Wir sind fast über den Haufen gefahren worden, wenn ich mich recht erinnere. Ihre Frage ist nicht peinlich. Das Foto, das wir gemacht haben, war peinlich. Ich glaube, von mir sieht man nur eine Hand und die Hälfte eines ängstlichen Gesichts.

Es ist natürlich nichts Besonderes für Sie, hier in den Studios zu sein, oder?

Nein, nicht mehr. Es ist Arbeit. Nichts weiter. Viel Arbeit. Und da wir gerade im Hintergrund das London Symphony Orchestra hören und John Williams dabei sehen, wie er es dirigiert, muss ich Ihnen sagen: Es ist am Ende auch immer gute Arbeit gewesen, die wir hier abgeliefert haben. Hören Sie dieses Orchester?

Ja, es ist wirklich sehr toll.

Es ist das beste Orchester, das Sie bekommen können. Sehen Sie die Bilder da oben auf der Leinwand? Das ist das Finale, nach fast 30 Jahren »Star Wars«.

Sehr bewegend.

Sie dürfen vor der Premiere kein Wort darüber verlieren, was Sie da sehen!

In diesem Studio haben die Beatles gespielt, Mister Lucas, dort hinten am Pult saß der Produzent George Martin, und …

... und draußen schreiben sie immer noch diese Liebesschwüre auf die Mauer.

Aber es berührt Sie nicht über die Maßen, sicher.

Ach, wissen Sie, ich bin hier zum soundsovielten Mal. Und die Gründe für Abbey Road sind immer dieselben.

Nämlich?

Punkt 1: Eine sensationelle Akustik! Das fand schon Edvard Grieg, lange vor den Beatles und vor Pink Floyd. Punkt 2: Der verehrungswürdige John Williams fühlt sich wohl hier. Das ist wichtig.

Mister Lucas, vor mehr als 30 Jahren schrieben Sie die komplette »Star Wars«-Geschichte auf ein paar Zettel – nun kommt das alles zu einem Ende. Man kann sagen, Sie haben in der Zwischenzeit die Geschichte des Kinos umgeschrieben, sowohl in filmtechnischer Hinsicht wie ja auch in geschäftlicher.

Womöglich kann man das sagen, ja.

Sie müssen unglaublich stolz sein.

Ich bin ein glücklicher Mann. Stolz ist so ein Begriff, na ja. Aber glücklich. Ja. Ich war nie an der Leine der großen Studios. Ich war immer ein unabhängiger Filmemacher. Und ich habe mir meine Freiheiten sehr erkämpft. Es ging mir halt immer darum, diese Geschichte zu erzählen.

Fühlen Sie sich missverstanden?

Wieso sollte ich?

Sie sind, was zu belegen ist, der erfolgreichste Regisseur der Welt. Keiner hat solche Zuschauerzahlen, keiner hat die Kinotechnik in den letzten 30 Jahren so revolutioniert. Trotzdem sind Sie bei Kritikern nie recht beliebt gewesen, oder?

Nun, das stimmt nur zum Teil, es gibt in den USA schon auch ein paar Kritiker, die Filme auch dann mögen, wenn sie erfolgreich sind. Zum einen. Zum anderen: Wenn Sie einen Film drehen, der viele Millionen Dollar kostet, muss er nicht Kritikern gefallen, sondern dem Publikum. Das ist wirklich alles sehr einfach.

Trotzdem galt der Respekt, den man Ihnen entgegenbrachte, meist eher dem Trickspezialisten Lucas, dem Techniker Lucas, weniger dem Geschichtenerzähler Lucas, oder?

Wessen Respekt?

Nun ja ...

Nein, nein, mal anders gefragt: Was ist das Geheimnis des wirklich unglaublichen Erfolgs von »Star Wars«? Warum gehen zig Millionen Menschen ins Kino, um sich das anzuschauen?

Das frage ich Sie.

Es ist die Geschichte natürlich. Nichts weiter. Ohne eine gute Geschichte und ohne gewisse Werte, die durch eine Geschichte transportiert werden, können Sie alles vergessen, die großartigen Spezialeffekte, die wunderschönen Raumschiffe, dann das Merchandising, alles.

Wieso dann die Kritik?

Möglicherweise aus einem einfachen Grund: Ich drehe – im weitesten Sinne – Science-Fiction-Filme. Wenn ich mich für dieses Genre entscheide, muss ich die Grenzen des technisch Machbaren ausloten, ich muss experimentieren, entwerfen, bauen, herumspielen, viel Geld, oh, sehr viel Geld investieren, um die Möglichkeiten auszureizen. Ich kann mich nicht entscheiden, einen Science-Fiction-Film zu drehen, und die Leute dann mit windschiefen Raumschiffen für dumm verkaufen. Also gründete ich recht bald eine Firma, um diese Möglichkeiten zu erforschen und zu erweitern, und wir sind da technisch aufgrund der Digitalisierung noch lange nicht an einem Endpunkt. Sie werden sehen, dass diese technischen Möglichkeiten mehr und mehr auch jenen nutzen, die nicht in erster Linie große Filme drehen. Und zwar aus dem einfachen Grund: Es war noch nie preiswerter, Filme zu machen.

Sie sprachen von Werten. Von welchen Werten – außer dem Kampf Gut gegen Böse – handelt »Star Wars«?

Nun, von jenem Kampf handelt das Leben, davon handelt die Geschichte der Menschheit. Film ist Kommunikation. Und wenn Sie mit Menschen kommunizieren wollen, müssen Sie von anderen Menschen erzählen.

Oder von Robotern, die so lustig sind, wie Menschen es sein können.

So ist es. Und wenn Sie vielen Menschen etwas von anderen Menschen erzählen wollen, etwas, das bewegt, das touchy ist, dann müssen Sie vom Kampf des Guten gegen das Böse erzählen! Das ist es, was bewegt. Das beschäftigt uns alle täglich, das beginnt im Kindergarten, erreicht seinen traurigen Höhepunkt meist …

… im Büro …

… genau, bei der Arbeit, und endet dann im Krankenhaus. Und worum geht es nun in »Star Wars«? Um das Gute und das Böse. Und darum, worum es am Ende immer geht beim Finale im Kampf des Guten gegen das Böse: um die Erlösung. Das ist die Geschichte des guten Jungen Luke Skywalker und seines bösen Vaters Darth Vader. In der nun erscheinenden letzten Folge gehen wir bis zum Ursprung von allem zurück. Und die Menschen werden nun sehen, dass das Böse, dass Darth Vader also nie einfach böse war, dass er vielmehr mal gute Absichten hatte, dass es nicht so leicht ist mit dem Bösen, wie wir das oft so gerne hätten.

Sondern?

Dass wir Einflüssen ausgesetzt sind. Und dass wir ihnen bis zu einem bestimmten Punkt auch hilflos ausgesetzt sind. Bei Kindern zum Beispiel oder schwachen oder geschwächten Menschen sind die Möglichkeiten, sich gegen schlechte Einflüsse zu wehren, nicht da oder nur gering ausgeprägt. Es sind dann diese Einflüsse, die aus einem guten Menschen einen schlechten machen. Für die Werte, die Sie heute haben, sind Sie selbst verantwortlich. Aber es gab mal eine Zeit, als Ihnen diese Werte vermittelt wurden. Genauso wie es eine Zeit gibt, wo man – womöglich – durch einen einzigen Schritt eine falsche Richtung einschlägt. Das klassische Drama. Davon handelt nun der letzte der sechs »Star Wars«-Filme.

Inwiefern?

Wir sehen Darth Vader an einem Punkt in seinem Leben, an dem er den Pakt mit dem Teufel eingeht. Tragisch. Finster.

Der ganze Film?

Ich denke, es ist der düsterste der sechs. Ich habe ihn – wie ich es seit 1977 mache – meinem Freund Francis Ford Coppola gezeigt. Und wissen Sie, Francis ist in Filmdingen ein wirklich cooler und schwer zu beeindruckender Hund.

Und?

Er hat sehr geweint.

Kommen Menschen vornehmlich mit guten Eigenschaften auf die Welt?

Ich denke, wir Menschen kommen im Regelfall, und verstehen Sie mich da nicht falsch: recht gleich und leer auf die Welt. Das ist wie eine seelenbegabte Festplatte, verstehen Sie? Was Sie da nun draufprogrammieren, bei Ihren Kindern zum Beispiel, das ist Ihr Job. Das ist wie ein Gefäß, das Sie nun füllen, das nun so oder so durch seine Umwelt gefüllt wird.

Ich frage mich gerade, ob Hitler – wie Darth Vader – erst böse wurde. Sicher war sogar auch er für die Hitlers daheim ein recht niedliches Baby, oder? Und leicht hatte er es dann ja auch nicht.

Oh, das entschuldigt andererseits natürlich nichts. Und wenn ich sage, dass wir im Regelfall recht gleich auf die Welt kommen, so bin ich sehr sicher, dass es auch von dieser Regel Ausnahmen gibt. Glaube ich, dass Hitler sehr böse Anlagen von Geburt an hatte? Ja, das glaube ich.

Seit Ihrer Scheidung ziehen Sie Ihre drei Adoptivkinder als alleinerziehender Vater auf, wie haben sich die Werte verändert seit der Zeit, als Sie jung waren?

Nun, die Welt hat sich verändert, nicht wahr? Und meine Kinder wachsen wirklich mit einem anderen Vater auf als ich damals. Ich meine, mein Vater war ein Farmer, ein wunderbarer Mann, aber erzkonservativ, wie wir Amerikaner es mitunter zu sein pflegen. Und ich bin 1944 geboren, meine ganze Jugend war noch geprägt vom Eindruck des Zweiten Weltkrieges, und dieser ultimative Kampf des Guten gegen das Böse spielte immer noch die tragende Rolle. Wir haben diesen Kampf dann im Kalten Krieg fortgesetzt, wenn auch nicht mit militärischen, sondern hauptsächlich mit ökonomischen Mitteln, denke ich. Meine Kinder wachsen mit einem anderen Vater auf – und in einer anderen Welt.

Der Kampf Gut gegen Böse ist das amerikanische Thema auch der letzten Jahre.

Natürlich, es ist und bleibt das amerikanische Thema schlechthin.

Ihre Nation befindet sich im Krieg.

Es handelt sich aber nicht um einen Weltkrieg, ich meine, die Welt ist heute komplizierter, verworrener als vor 60 Jahren, oder? Wir führen im Irak einen lokalen Krieg. So wie wir in Vietnam auch einen lokalen Krieg geführt haben.

Immer mit dem Argument, dass das Gute gegen das Böse siegen müsse.

Sicher ja.

Ihr Präsident sprach sogar von einer »Achse des Bösen«, wie Sie wissen …

Wie ich weiß, ja.

Sie reden nicht gerne über Politik.

Wer sagt das?

Nun, es ist unmöglich, von Ihnen politische Festlegungen, zum Beispiel auch parteipolitische Festlegungen, zu finden, wenn man sich durch die Archivmappe »Lucas, George« wühlt. Nicht Ihr Ding?

Oh, ich rede viel über Politik. Mit meinen Angestellten zum Beispiel, auch mit meinem Freund Steven Spielberg spreche ich fast nur über Politik.

Darf ich mal etwas konkreter werden?

Mmh. …

Unterstützen Sie den Krieg im Irak?

Nun ja, die Leute wollen ihn. Sie hatten kürzlich die Wahl zwischen zwei Präsidentschaftskandidaten. Sie haben den gewählt, der diesen Krieg wollte.

Gut so?

Es waren demokratische Wahlen. Die Leute haben ihn gewählt.

Ich habe mit einer Kollegin eine Wette laufen, Mister Lucas.

Jetzt gerade?

Ja, absolut. Sie sagt: »George Lucas ist Republikaner. Die ganze Ideologie von ›Star Wars‹, der zur Not bewaffnete Kampf der Guten gegen die Bösen, das ist das urrepublikanische Thema, welches Lucas aufs All erweitert.«

So, mmh …

Außerdem besitzen Sie ein Privatvermögen von drei Milliarden Dollar, und als einer der reichsten Amerikaner ist man sicher eher Republikaner, und bei den drei Milliarden ist ja der Wert Ihres Firmenimperiums noch gar nicht eingerechnet …

Wo haben Sie das gelesen? In »Forbes«?

Stimmt.

Sie sollten nicht alles glauben, was in der Zeitung steht. Auch nicht, was in »Forbes« steht. Mein ganzes Geld, oder sagen wir: fast mein ganzes Geld, steckt in meinen Projekten, das können Sie mir glauben. So habe ich es immer schon gemacht. Ich habe mit den »Star Wars«-Filmen sehr viel Geld verdient. Und ich habe es immer dazu benutzt, fern der großen Studios meine Sachen durchzuziehen, unabhängig zu bleiben.

Sicher, aber ...

Wissen Sie was? Ich bin ein absolut lausiger Geschäftsmann.

Wie bitte? Wer, wenn nicht Sie, hat das Thema Merchandising derart vorangetrieben? Von linker Seite des Betriebs wurde Ihnen nachgesagt, Sie hätten für Geld die Seele des Kinos verkauft.

Halt, stopp! Beamen Sie sich mal eben ins Jahr 1976 zurück. Ich drehte den ersten »Star Wars«-Film. Wir hatten das Budget sehr, sehr weit überzogen. Der Rohschnitt war eine Katastrophe. Es lief falsch, was nur falsch laufen konnte. Ich wurde ernsthaft krank vor Stress. Die »20th Century Fox« wollte die Dreharbeiten damals beenden, um die finanzielle Katastrophe irgendwie zu begrenzen.

Wenn man die Fotos sieht von damals, Mister Lucas, hat man den Eindruck, da haben ein paar Hippies ein paar Raumschiffe und Roboter gebastelt.

Nun, den Eindruck hatten gewisse Herren bei der »Century Fox« damals auch. Zunächst. Ich bot dann an, ihnen sozusagen entgegenzukommen. Aber die Merchandising-Rechte mussten bei mir bleiben, das war mir wichtig.

Das war weitsichtig.

Das muss man heute so sehen. Damals musste man es noch nicht so sehen.

Wie Sie vielleicht wissen, rechneten wir definitiv nicht damit, dass der Film alle bis dahin aufgestellten Kassenrekorde brechen würde. Ich konnte mich dann ja erst ums Merchandising kümmern, als es sozusagen schon zu spät war. Die kleine Fabrik, die die »R2 D2«-Puppen herstellte, wäre fast explodiert, die Leute mussten Monate auf ihre Sachen warten. Dass ich die Merchandising-Rechte später nicht mehr hergegeben habe, dafür würde ich mich nun ungerne entschuldigen ...

Ich jedenfalls habe in dieser Wette, von der ich eben sprach, dagegen gewettet. Ich habe gesagt: »Der ist kein Republikaner. Am Ende wird in ›Star Wars‹ mit Witz und Idealismus gesiegt, nicht in erster Linie mit Waffen.« So sieht die Wette aus, zu der Sie nun, wie ich erwartete: schweigen. Wenn Sie auch nett lächeln.

Hören Sie mal: Ich komme aus einer wirklich sehr konservativen Familie. Mein Vater war Republikaner, und was für einer!

Wurde daheim viel über Politik geredet?

Nein. Mein Vater hatte seine Werte. Die waren sehr klar. Und die tat er kund. Wie gesagt, es war die Zeit nach dem Krieg, Amerika hatte geholfen, die Welt von einem Aggressor zu befreien. Vaters Werte standen nicht zur Debatte.

Ihre Biografie liest sich weniger kon-

servativ. In den 60er-Jahren gehörten Sie in Modesto zu einer Gang, die Autos frisierte und damit herumraste. Eine dieser Rasereien überlebten Sie nur knapp.
Ich habe das später in »American Graffiti« verarbeitet, der Film spielt in jenem Modesto, in dem ich aufgewachsen bin.
Dann entdeckten Sie eine Kamera ...
... und dann studierte ich Film.
Ja.
Ja.
Und meine Wette?
Also – aufgepasst! Ich lebte in den 60er-Jahren in San Francisco. ... Okay?
Und?
Niemand – ich betone: niemand – der in den 60er-Jahren in San Francisco herumlief, 20 Jahre alt war und noch dicht im Kopf, niemand von diesen Leuten war oder wurde mal ein Republikaner! Das ist unvorstellbar! Die härtesten der linken Abgeordneten, die heute noch in Washington herumlaufen, sie haben ungefähr mein Alter und waren in der Mitte der 60er-Jahre wo? In San Francisco.
Sie sind kein Republikaner.
Sie haben Ihre Wette klar gewonnen.
Auch hatte ich Sie mir viel schüchterner vorgestellt.
Ich bin schüchtern. Ich bin wirklich nicht der Typ, der viel Wind macht, oder?
Sie sagten mal, Sie redeten lieber

mit Ihren Robotern statt mit Menschen.
Das ist jetzt aber auch wieder totaler Nonsens! Stand das auch in der Zeitung?
Yep!
Habe ich mir gedacht. Ich weiß, wie das Gerücht zustande kam: Als ich das erste »Star Wars«-Skript herumzeigte, sagten nicht wenige Leute mit einer jeweils eigenen Meinung, ich solle diese beiden Roboter da rausnehmen. Die wollten, dass ich mich entscheide: auf der Seite der Guten entweder Menschen – oder Roboter. Aber Menschen und zwei Roboter, noch dazu einer, der aussieht wie ein alter VW und ständig umfällt, und ein anderer, der redet wie der Butler von der Royal Shakespeare Company, das gehe nicht. Ich höre die Leute noch in den Hörer schreien: »George, put the robots out, put the robots out, put the robots out!« Natürlich habe ich mich absolut geweigert!
Einen der beiden Roboter habe ich eben hier im Studio gesehen, wenn mich nicht alles täuscht, und zwar den blasiert Englisch sprechenden, der hinter der Haut von C-3PO steckt.
Ja, Anthony Daniels. Er hört sich heute das Orchester an. Das ist gut so. Er soll es sich auch mal gut gehen lassen, jetzt, wo alles zu Ende geht. Er hatte es sicher mitunter am schwersten von uns allen.

Wieso?

Wenn Sie ständig in der Drehpause in Ihrem Kostüm vergessen werden, während die anderen zum Essen fahren, dann finden Sie das auch nur begrenzt lustig. Die Leute in den Blechkostümen konnten sich mitunter nur schwer verständlich machen. Und man musste sie da ja nicht nur da reinstecken, sondern auch wieder rausholen. Wir haben sie recht oft vergessen, wenn ich's mir recht überlege.

INTERVIEW MIT
AMIRA CASAR

AMIRA CASAR

»High Voltage, ich weiß, es tut mir leid. Ich war schon als Kind so. Ich kriege mich gleich wieder ein, okay?«

Amira Casar wurde 1971 in London geboren und ist in Frankreich eine der neuen Heldinnen des Autorenkinos. Nach ihrer Karriere als Fotomodell ließ sie sich am »Conservatoire National Supérieur D'Art Dramatique« in Paris zur Schauspielerin ausbilden. Inzwischen spielte sie in zahllosen Produktionen mit, für Aufsehen sorgte sie zum Beispiel in Catherine Breillats »Anatomie der Hölle« an der Seite des ehemaligen Pornodarstellers Rocco Siffredi. Amira Casar lebt in Paris.

Das Lancaster in Paris im Sommer 2006, außen ein altes Stadthaus im Früh-sommer, innen Fünf-Sterne-Luxus. Amira Casar ist bei aller umwerfenden Schönheit die totale Gegenthese zur verhuschten französischen Filmfrau: groß, kräftig und zupackend. Allerdings redet sie so zügellos, als habe sie bei Eric Rohmer gelernt. Sie hat dabei die raue Stimme eines wiederum Londoner Stra-ßenmädchens, spricht akzentfrei Englisch wie Französisch, und wenn sie lacht, was sie oft tut, haut sie sich vor Freude selbst auf die Wangen. Das Interview dient offiziell der Promotion ihres Films »Malen oder Lieben«, einer etwas son-derbaren Geschichte, in der sie – natürlich – Daniel Auteuil den Kopf verdreht. Inoffiziell hingegen ist der Termin das reine Chaos, allerdings ist er auch sehr reizend. Amira ist sich zum Beispiel nicht sicher, ob sie nun mit dem Rauchen aufgehört hat oder nicht …

Amira, reden wir über Europa?
Gerne. Aber wie kommen Sie darauf?
Geben Sie mir eine Zigarette?
Bitte. Sie haben einen kurdischen Vater, eine russische Mutter …
… das ist aber nicht interessant, ich möchte … und auch hat es ja mit Euro-pa direkt nichts zu tun, oder? Aber bit-te: Wir Europäer müssen …
Sie wuchsen wiederum in London und Irland auf, dann gingen Sie mit 14 auf Wunsch Helmut Newtons zum ersten Mal nach Paris …
… ich glaube, wir Europäer müs-sen …
… und der Film »Malen oder Lie-ben«, in dem Sie nun mitspielen,
ist französisch, wie er französischer nicht sein könnte.
Finden Sie? Was bitte an ihm ist denn französisch? Es geht um die Liebe, es geht um das Älterwerden, das ist doch kein genuin französisches Thema.
Ein nicht mehr ganz junges Ehepaar zieht aufs Land und gerät in eine Ménage à quatre mit einem blinden Maler und seiner schönen Gelieb-ten. Es wird über Kunst und Liebe geredet und …
… und gevögelt natürlich und …
Korrekt! Ich meine, so eine intel-lektuelle Swingergeschichte kön-nen sich nur Franzosen ausdenken, oder?

Na hören Sie, solche Erlebnisse kommen in den besten Familien vor, sicher auch in Deutschland. Und es ist keine Swingergeschichte! Ich protestiere vehement!

Sagen wir: eine Swingergeschichte für die Elite. Für »Arte«-Zuschauer. Nein?

Auf mich wirkt sie wie ein Landschaftsbild von Caspar David Friedrich. Diese beiden Paare sind den Elementen ausgeliefert, den Elementen der Liebe, der Natur. Sie merken, dass sie klein sind im Verhältnis zu den Elementen. Der Film ist ernst und komisch zugleich.

Tatsächlich hält er ulkig die Schwebe zwischen Komödie und Tragikomödie.

Vor allem aber ist er wohl komisch. Er erklärt nichts. Die ausgelieferten Figuren, Sabine Azéma und Daniel Auteuil, sie befinden sich in einer Art Burleske. Was ist daran französisch?

Die Art des Erzählens. Dieses ständige Nachdenken über das eigene Leben.

Gut, insofern ist es vielleicht ein französischer Film. Aber ein unabhängiger US-Filmer hätte auch einen anderen Film gedreht als ein Regisseur für die furchtbaren großen Studios dort drüben.

Wieso sind diese Studios furchtbar?

Weil sie die Welt mit Schrott vollspülen, vielleicht deshalb? Ich glaube: deshalb.

Gut, dann frage ich jetzt mal: Sie sind eines der prominentesten Gesichter des französischen Autorenkinos. Wenn Sie, sagen wir, 15 Millionen Dollar für eine Rolle in einem stupiden US-Film ...

... stopp! Ich hatte diese Anfragen. Viel Geld. Und ich habe immer abgelehnt. Ich könnte es beweisen. Schwarz auf weiß.

Warum haben Sie abgelehnt?

Weil: Irgendwann ist das Leben zu Ende, und dann hat man diese große Scheiße gemacht. Ich habe nur ein Leben, da will ich mit guten Menschen zusammenarbeiten, mit den Brüdern Larrieu, wie jetzt bei »Malen oder Lieben«, oder mit Catherine Breillat oder mit den Quay-Brüdern.

Das klingt nach Artenschutz.

Nun, das wäre moralisch und pathetisch, nicht? Stattdessen ist es aber etwas anderes: Es ist egoistisch. Ich möchte definitiv Filme machen, die mich weiterbringen, ich möchte mit Leuten arbeiten, die mit mir Hand in Hand gehen für eine großartige Geschichte. Sie sprachen doch von Europa.

Es ist eine europäische Grundsatzfrage?

Ja. Ich finde in Frankreich, Deutschland, Spanien und England ein solch sagenhaftes Angebot an kreativen Leuten. Es ist bedauerlich, wie viel Platz wir in unserer Konsumkultur den Amerikanern freimachen. Ich bin nicht anti-amerikanisch. Wir wissen alle, wie viele großartige Regisseure und Künstler die USA haben. Aber wir sollten in

Europa mit mehr Stolz unsere Kultur bewahren.

In Deutschland haben wir mit dem Begriff Stolz unsere Probleme.

Das weiß ich. Aber ich habe in Deutschland gedreht, und ich habe in Leipzig, Dresden, Berlin oder München sehr viele junge Menschen getroffen, die nicht mehr so beladen wirkten, sondern mit viel Liebe, auch zur explizit deutschen Kultur, ihrer Arbeit nachgehen. In Dresden übrigens war ich auf meine englischen Wurzeln, die ich ja nun auch habe und auf die ich öfter mal stolz bin, nicht stolz. Es fiel mir nicht leicht, in dieser schönen Stadt Englisch zu sprechen. Wir sollten mal alle den Deutschen gegenüber nicht so tun, als seien wir moralisch immer absolut wundervoll gewesen.

Und doch ist der Stolz ...

... man muss es ja nicht Stolz nennen. Nennen wir es Wertschätzung oder eben: Liebe. Schauen Sie sich die Theaterlandschaft an bei euch in Deutschland, die Theater und Museen in München, die Bühnen in Berlin, Ostermeier, Castorf, das ist in seiner Vielfalt in der Welt einmalig. Schauen Sie sich die Literaturgeschichte an, Fontanes »Effi Briest« und was so ein phantastischer Regisseur wie Rainer Werner Fassbinder daraus gemacht hat, ich meine, das ist doch ein Grund, stolz zu sein, oder? Nein? Doch, das ist es. Man muss diese Kunst lieben, und man muss sie verteidigen, man muss auch die jungen Filmemacher in Europa verteidigen vor dieser unglaublichen Macht des Geldes, mit der uns aus Amerika die großen Produktionen in die Kinos gestopft werden, finden Sie nicht?

Sie wirken wie unter Strom!

High Voltage, ich weiß, es tut mir leid. Ich war schon als Kind so. Ich kriege mich gleich wieder ein, okay? Seien Sie nachsichtig mit mir bitte!

Sie kamen als junges Mädchen von London nach Paris mit nichts als 100 britischen Pfund in der Tasche, richtig?

Richtig. Keine Legende.

Und arbeiteten als Fotomodell.

Auch das ist richtig. Und ich weigere mich, mich dafür zu entschuldigen.

Wieso sollten Sie auch? Sie arbeiteten mit den tollsten Leuten.

Ich hatte lange ein Problem damit. Sie können sich denken, warum. Schauen Sie mal nicht so scheinheilig!

Weil ...

Weil es als oberflächlich gilt, als Fotomodell zu arbeiten. Ist doch klar.

Nein, ich meine das nicht scheinheilig: Sie können als Fotomodell mit guten Fotografen arbeiten und zur selben Zeit als ambitionierte Schauspielerin mit schlechten Regisseuren. Sie aber haben offenbar alles richtig gemacht.

Ich danke Ihnen, sehr lieb, und ja, ich habe inzwischen keine Probleme mehr damit. Ich habe mit Helmut Newton gearbeitet, mit Karl Lagerfeld, mit Jürgen Teller, den ich bewundere, warum sollte es also ein Problem sein? Darf ich bitte noch eine Zigarette?

Na klar.

Auf Ihrem Feuerzeug steht: »Trust the girls«. Das, muss ich sagen, finde ich extrem lustig. Vertrauen Sie den Frauen?

Nein, nein, natürlich gar nicht.

Wieso machen Sie dann Werbung für die Frauen? Sie sind ein Frauenrechtler!

Das ist das Feuerzeug einer Freundin, glaube ich, ich hab es wohl eingesteckt, das hat nichts zu bedeuten.

Na, da wäre ich mir nicht so sicher, dass das nichts zu bedeuten hat, wenn man so was einsteckt. Sie werden jetzt auch rot. Sie sind ein Frauenrechtler. Oder Ihre angebliche Freundin, sie ist Frauenrechtlerin!

Ich glaube …

Oder sie mag Frauen. Das ergäbe auch Sinn. Jedenfalls sind Sie mit exakt diesem Feuerzeug hier erschienen!

Wo waren wir stehen geblieben?

Ich habe also einen sehr klaren Schnitt gemacht nach meiner Modelkarriere und bin an die Schauspielschule gegangen. Aus Tausenden Leuten wurden hier an der staatlichen Schule zehn Jungen und zehn Mädchen ausgewählt: Ich war dabei. Ich bin meinen Weg gegangen.

Haben Sie Kinder?

Wie kommen Sie jetzt darauf?

Weiß auch nicht. Wenn jemand mit so eisernem Willen seinen Weg geht wie Sie, passen Kinder nicht ins Leben, oder?

Gott, da haben Sie einen Punkt angesprochen. Also ich habe keine Kinder. Meinen Sie, ich wäre eine Nazimutter?

Bitte? Inwiefern das denn?

Ich glaube, ich wäre ein bisschen eine Nazimutter. Wehe, mein Kind wäre kein Genie, in der Art, verstehen Sie?

Wenn Kinder mal da sind, hat man sie lieb, auch wenn sie keine Genies sind. Sie erscheinen mir leidenschaftlich. Also würden Sie Ihr Kind besonders lieben. Und die Karriere vernachlässigen. Das wäre es dann gewesen mit Amira Casar.

Ich würde mein Kind sehr lieben – und die Erziehung in die Hände des Vaters legen. Anstatt meine Karriere zu vernachlässigen. Kennen Sie die Stücke von Thomas Bernhard?

Ja. Wieso?

Nun, wegen Stolz und Schönheit und so weiter. Wir haben den »Heldenplatz« gespielt in der Schauspielschule, und ich meine, gut, er war Österreicher, kein Deutscher, aber es ist die deutsche Sprache, und wenn ich Deutsche treffe oder Österreicher, die mir sagen, ihre Sprache sei nicht schön, so bitte ich sie, Thomas Bernhard zu lesen und dieser Musik zuzuhören, die seine Sprache und seine Komik trägt. Thomas Bernhard ist ein großer Star hier in Frankreich.

Was begeistert eine Schauspielerin am Klang der deutschen Sprache?

Natürlich diese tollen Konsonanten! Dieses (auf Deutsch) »zick-zickrucke-zucke« – und wie das so geht bei euch. Das ist toll. Wenn ein guter Schauspieler diese Sprache spricht, ist es einmalig klar und schön. Denn diese Konsonanten geben den Vokalen einen schönen, klaren, einen disziplinierten Rahmen – in dem können sie schwingen. Wenn Sie Heinrich Heine lesen, merken Sie es! Und so schön klingende Wörter. (Auf Deutsch:) »Die Liebe.«

Aber wie es heute bei Fassbinder ist, so war es lange auch bei Heine: Im Ausland werden diese Künstler gefeiert, im eigenen Land fast vergessen.

Nun, es ist an uns allen und an Ihnen im Besonderen, dagegen anzuarbeiten.

Sprechen Sie noch mehr Deutsch?

Achtung (auf Deutsch): »Ich ärinnere mich.« Und: »Ich bin ein Kind där Ärde.«

Sind Sie ein Kind der Erde?

»Ich stehä auf där Ärde.« Ja. Nein? Korrekt? »Die Ärde ist schön.« Nicht?

Meint: Sie stehen auf dem Boden? Sie schwirren nicht so herum?

Ich meine es aber nicht nur im Sinne von Bodenhaftung, sondern auch, hm …

Metaphysisch?

Metaphysisch! Exakt! Kennen Sie das »Lied von der Erde« von Gustav Mahler? Am Ende kommt der »Abschied«. Das ist das Schönste, was je in Musik gegossen wurde. Danach kann man mich vom Boden aufwischen. It's a fucking killer!

Verstehe, die großen europäischen und metaphysischen Traditionen.

Die Bilder Canalettos, seine Bilder von Dresden, anhand derer man versuchte, die Stadt wieder …

… und um das Bild rund zu machen: Jeanne Moreau setzte Ihnen neulich die Krone auf, in dem sie Sie als die herausragende Schauspielerin des neuen französischen Kinos lobte.

Ja, stellen Sie sich vor!

Kann danach noch was kommen?

Danach fühlt man sich geehrt und arbeitet weiter. Sie hat es selbst vorgelebt: arbeiten, arbeiten, arbeiten. Und immer nur mit Leuten, die man für richtig hält. Scheiß aufs Geld! Oder?

Ich kriege gleich einen europäischen Kulturflash. Und doch haben Sie recht: Wir sollten unsere Kultur wahren, auch unsere gottverdammte Melancholie, Sie haben mich überzeugt, ich kämpfe von jetzt an mit Ihnen – Seite an Seite!

Wieso denn »gottverdammte Melancholie«? Was soll das nun schon wieder?

In Deutschland lauert sie hinter jeder Haustür.

Mann, seien Sie doch stolz drauf, überlegen Sie mal, was daraus alles entstanden ist an großer Kunst! Ich habe es in Deutschland auch nie so empfunden. Wenn ich an Deutschland denke, denke ich an liebe Menschen, die einem Tür und Tor öffnen. Ich glaube, die Deutschen sehen sich nur selbst in diesen dunklen Farben. Und auch nicht alle Deutschen. Aber Sie schon. Eine finstere Selbstsicht. Und dann so ein lustiges Feuerzeug. Sie sind ein Komödiant.

Lassen Sie uns nicht nur über Deutschland reden. Sie sind in Großbritannien aufgewachsen. Was vermissen Sie?

Nehmen Sie die Klischees, dann wissen Sie, was ich vermisse: die Höflichkeit, das Schlangestehen, das beginnt, wenn nur zwei Menschen auf denselben Bus warten, und ja, auch den Humor.

Wenn Sie von München nach London fliegen, wollen Sie schon in Heathrow Menschen umarmen.

Ich?

Nein, also, ich zum Beispiel. Diese netten Gesichter, alle sind freundlich, während sie Ihnen astronomische Summen von Geld aus der Tasche ziehen.

Jetzt reden Sie schon wieder schlecht von Deutschland. Vielleicht sind ja auch Sie fröhlicher in Heathrow!

Meinen Sie?

Ja. Und wie man die Leute anschaut, so schauen sie eben zurück. Aber vielleicht haben Sie auch ein bisschen recht: Ich meine, wenn ich von Paris nach London komme, kriege ich auch einen Humorschock. Ich hätte hier in Paris ohne sehr loyale Menschen kein Bein auf die Erde bekommen – aber das Lachen gehört nicht zu den besonders offensichtlichen Eigenschaften der Franzosen. Lieber denkt man hier über alles noch mal nach. Aber auch das ist Europa. Wir arbeiten beständig an einem großen Manifest mit unserer Kunst, nicht? Denken Sie nur an die Filme und Bücher von Catherine Breillat, die ich sehr verehre …

. . . und der immer wieder der Vorwurf der Pornografie …

… ja, so ein Unsinn! Catherine arbeitet an einem großen Manifest. Es geht um unser Verhältnis zu unseren Körpern, zur Sexualität. Und um die Freiheit der Kunst vor der Zensur. Ich glaube übrigens, es gibt da einen interessanten Gegensatz in der europäischen Kultur, im Theater, im Film, in der Kunst und mehr noch in der Musik.

Nämlich?

Glühende Leidenschaft hier – und diese nordische Disziplin andererseits! Nehmen Sie nur Gustav Mahler oder Ingmar Bergman, Thomas Bernhard natürlich. Mich fasziniert das. Und dieses sehr Disziplinierte, ich denke, es ist manchmal dieses Nazihafte an mir …

… sagen wir lieber: Reaktionäre?

Einerseits bin ich eine große Anhängerin von diesem ganzen Höflichkeits-

und Disziplinwahnsinn zum Beispiel in England. Andererseits finde ich alles, was mit total schwuler europäischer Kultur zu tun hat, umwerfend: die Oper, Cecil Beaton, Quentin Crisp, der große Fassbinder, Oscar Wilde.

So. Ich bin jetzt total durcheinander.

Meinen Sie, ich werde als schwuler Junge wiedergeboren?

Als reaktionärer schwuler Junge.

Nein, reaktionär lassen Sie weg! Aber als disziplinierter schwuler Junge, das wäre fein. Und Sie als Frauenrechtler.

Ich kann nicht mehr.

Okay, rauchen wir noch eine Zigarette.

INTERVIEW MIT
NICK MASON

NICK MASON

**»Ab einem gewissen Einkommen sind Sie
für andere kein Mensch mehr. Sondern zum
Beispiel nur noch ein ›Bauherr‹.«**

Nick Mason wurde 1945 geboren und wuchs auf einem Anwesen in Hampstead auf. 1965 gründete er mit einigen sonderbaren Freunden Pink Floyd, eine der eigenwilligsten und erfolgreichsten Bands der Welt. Im Sommer 2005 fiel ihm die Schlüsselrolle bei der Vermittlung zwischen den Alphatieren Roger Waters und David Gilmour zu, die seit 22 Jahren nicht miteinander gesprochen hatten. Er lebt in London.

Herbst 2005. Die Nick Mason Music Ltd. versteckt sich in einer rauen Straße im Nordosten Londons. Lange steht man da und findet nicht rein. Nebenan ist ein indischer Großmarkt, aber die Inder wissen auch nicht Bescheid. Man muss dann sozusagen durch Wände laufen. Und ist in der anderen Welt. Nette junge Menschen umschwirren den vermutlich reichsten Schlagzeuger der Welt. Dessen Lagerhallen sind gefüllt mit Pink-Floyd-Bühnenrequisiten aus 40 Jahren Bandgeschichte – eine fröhliche, irre, psychedelische Retrospektive. Und Nick Mason? Ist in hohem Maße: Brite. Lächelnd verfolgt er unser Gezerre an dem Kabelsalat rund um das alte Aufnahmegerät. Das Lächeln bleibt, doch er ist hoch konzentriert. Seine Antworten kommen schnell und präzise.

Ich möchte über Stil reden. Über den sicht- und hörbaren Stil von Pink Floyd – wie auch über den unsichtbaren.

Auch den unsichtbaren? Wo war er?

Man wusste fast nichts über Ihren Arbeitsstil. Doch gerade dabei muss es ja schwer rundgegangen sein.

Ah, verstehe! Ja, unser Talent für, sagen wir, prekäre Kommunikationsmethoden war etwas sehr ausgeprägt, in der Tat.

Sie haben darüber jetzt ein sehr schönes und sogar komisches Buch geschrieben.

Ich danke Ihnen. Es hat Sie überrascht, dass das Buch komisch ist?

Überrascht es denn Sie, dass es mich überrascht hat, Mister Mason?

Nun, wir wurden offenbar für ernster gehalten, als wir waren. Ich meine, wir waren ernsthaft in unserer Arbeit. Aber unsere Musik war nicht so ernst, wie viele Leute glaubten. Vor allem nicht so ernst, wie die Kritiker glaubten. Kritiker analysierten die Bedeutung der Kuh auf dem Cover von Atom Heart Mother oder die Bedeutung des Schweins auf dem Cover von Animals. Diese Texte waren dann wirklich oft noch ulkiger als wir.

Es gibt keine Bedeutung? L'art pour ... ?

Oh, diese Cover hatten ihre Bedeutung! Ich werde sie aber nicht erklären.

Bitte doch!

Nein, das wäre langweilig. Aber sie hatten auch noch eine Subbedeutung ...

Welche?

Storm Thorgerson baten wir, keine prätentiösen Cover zu gestalten. Wir experimentierten viel. Aber wir waren keine dieser prätentiösen Artrockbands. Bei uns gab es kein Dideldudel, keine Angebereien. Im Kern waren wir eine Bluesband. Rick Wright, unser Keyboarder, war vom Jazz beeinflusst, von Miles Davis. Wir hatten eine klare, sicher sehr klassische Linie. Wir wollten die Klarheit auch auf der Hülle haben.

Die Cover waren eine Antwort auf die sehr filigranen Cover in jener Zeit?

Natürlich. Bands wie Yes hatten allerlei Mystisches auf ihren Covern, allerlei Feen und so was, ja: Zeugs halt …

Furchtbar.

Wie auch immer. Ein Foto von einer Kuh auf einer Wiese ist da schon was anderes. Und ein Ohr illustriert Echoes ebenfalls überaus unprätentiös, finden Sie nicht?

Man bezichtigte Sie des Symbolismus.

Man gab uns die Schuld für fast alles.

Hat Sie das bekümmert?

Nein. Wir hatten ja Erfolg.

Auf den Covern stand nicht einmal der Name Ihrer Band …

Dies wiederum wurde uns von der Plattenfirma vorgeworfen, und zwar heftig. Sie dachten, eine Platte mit einer Kuh auf einer Wiese ist zum Untergang verdammt. Sie haben sich getäuscht.

Und doch galten Pink Floyd als ernst.

Ja. Immer. In meiner Verzweiflung habe ich Ende der 70er sogar eine Punk-Platte für The Damned produziert.

Das ist sehr lustig. Wollten die Punks nicht immer Pink Floyd töten?

Davon hatten wir gehört. Nun fragten The Damned bei unserem Management an, ob Syd Barrett Zeit für sie habe!

… der geniale Syd Barrett …

… der geniale Syd Barrett war da nur schon seit zehn Jahren nicht mehr bei Pink Floyd. Das hatte die Punkbewegung nicht mitbekommen.

Und dann?

Unser Manager sagte: Syd ist verhindert, aber, hey, wollt ihr den Drummer haben?

Die Punks waren naiv genug?

Nun, eine gewisse Naivität gehörte ja zu ihrem Image. Es hat jedenfalls Spaß gemacht. Mir mehr als The Damned. Ich konnte etwas lernen. Die Platte war zum Beispiel schneller fertig, als ich bis dahin bei Pink-Floyd-Produktionen gebraucht hatte, um mein Schlagzeug aufzubauen.

War sie ein Erfolg für The Damned?

Sie haben sich kurz darauf aufgelöst.

Sie haben eine Punkband getötet.

Meinen Sie? Es tut mir leid.

Mister Mason, die Streitereien zwischen Roger Waters und dem Rest von Pink Floyd waren recht unvergleichlich, oder?

Ich sehe das heute in milderem Licht. Wir haben alle den 60. Geburtstag hinter uns.

Und doch war es ein Wunder, dass Sie im Sommer nach fast 25 Jahren Hass für einen Auftritt bei Live 8 wieder zusammen auf der Bühne standen. Hat Sie die Begeisterung der Leute dort überrascht?

Nun, die Leute waren womöglich etwas bewegt … für eine gute Sache raufen sich die Zausel noch mal zusammen. Oder?

Vorzugsweise sehr junge Leute stürmten die Tage drauf die Plattenläden, um sich Pink-Floyd-Platten zu kaufen. In London kam es regelrecht zu Tumulten.

Ich habe davon gehört, ja.

Sie vier wirkten dabei recht cool.

Wir haben aus unseren Gefühlen noch nie ein großes Thema gemacht.

Die Menschen im Hyde Park rasteten komplett aus.

Haben wir mitbekommen. Es war laut.

Hm …

Schauen Sie, wir wollten uns doch nicht blamieren! Nach einem Vierteljahrhundert als Headliner eine solche Bühne zu betreten und dann vor Rührung Moll mit Dur zu verwechseln – das wäre eher ärgerlich geworden, verstehen Sie?

Keine Gefühle?

Natürlich! Wir hatten ja leider über Jahrzehnte viel Zeit damit verbracht, einen eigenen Kommunikationsstil zu pflegen.

Wie würden Sie diesen Stil beschreiben?

In aller Kürze: passiv-aggressiv.

Das kam jetzt sehr schnell.

Ich wünschte, wir hätten stattdessen ein paar mehr Platten aufgenommen!

Wie erklären Sie sich diesen Stil?

Zum einen mit dem Kampf der Egos: Roger Waters und David Gilmour. Das alleine war aber noch nicht maßgeblich für die Perfidie. Wären wir eine normale Rockband gewesen, hätten wir uns mal geprügelt. Oder ein Hotelzimmer zerlegt.

Das war Ihnen nicht stilgerecht genug.

Wir kamen nach Londoner Maßstäben aus guten Elternhäusern, wie man so sagt. Wir hatten in Cambridge Architektur studiert. Für eine Rockband waren wir wohl etwas zu distinguiert. Wir interessierten uns für Technik, für Architektur – und in sehr hohem Maße für Kunst, Design und Fotografie.

Waren Sie ehrgeizige Studenten?

Oh! Nein! Verstehen Sie mich nicht falsch. Dieses Stilbewusstsein war eher Ausdruck einer Überzeugung. Es ließ sich in keinster Weise durch enorme Fortschritte während des Studiums belegen. Wäre es so gewesen, wäre ich heute noch Architekt. In der Tat sammle ich aber keine Häuser, sondern Autos.

Dieses Distinguierte hat aber in der Band alles nicht leichter gemacht, oder?

Einerseits. Es lag ja über jeder Bemerkung diese perfide, distinguierte Ironie. Andererseits: Den Erfolg einer Platte wie Dark Side Of The Moon verdanken wir dem distinguierten Stil von Klang, Design und von Rogers Texten. Heute frage ich mich, wie ein junger Kerl solch weise Texte schreiben kann. Enorm.

War Waters der Meister der Perfidie?

Nun, David Gilmour brütete hinter seinem schönen Lächeln auch bizarre Dinger aus. Aber Roger, ja, er war der Meister. Er fühlte sich zum Beispiel von Menschen mit guter Laune provoziert.

Und verhagelte denen die Stimmung?

Ja. Heikel waren Abendessen und Frühstücke. Einmal – in New York – flötete unser wunderbarer Manager Steve O'Rourke bei einem Frühstück über den Tisch hinweg, heute sei er so guter Laune, dass ihn nichts mehr erschüttern könne!

Frohsinn aus Angst?

Vermutlich. Ich spürte, wie Roger sofort die Herausforderung annahm, Steve die gute Laune schnell wieder auszutreiben. Natürlich ließ er sich Zeit – und schaute.

Und dann?

Plötzlich sagte Roger, er habe etwas Interessantes in einem Magazin gelesen. Und zwar: Dass sich kreative von nicht kreativen Menschen durch die Kopfhaltung unterscheiden. Der Kopf kreativer Menschen neige stets leicht nach rechts, der Kopf nicht kreativer Menschen hingegen neige stets leicht nach links.

Ich fasse es nicht …

Zufällig hatten wir die Köpfe gerade alle leicht nach rechts geneigt. Bis auf Steve. Dessen Kopf neigte leicht nach links. Ein Volltreffer! Steve war stinksauer. Und der Tag hatte doch erst begonnen.

Man kann Roger Waters nicht mal zugutehalten, er habe im Affekt gehandelt.

Pink Floyd haben selten im Affekt gehandelt. Alles, was wir taten oder sagten, war durchdacht. Wir selbst konnten komfortabel damit leben. Meist haben wir deshalb hoch konzentriert gearbeitet, bis zum Schluss. Anstrengender war es für Manager, Veranstalter. Fragen Sie mal Marek Lieberberg …

… der damals sämtliche Pink-Floyd-Tourneen in Deutschland verantwortete.

Ein wunderbarer Mann und so mutig!

Er erzählte mal, die Abendessen seien nett gewesen – solange nicht alle vier Bandmitglieder teilgenommen hätten.

Da haben Sie's. Tapferer Marek!

Noch mal zum Affekt: Eines Tages 1968 haben Sie den Bandgründer Syd Barrett nicht mehr zu einem Auftritt abgeholt.

NICK MASON

Nun ja, Syd war dabei, die Band zu zerstören. Er hatte Drogenprobleme. Er war krank. Er war schizophren. Wenn ich recht informiert bin, ist er es heute noch.

Bereuen Sie, ihn rausgeworfen zu haben?

Mmh ... Nein, bereuen ist nicht das richtige Wort. Aber fühle ich Schuld? Ja!

Und doch bereuen Sie es nicht?

Die Sache ist die: Hätten wir uns nicht von Syd getrennt und hätten wir nicht David Gilmour in die Band geholt: Pink Floyd hätte es bald nicht mehr gegeben.

Darwinismus?

Ja, aber das ist Ihnen nicht klar, wenn Sie jung und von etwas so überzeugt sind. Wissen Sie, er war nicht der Einzige, der an die Drogen verloren ging ...

Ärgert Sie der Medienfokus auf Barrett?

Nein, nein, er war sehr, sehr begabt, keine Frage. Aber schauen Sie, ich habe meinen Freund Jimi Hendrix an Drogen verloren, es sind so viele gute Menschen daran kaputtgegangen ...

Sie haben Syd nur noch einmal gesehen.

Er stand sieben Jahre später plötzlich in den Abbey Road Studios. Wir nahmen gerade Wish You Were Here auf. Ja ...

Und?

Da stand ein dicker Mann mit einer Glatze. Wir haben ihn nicht erkannt.

Er war ein schöner Mann gewesen.

Mit einer magischen Ausstrahlung! Hier nun aber stand ein armer Kerl. Ich dachte zunächst, einer von den Technikern hat einen ulkigen Kumpel mitgebracht. Er sah andererseits nicht aus wie jemand, den man in die Abbey Road Studios lässt. David schaute lange durch die Scheibe in den Regieraum. Dann drehte er sich plötzlich zu mir um und sagte: »Das ist Syd.« Er hat ihn nur an seinen Augen erkannt. Like black holes in the sky ...

Haben Sie mit ihm gesprochen?

Wir wollten die Aufnahmen fortsetzen. Aber das ging nicht. Es war traurig, verstehen Sie? Wirklich unfassbar traurig! Ich hatte Tränen in den Augen. Also ging David raus und sprach mit ihm. Was Syd dann sagte, war wohl, dass er einen Fernseher zu Hause habe und einen Kühlschrank mit Koteletts. Die Koteletts seien jetzt aber alle aufgebraucht.

Mmh ...

Darauf muss Ihnen mal was einfallen. David fiel jedenfalls nichts darauf ein.

Gibt es Kontakt zu Syd Barrett?

Er will es nicht. Wir haben all die Jahre über Kontakt zu seinem Bruder gehalten. Es geht da ja auch um finanzielle Dinge.

Welche?

Er musste und muss versorgt werden. Immerhin in dieser Hinsicht sind wir eher mal frei von schlechtem Gewissen.

Mister Mason – in einem Magazin

stand ein Bericht über ein Angebot, das Pink Floyd nach dem Live-8-Auftritt unterbreitet worden ist. Von einer kurzen Tour ist die Rede. Ich traue mich gar nicht, die Garantiesumme zu nennen.

Man hat uns eine Garantiesumme von 250 Millionen Dollar angeboten.

Allerdings, ja.

Aber für eine neue Tour braucht man schon gute Gründe.

Ah, verstehe, das ist super …

Wie?

Sind 250 Millionen Dollar als Garantiesumme für eine überschaubare Tournee nicht ein recht faires Angebot?

Doch. Oder?

Ich würde sogar für etwas weniger …

… ich versuche es mal so zu erklären: Das Geld wäre sicher nicht der Grund, weshalb wir es noch mal tun würden. Es ist eine Frage der Lebensplanung.

Und das heißt?

Das heißt: Ich hätte Spaß an dieser Idee. Rick Wright auch. Und Roger sogar auch.

Aber?

David Gilmour will nicht.

Das heißt genau?

Er steckt in den letzten Zügen für ein neues Soloalbum. Und damit will er eine Solotour machen. Er arbeitet hart dran. Es ist also sein gutes Recht.

Und doch: diese Sturheiten!

Das hat früher schon alles kompliziert gemacht. Sturheit beschreibt unseren Stil recht gut. Einerseits Sturheit! Andererseits Sinn für Raum und Klang! Ja … Wollen Sie noch ein Wasser?

Nein, danke.

Auf unserer letzten Tour haben wir in einigen Städten die komplette Dark Side Of The Moon gespielt …

Sie vermissen …

Es war wunderbar! Und es ist elf Jahre her. Und Roger war damals nicht dabei.

Jetzt wäre David Gilmour nicht dabei.

Ja. Unmöglich. Wenn es Pink Floyd nur noch einmal auf der Bühne gibt, müssen alle Komiker vollzählig sein. Sie fragten eben, ob mich unser Auftritt im Sommer im Hyde Park bewegt hat.

Ja.

Ich meine: Klar hat er das! Klar!

Okay. Der Stil von Pink Floyd …

Ich kann ihn wirklich kaum erklären. Die Leute sehen tolle Sachen darin. Es hat mit Architektur zu tun, mit Räumen, mit Licht – und mit entfremdeten Figuren.

Könnte es die Selbstentfremdung sein, die Pink Floyd wieder so aktuell macht?

Die ist wieder das Thema, nicht?

Nun, man ist doch heute zum Beispiel von Leuten umzingelt, die einem Job nachgehen, der sie nicht interessiert.

Die Menschen sind darüber hinaus weniger selbstbestimmt, als wir es waren.

Es war eine spießige Gesellschaft – aber die Türen standen uns weit offen. Heute muss sich sogar ein Rockmusiker gegen seine Branche absetzen. Bitter.

Ist Pete Doherty ein Beispiel dafür?

Er ist sicher ein Beispiel für eine Art Kampf. Leuten wie ihm geht es womöglich um die Freiheit, in dieser Welt und gegen diese Welt überhaupt noch eine eigene Entscheidung zu treffen. Und sei es die Entscheidung für den Untergang.

Pink Floyd hatten es leichter?

Natürlich. Es sind heute exzellente Talente unterwegs, sehr gute junge Songschreiber. Das Problem ist, dass die Plattenfirmen in ihrem Wahn so viel Geld in einen neuen Künstler stecken, dass sie ihn sofort feuern, wenn er nur einmal die Verkaufsvorgaben nicht erfüllt. So erhält man keine bleibenden Künstler. Als wir mit unseren Kaspereien kamen in den 60ern, da hat die EMI zwar geweint – aber sie hat uns machen lassen. Wir hatten lange keinen Erfolg, verstehen Sie? Dafür hatten wir eine große Klappe. Wir fanden uns schon sehr früh irre gut.

Mit Grund!

Natürlich!

Zurück zur raumgreifenden Ästhetik von Pink Floyd: Sind Sie heute noch an Architektur und Architekten interessiert?

Durchaus. Vor allem aber sind heute Architekten an mir interessiert. Ab einem gewissen Einkommen sind Sie für

andere kein Mensch mehr. Sondern zum Beispiel nur noch ein »Bauherr«.

Hat Ihnen diese Entmenschlichung schon zu Pink-Floyd-Zeiten zugesetzt?

Ja. Mitte der 70er waren wir reich. Und wenn Sie plötzlich viel Geld haben, fragen Sie sich sogar als Sozialist, was Sie mit dem Geld anstellen sollen. Also trafen wir uns mit Bankleuten. In einem Lokal im Westend. Bisher hatten wir immer so indische Reisesäcke dabeigehabt. Nun trugen wir Aktentaschen!

Sie trugen Aktentaschen?

Wir schauten uns an wie im Wachkoma.

Ein Moment der Entfremdung.

Absolut! Es waren auch nicht irgendwelche Aktentaschen. Sie waren aus der Haut von Tieren genäht, die bereits ausgestorben waren – oder mindestens aber in ihrer Art sehr gefährdet!

Mister Mason, gegen Ende möchte ich zur größten Beinahe-Katastrophe der Musikgeschichte kommen …

… ah, unsere geplante Platte mit Küchengeräuschen …

Nein. Als Sie das Cover des Animals-Albums gestalteten, löste sich tatsächlich das mit Helium gefüllte Riesenschwein über der Battersea Power Station. Es raste durch den Londoner Luftraum …

… es war der 2. Dezember 1976.

Man weiß, wie viele Flugzeuge über London unterwegs sind.

Es war schön anzuschauen, wie das

Schwein davonsauste. Wir standen und schauten. Frohe Hippies. Plötzlich wurde uns klar, dass es einer Boeing begegnen könnte. Für den Fall, dass es versucht zu fliehen, hatten wir einen Scharfschützen engagiert: Er sollte das Schwein killen!

Traf er?
Er hatte sich einen freien Tag genommen.

Großer Wahnsinn.
Es gibt diese Geschichte von dem Piloten. Ich kann sie nicht verifizieren. Aber sie wurde uns zugetragen. Dieser Pilot hat zu seinem Kopiloten im Anflug auf Heathrow **gesagt**, dass er auf halblinks ein fliegendes Schwein gesehen habe.

Stimmt die Geschichte?
Nun, das Schwein war schon sehr, sehr groß. Ja, die Geschichte könnte stimmen.

Und?
Der Kopilot jedenfalls hat das Schwein nicht gesehen. Er riet dem Piloten dann, diesen Eindruck mit Rücksicht auf seine Fluglizenz absolut für sich zu behalten.

Was für ein schönes Ende. Hoffentlich stimmt die Geschichte.
Sie ist jedenfalls zu gut, um sie aus dem Programm zu nehmen, oder?

INTERVIEW MIT
HÉLÈNE GRIMAUD

HÉLÈNE GRIMAUD

»Jetzt hören Sie mir mal zu: Es ist wirklich niemals zu spät im Leben!«

Hélène Grimaud, am 7. November 1969 in Aix-en-Provence geboren, lebt heute in den USA. Berühmt ist sie nicht nur für ihr Spiel am Flügel. Sondern auch für ihren Wildpark, in dem Kinder frei lebende Wölfe beobachten können. Sie gilt heute als beste und unkonventionellste Pianistin der Welt.

Das Mandarin Oriental in München im Frühling 2004. Vor einer Schmuckvitrine steht in einem schwarzen Lackledermantel der »Depeche Mode«-Sänger Dave Gahan und sieht etwas runtergewohnt aus. Hélène Grimaud kommt in so locker forschem Gang durchs Foyer, dass man meint, sie wolle sich erst mal die Stadt angucken. Dann: Kerniger Händedruck, sie hüpft aufs Sofa, kreuzt die Beine, strahlt. Sie trägt einen Jogginganzug. Ihre tiefe Stimme sagt: »Hi you!« Man kommt sich ein bisschen vor wie in der Lättawerbung. Alles macht so einen natürlich-erotischen, ja überaus skandinavischen Eindruck. Auch Dave Gahan schaut rüber, und zwar lange …

Ich möchte mit Ihnen entweder über Energie reden. Oder über Disziplin.

Energie!

Das ging aber schnell.

Ja, ich meine, Disziplin ist wirklich ein nicht so schönes Wort. Energie passt auch besser zu mir als Disziplin. Aber ganz definitiv.

Im besten Fall kommt beides zusammen, also die Disziplin zur Energie. Sagt man.

Im besten Fall, ja, im besten Fall kommt beides zusammen. »Sagt man« ist gut. That's what people say. Also reden wir über die disziplinierte Energie. Oder andersrum. Wir werden sehen.

Sie haben eine vitale, energische Ausstrahlung.

Wir kennen uns erst wenige Minuten.

Der erste Eindruck. Sie sitzen hier in einer sehr weiten Strickjacke …

Sie sitzen hier auch in einer sehr weiten Strickjacke.

… und einer Jogginghose. Für eine Künstlerin, zumal für eine Pianistin, haben Sie eine recht unkomplizierte Ausstrahlung, wenn ich das mal so sagen …

Vielen Dank. Wie stellen Sie sich Pianistinnen denn sonst so vor?

Man stellt sich Pianistinnen als Laie …

Sie spielen kein Instrument?

Nein, leider nicht, meine Eltern haben damals vergessen, mich grün und blau zu schlagen, als ich nicht üben wollte.

Was sollten Sie üben?

Trompete, Posaune, Gitarre – al-

les angefangen, nichts zu Ende gebracht.

So ist es meistens, und dann sind die Leute später sehr, sehr traurig.

Eben darüber wollte ich ja mit Ihnen reden. Wie bringt man Kinder dazu ...

Sagen Sie mir bitte erst, wie Sie sich Pianistinnen vorstellen?

Bevor ich Sie traf?

Bevor Sie mich trafen.

Nun ja, Sie sitzen hier in schlabbrigen Klamotten im Schneidersitz auf dem Sofa und wirken so ...

So?

Unfragil! Ich habe mir Pianistinnen eher fragil, ätherisch vorgestellt. Sie verstehen mich richtig?

Keine Angst! Ich bin unfragil, ja, das fanden meine Eltern auch, dass ich unfragil bin. Die Sachen um mich herum waren immer fragiler als ich.

Was ich mich frage, wenn ich Musiker, zumal klassische Musiker, auf der Bühne sehe: Wie haben die schon als Kinder die Disziplin aufgebracht, Noten zu lernen?

Wieso wundert Sie das?

Weil Kinder meistens energisch und selten diszipliniert sind. Noten waren für mich Mathematik, und Mathematik war furchtbar. Wie waren Sie als Kind?

I was a pain! Wirklich, geradezu berühmt in der Nachbarschaft, die Hölle! Meine Eltern hatten große Probleme mit mir. Ich habe ständig Unsinn ver-

zapft, war vorlaut, habe den Unterricht gestört. Im besten Fall könnte man von einem sehr aktiven Kind sprechen. Das war nicht lustig, auch wenn wir jetzt darüber lachen. Im schlechtesten Fall könnte man nämlich von einem hyperaktiven Kind sprechen. Weder so ein Kind noch seine Umgebung haben es dann leicht.

Wie lernt ein solches Kind – wie Sie eins waren – ein Instrument?

Das Instrument, in meinem Fall das Klavier, war eben keine Strafe oder eine zusätzliche Belastung. Ich denke, das ist der entscheidende Punkt: Es war keine Strafe. Sondern eine Chance.

Inwiefern?

Ich glaube, dass gerade für ein so aktives, seine Umwelt wahnsinnig machendes Kind ein Instrument eine große Chance ist, sich anders auszudrücken. Dazu muss man das Kind nur richtig an ein Instrument heranführen.

Wie muss man das Kind heranführen?

Auf jeden Fall: spielerisch. Nicht aufdringlich. Wenn das Kind das Instrument annimmt, ist schon viel gewonnen.

Ich habe, statt meinen klassischen Gitarrenübungen nachzugehen, stets irgendwelche Ähnlichkeiten zu modernen Stücken herausgehört.

Und dann wurde aus Mozart ...

... eine kleine Melodie von Pink Floyd.

Was ja großartig ist! Weil Sie so ja schon

die Begabung bewiesen haben, dass Sie ein gutes Gehör haben, und Phantasie und Lust auf …

… mein Gitarrenlehrer war da anderer Meinung! Und die den Gitarrenlehrer bezahlenden Eltern irgendwann auch.

Nun, das ist schon schade, wirklich! Kinder haben nicht nur Energie, sie haben im besten Fall auch Ehrgeiz, den Ehrgeiz, eine Aufgabe zu bewältigen, Erfolge zu feiern. Dieser Ehrgeiz führt schon bei kleinen Kindern zu einer besonderen Form der Energie, nämlich der Disziplin. Sogar ich brachte plötzlich die Disziplin auf, das Klavier zu spielen. Man hätte Ihnen mehr Zeit geben müssen.

Wieso hat das Klavier Sie so fasziniert?

Das ist schwer zu erklären. Ich war ja schon 8 Jahre alt und mit lauter 3- und 4-Jährigen plötzlich in der Musikschule. Ich erinnere mich an einen großen, recht dunklen Raum. Die Lehrerin spielte anfangs etwas aus Schumanns Werk, ein Lied. Ich stand da und war sehr, sehr angetan. Ich denke, dass ich meine Sehnsucht plötzlich auf das und durch das Instrument fokussieren konnte. Alle vorherigen Versuche meiner Eltern, meine wahnsinnige Energie irgendwie, ja, zu kanalisieren, waren deprimierenderweise fehlgeschlagen.

Was für Versuche waren das?

Da meine Energie vor allem eine sehr physische Energie war: fast jede Art von Sport, Tennis im Besonderen, dann Tanz, schließlich aber auch Kunst und so weiter. Die Erfolge waren sehr begrenzt. Ich habe in den verschiedenen Sportdisziplinen immer genau das gemacht, was man nicht machen sollte. Das Klavier war dagegen ein Ding, das nur für mich in die Welt gesetzt schien.

Wieso?

Weil es meinen kindlichen Wahn, ständig den Sachen auf den Grund zu gehen – und meine Umwelt mit Dauerfragen zu terrorisieren –, ebenso befriedigte wie mein physisches Bedürfnis nach Herumtoben und Durchdrehen.

Musiknoten haftet etwas sehr Logisches an, wie kommen Kinder damit in diesem Ausmaß klar?

Musiknoten und Musikinstrumente sind nicht nur logisch, sie sind auch mysteriös, das haben Sie nicht bedacht. Und das Mysteriöse, das aus einem logisch hingeschriebenen Klanggebilde entsteht … nun, das ist es dann wohl.

Das ist dann das, was die Sehnsucht bedient. Weswegen man im besten Fall weitermacht.

Genau. Diese Disziplin ist im zweiten Schritt bitter nötig, Sie ahnen nicht, wie nervenaufreibend Musikunterricht sein kann. Gerade für ein Kind.

Doch.

Lassen Sie mich raten: Sie hatten andere Sachen im Kopf.

Natürlich.

Und heute bereuen Sie also furchtbar,

dass Ihre Eltern Sie nicht mit Gewalt genötigt haben, ein Instrument zu lernen.

Natürlich.

Das höre ich wirklich jeden Tag. Jeden verdammten Tag! Oft von Menschen, die die Musik über alles lieben. Und oft von Menschen, denen ich Musikalität unterstelle, dass sie also ein Gespür für Rhythmus und Töne und Arrangements haben. Musische Menschen sind musische Menschen, immer und in jeder Hinsicht.

Manchmal denke ich, es ist ein wenig wie eine Behinderung, kein Instrument spielen zu können. Wie eine bestimmte Form von Sprachstörung.

Das ist bitter gesagt, aber Sie werden verstehen, dass ich das ähnlich sähe, wenn ich nicht mehr auf dem Flügel spielen könnte. Eine Form von Sprache wäre weg. Ich müsste mir eine neue aneignen.

Welche?

Das weiß ich nicht. Aber ich würde mir wieder sagen: Ich habe die Wahl. Ich habe die Aussicht, etwas Neues zu lernen, ich habe eine neue Perspektive.

Sie würden sich wieder zum Kind machen.

Gewissermaßen.

Plump gefragt: Sollte ein Kind ein Instrument lernen oder nicht?

Nun, hätte ich Kinder, würde ich sie in der Tat erst einmal energisch dazu bewegen, ein Instrument zu erlernen.

Aber generell ist die Frage schwer zu beantworten. Wenn das Kind auf das Instrument und dann auf den Unterricht irgendwie anspringt: ja, durchhalten, das Kind ermutigen, durch tiefe Täler zu gehen.

Ich kenne Menschen, die wurden von ihren Eltern wirklich geschlagen, damit sie an ihr Instrument gehen und üben.

Oh, ich auch! Und wissen Sie was?

Diese Kinder danken es ihren Eltern.

So ist es. Später zumindest.

Wollen wir daraus eine Erziehungsmaxime ableiten?

Mmh, das würde recht reaktionär klingen, oder?

Ja.

Okay. Man soll seine Kinder nicht schlagen. Sagen Sie das Ihren Lesern: Es ist nicht richtig, seine Kinder zu schlagen! Aber es ist richtig, sie massiv dazu zu drängen, ihr Instrument zu erlernen!

Privatunterricht oder Musikschule?

Auch das hängt vom Kind ab. Aber für die Musikschule spricht einiges. Wenn Sie soziale Kinder haben und keine Einzelgänger, dann ist die Musikschule sicher besser. Der Einzelunterricht folgt sowieso für den Fall, dass sich plötzlich eine sehr spezielle Begabung herausstellen sollte.

Die Musikschule ist ja auch preiswerter.

Auch das, ja! Als Kind haben Sie doch ständig Schuldgefühle, wenn Ihre Eltern Unsummen für Privatunterricht ausgeben, sei es nun Nachhilfe in Mathematik oder für Gitarrenunterricht …

… hören Sie bloß auf! Haben Sie Ihr Klavier geschlagen?

Bitte? Ich mein Klavier?

Ja, wenn Sie versagt haben.

Nun, das Klavier war ja dann nicht schuld, wieso?

Ich habe gestern meinen Küchentisch geschlagen, weil ich der Ansicht war, er habe sich so in die Küche gestellt, dass ich mit dem kleinen Zeh …

… ah, eine sehr, sehr kindliche Reaktion, sehr lustig! Nein, ich habe mein Instrument nie geschlagen. Interessant, diese Frage habe ich schon mal von einem Musikerkollegen gestellt bekommen. Offenbar hat er früher öfter mal sein Instrument verprügelt. Ich habe das Klavier hingegen immer als ein Teil von mir angesehen, etwas, das zu meinem Körper gehört, so absurd das klingen mag. Ich würde Ihre Frage von vorhin übrigens anders stellen. Soll ein Kind, neben der Schule, grundsätzlich noch etwas anderes lernen? Meine Antwort ist: Ja, in jedem Fall, es ist nötiger denn je.

Warum ist es nötiger denn je?

Schauen Sie, ich lebe in den USA an der Ostküste, in einer Gegend, in der es, sagen wir es, wie es ist: sehr vielen Familien sehr gut geht. Es fehlt an gar nichts. Aber selbst wenn man noch so vergleichsweise jung ist wie ich, fühlt

man sich sonderbar, wenn man die Kinder dieser Menschen betrachtet. Ich habe das Gefühl, in einer vollkommen anderen Zeit aufgewachsen zu sein als diese Kinder. Es fehlt ihnen zwar an nichts, aber sie entwickeln kaum mal eine Sehnsucht für irgendetwas, also zum Beispiel für etwas, was sie weiterbringt. Etwas zu erlernen. Sie werden nicht geweckt.

Fiese, dumpfe Kinder. Ekelhaft.

Ja, viele dieser Kinder wirken sehr dumpf auf mich. Sie sind passiv, rezipieren den Dreck aus dem Fernsehen, stopfen sich mit schlechtem Essen voll, kaufen sich nebenbei horrend teure Klamotten. Das wirkt einerseits panisch, andererseits lethargisch. Sie wirken unglücklich. Ich glaube, dass Glück eine Art von Besitz ist – den man pflegen muss, um den man sich kümmern muss. Das Fernsehen ist eine Höllenmaschine. Es gibt einem einerseits alles vor, nimmt andererseits alles ab. Und lässt einen so oder so anschließend alleine.

Also geht es um das, was man als Aneignung bezeichnen könnte.

Richtig. Ich arbeite viel mit Kindern, und ich stelle fest, dass Kinder, die sich etwas angeeignet haben, die auch von ihren Eltern energisch angehalten wurden, sich etwas anzueignen, glücklichere und gelassenere Kinder sind. Sie haben das Gefühl, etwas verändern zu können. Und sie rasten später nicht direkt aus, wenn mal etwas nicht sofort klappt, terrorisieren ihre Umwelt nicht gleich mit cholerischen Ausbrüchen. Wissen Sie, selbst wenn Sie kein Stargitarrist geworden wären, wäre es heute eine feine Sache für Sie, wenn Sie abends ein bisschen Gitarre spielen und …

Sie sagten eben, dies alles sei heute wichtiger denn je. Wieso halten Sie das heute für wichtiger denn je?

Weil wir durch die Politik, durch das Fernsehen, durch den Konsum immer unmündiger gemacht werden. Diese drei Faktoren arbeiten immer enger zusammen. Möglicherweise argumentiere ich hier aufgrund spezifisch amerikanischer Erfahrungen.

Ich fürchte nicht.

Okay, es ist wohl ein globales Ding, denke ich auch, zumindest in einem großen Teil der Welt: Es wird immer mehr mit den Menschen gemacht, die Menschen hingegen machen selbst immer weniger. Eine nicht selbst verschuldete Unmündigkeit, zu der dann aber eine selbst verschuldete Unmündigkeit hinzukommt. Gerade Kinder sollten von ihren Eltern die Chance erhalten, etwas zu erlernen, das sie aus dieser Unmündigkeit befreit: ein Instrument, Malerei, den Umgang mit Sprache, was auch immer. Nur so wird man ein halbwegs selbstbestimmter Mensch. Ich glaube sogar zu erahnen, dass da ein gewisser Trend in der Luft liegt. And you are never to small to make a difference.

Den äußeren Einflüssen zu misstrauen und sich auf die inneren Fähigkeiten zu besinnen, das ist ein Trend?

Ja, wenn ich mich so umschaue, habe ich oft den Eindruck.

Sie sind Optimistin.

Alle haben sich ein wenig müde gefeiert, müde konsumiert, müde geängstigt, müde geglotzt, das Fernsehen gestaltet den jeweils neuesten Mist auch nur wie den jeweils letzten Mist, nur in einer anderen Farbe womöglich.

Sind Sie nervös vor einem Auftritt?

Ja, aber das ist normal. Adrenalin. Darf ich Sie mal etwas fragen?

Ich glaube, das war die langweiligste Frage, die ich je gestellt habe.

Was?

Ob Sie nervös sind vor einem …

Nein, nein, keine Angst, sehr, sehr viele fragen das. Meine Frage lautet: Wieso lernen Sie nicht jetzt ein Instrument?

Wann denn? Um Mitternacht? Es ist dumm, aber das ist vorbei. Keine Zeit.

Nein, das ist nicht dumm. Das ist nicht vorbei. Die Zeit haben Sie.

Zu spät.

Es ist niemals zu spät.

Es ist zu spät.

Nein, jetzt hören Sie mir mal zu: Es ist wirklich niemals zu spät im Leben!

INTERVIEW MIT
SYLVESTER STALLONE

SYLVESTER STALLONE

»Ich habe für das Bild von Anselm Kiefer 1,7 Millionen
Dollar bezahlt! Es war Stroh drauf. ... Zu Hause denke
ich: Scheiße, was liegt da unterm Bild? Stroh.
Jeden Tag ein neuer Halm. Ich rufe den Händler an
und sage: ›Der Kiefer haart.‹ Sagt der Händler:
›Mister Stallone, das muss so sein, das Bild geht durch
eine Entwicklung, das Bild lebt.‹ Ich dachte, ich werd'
verrückt. 1,7 Millionen Dollar!«

*Sylvester Stallone wurde 1946 in New York mit einer Nervenlähmung in proble-
matische Familienverhältnisse hineingeboren. Zwölf Schulen verwiesen den Jungen, schließlich landete er in einer Highschool für schwer erziehbare Kinder. Seine
Karriere begann 1976 mit dem oscarprämierten Low-Budget-Film »Rocky«, für
den er auch das Drehbuch schrieb. Stallone machte in den 80er-Jahren Schlag-
zeilen mit Actionfilmen, die ihm ein Vermögen bescherten und von der Kritik
verrissen wurden – außerdem kam es zu privaten Eskapaden. In den Neunzigern
verblüffte Stallone mit ambitionierten Filmen wie »Cop Land«, in dem er in der
Rolle eines abgehalfterten Polizisten neben Robert de Niro brillierte. Seit 1997
ist Sylvester Stallone in dritter Ehe mit Jennifer Flavin verheiratet, das Paar hat
inzwischen drei Kinder. Aus seiner ersten Ehe hat Stallone zwei Kinder, darunter
einen autistischen Sohn. Sylvester Stallone lebt in Los Angeles.*

Januar 2007. Sylvester Stallone im schwarzen Langarm-T-Shirt im Kölner Hyatt. Die Ärmel hat er hochgeschoben und tja: diese Arme. Im Übrigen hat er ganz liebe Augen. Sein Lächeln sagt: Tja, wen haben wir denn da! Die Stimme? So was Tiefes gibts nicht noch mal. Wie ein Kassettenrekorder, dem der Saft ausgeht. Im offenen Nebenzimmer sitzt eine strenge Dame in einem Kostüm von Missoni: seine Agentin. Sie ist dabei? Das geht eigentlich gar nicht. Berührt das Gespräch sensible Bereiche (Politik!), unterbricht sie ihre SMS-Orgie, schaut vom Handy auf – und ihre Augen schicken nadeldünne Laserstrahlen zu uns ins Zimmer. Er selber zwinkert mit seinem hängenden Lid, wenn man zur Agentin schaut, Motto: Lass nur, Junge, die tut nix!

Mister Stallone, erlauben Sie, dass ich recht schonungslos einsteige?
Nur zu. Keine Gnade.
Wenn ein 60-jähriger Exactionstar einen Film darüber dreht, wie sich ein 60-jähriger Exboxstar in die Schlacht seines Lebens begibt – wie groß ist die Gefahr, sich grandios zu blamieren?
Naheliegende Frage. Wird mir im Moment alle 30 Minuten gestellt.
Verzeihung.
Kein Problem. Geben Sie die Antwort auf Ihre rhetorische Frage gleich selbst!
Die Gefahr, sich grandios zu blamieren, sie ist überwältigend groß.
So ist es.
Hat Sie denn niemand gewarnt?

Oder hören Sie nicht auf Berater?
Doch, vor allem auf einen: meine Frau. Wie Sie wissen, bin ich mit einer klugen und schönen Frau verheiratet.
Jennifer Flavin.
So – und diese wunderbare Frau, die Mutter meiner wunderbaren Kinder, sie sagte: »Sly, du bist verrückt, du wirst dich mit diesem Film bis auf die Knochen blamieren, lass es sein!«
Sie hören nicht auf Ihre Frau?
Andauernd. Ich bin ein kluger Mann. Kluge Männer heiraten kluge Frauen und hören dann auf sie. Ich habe leider nicht nur kluge Frauen geheiratet. Aber im letzten Anlauf schon. Sie ist der Boss. Ich hab aber jetzt ausnahmsweise einmal nicht auf sie gehört. Hätte ich?

»Rocky VI« ist einer der schönsten und bewegendsten Filme, die ich je gesehen habe … Hätten wir das auch geklärt.

Ich danke Ihnen. Sie machen mir mit diesem Kompliment eine große Freude.

Sie sind nicht drauf angewiesen. Ihr Film ist in den USA ein sagenhafter Erfolg.

Einige meiner Filme waren sagenhafte Erfolge. An der Kasse. Sie verstehen …

… kommen wir auf diese Filme gleich mal zu sprechen …

… oh, da herrscht, wenn Sie mich fragen, überhaupt gar keine Eile.

»Rocky VI« erzählt sehr lakonisch eine Geschichte über … die Würde?

Sie beantworten Ihre Fragen selbst.

Mmh …

Seien Sie nicht verlegen. War nicht böse gemeint. Sie sind wohl Analytiker.

Wir waren bei der Würde.

Ja. Wissen Sie, was meine Frau sagte, als ich stur genug war, den Film in Angriff zu nehmen? Sie sagte: »Sly, keine Tricks, keine verdammten Eitelkeiten, vergiss das Licht, die Kamera, erzähl einfach diese Geschichte über einen Kerl, der es noch mal wissen will!« Und Sie haben recht, es ist eine einfache Geschichte über die Würde geworden, so wie der erste »Rocky« – vor 30 Jahren.

Sie sind Autor beider Filme, und Sie reflektieren dabei klar Ihr eigenes Leben. Was wollen Sie den Leuten sagen?

Die Würde steht groß oben drüber, okay? Haben Sie ja gesagt, dass sie das tut.

Genau.

Gut. 1976 geht es dabei um einen jungen Außenseiter, einen Typen von der Straße, der seine Chance bekommt, der den großen Kampf verliert, aber in Würde. Was er findet, ist das, was wichtiger ist, als diesen Kampf zu gewinnen.

Die Liebe.

Er findet die Liebe – zu einem grauenvoll schüchternen, aber klugen und lieben Mädchen namens Adrian. Jetzt, 30 Jahre später, ist Adrian tot. Rocky Balboa ist einsam. Er hat sich entfremdet, von der Welt, sogar von seinem eigenen Sohn. Ich wollte einen Film über die Einsamkeit drehen. Und über das Alter. In Amerika stehen die Alten an jeder Straßenecke und brabbeln vor sich hin. Wir kümmern uns nicht mehr umeinander.

Von welcher Einsamkeit sprechen Sie?

Wenn Sie einen geliebten Menschen verlieren. Wenn der Tod eines solchen Menschen Sie fallen lässt. Wenn die Gesellschaft Sie nicht auffängt. Wenn die Gesellschaft Ihrem Sturz nur zuschaut.

Das ist es, was Sie sehen in Amerika?

Heute? Ja! Verwirrte Kids – und eine komplett fallen gelassene Generation von Alten. Explosiv. Die Familien in Amerika, in der Mittel- und Unterschicht, sie verwahrlosen. Emotional!

Ein großes Thema. Ganz Deutschland diskutiert darüber.

Da macht ihr was richtig. In Amerika diskutieren wir auch darüber. Aber wie? Viele Fundamentalisten. Die haben eigene Interessen, verstehen Sie?

Ein religiöses Problem?

Ja. Ich nehm keinem seinen Glauben. Aber bei uns schreien die Leute sich an, statt drüber zu reden. Durchgedreht.

Wenn Sie es so sehen, muss es wahr sein. Es gibt, glaube ich, kein Instinktwesen in Hollywood über Ihnen!

…

Mister Stallone?

Ich überlege gerade, ob Sie mir ein Kompliment machen wollten. Oder ob das eine etwas doppeldeutige …

… ein Kompliment. Sie erzählen von dieser Einsamkeit in Ihrem Film wie ein Autorenfilmer, klar und nüchtern – und mitunter sogar auch sehr komisch.

Ich bin Autorenfilmer. Alte europäische Schule. Ha! Oder? Meine Filme, meine Skripts, meine Regie. Es geht um das back to basics, um Geschichten, die was übers Land erzählen, über einen Typen, der in diesem Land lebt. Ich brauche nur einen Ausschnitt. Wie ein Künstler, der mit ein paar Strichen eine tiefe Erzählung auf die Leinwand bringt.

Sie malen selbst – und sammeln.

Richtig. Aber jetzt schweifen wir ab.

Egal.

Ich liebe die Bilder von Gerhard Richter, er ist der wunderbarste Maler, den wir im Moment haben. Er ist Deutscher, oder? Seien Sie stolz auf ihn!

Stimmt es, dass sich ein Bild von Anselm Kiefer in Ihrem Haus, nun ja: dematerialisierte?

Ich habe dafür 1,7 Millionen Dollar bezahlt! Es war Stroh drauf. Kiefer hat das Stroh mit Klebstoff befestigt. Zu Hause denke ich: Scheiße, was liegt da unterm Bild? Stroh. Jeden Tag ein neuer Halm. Ich rufe den Händler an und sage: »Der Kiefer haart.« Sagt der Händler: »Mister Stallone, das muss so sein, das Bild geht durch eine Entwicklung, das Bild lebt.« Ich dachte, ich werd verrückt. 1,7 Millionen Dollar!

Und dann?

Ich hab die Halme wieder drangeklebt.

Nicht wahr.

Doch. Jeden Tag lag ein Halm unten, ich hin, Klebstoff, Halm wieder dran. Ich habs nicht eingesehen.

Eine Koproduktion von Anselm Kiefer und Sylvester Stallone.

So ungefähr. Das Bild ist aber verkauft.

Sie wollten kein Stroh mehr …

Oh, ich habe das Bild geliebt, ein überwältigendes Bild. Aber eben auch sehr groß. Es ging über eine ganze Wand. Und es war so absolut finster. Meine Frau fand, die Kinder könnten depressiv werden. Ich wünschte später, ich hätte es noch ein paar Jahre behalten. Was eure Maler inzwischen an Wert zugelegt haben!

Sie sprachen von der Essenz. Was ist die Essenz in »Rocky VI«?

Es geht – wenn wir uns selbst finden wollen – nur auf dem Weg über einen anderen Menschen: Es geht nur in der liebenden Spiegelung. In beiden »Rocky«-Filmen, im ersten wie jetzt im letzten, steht der Kampf am Ende des Films als Motor für alles: »It's not over until it's over.« Rocky Balboa lernt nun 30 Jahre später, dass das Leben die Hölle sein kann, dass es deswegen aber noch nicht vorbei ist. Vorbei ist's ja erst, wenn es vorbei ist. Und die Geschichte ist auch jetzt: eine Liebesgeschichte!

Und waren aber vielleicht einige Ihrer Werke nach den ersten »Rocky«- und »Rambo«-Filmen unter Ihrer Würde?

Oh, Sie wollten drauf zurückkommen …

Sie haben in den Sequels von »Rocky« und »Rambo« Vietnamesen, Afghanen und Russen vermöbelt wie kein Zweiter. Mal ehrlich, war das alles ein wenig …

Dumm?

Yep.

Seien Sie nicht so schüchtern!

Das heißt?

Diese Filme waren nicht dumm. Sie waren eher wohl saudumm, oder?

Sind sie Ihnen peinlich?

Nein. Sie gehören zu meinem Leben. Ich habe ein Vermögen damit verdient. Aber würde ich sie noch mal machen? Nein.

Aber wie konnte ein junger Stilgott, der mit dem ersten »Rocky«-Film von der Kritik gefeiert wird, einen »Oscar« gewinnt und Hunderte Millionen Dollar verdient, so tief sinken und so bedenklich plumpe Filme drehen?

Eitelkeit natürlich. Größenwahn. Ich bin verrückt geworden. Weißer Anzug. Mercedes mit drinnen Doppelbett und Mikrowelle. Solche Sachen. Meine Karriere war mir nicht in die Wiege gelegt worden, verstehen Sie?

Sie kommen, wie man so sagt, aus sehr einfachen Verhältnissen.

Allerdings, mein Lieber. Und ich hab nichts gegen Leute wie Sie, die mir sagen: Mann, Stallone, was für ein Müll! Stimmt ja alles. Nur: Ich bin gaga geworden. Ich treff in Los Angeles täglich junge Hunde, wie ich damals einer war, unerfahren, aber vom Schicksal hochkatapultiert.

Geben Sie den jungen Hunden Tipps?

Keine weißen Anzüge!

Und der ganze Rest.

Eben. Bleibt aufm Boden! Sucht euch die richtige Frau! Sonst schepperts eines Tages gewaltig, und zwar oben im Hirnkasten. Als der Erfolg kam, dachte ich: Es ist jetzt mal gut mit den einfachen Geschichten über die einfachen Leute. Ich hab mich dann selbst verraten. Ich wollte Rocky Balboa und John Rambo in eine Cartoonwelt schicken. Das ist mir gelungen. Aber der Preis war hoch.

Wann haben Sie's gemerkt?

Als Reagan das »Rambo«-Plakat hochhielt und rief: »So wie der hier, so müssen wir Amerikaner das Ding in Libyen erledigen!« Ich saß vorm Fernseher und dachte: heilige Scheiße.

Sie haben die Ideologie Reagans doch nicht ohne Absicht bedient.

Ich glaube, dass es sich dabei um ein Missverständnis handelt.

Inwiefern?

Schauen Sie, diese Filme, sie waren in gewisser Hinsicht: Cartoons. Wie »Tom & Jerry«. Ich war die Maus, die Russen war'n die Katze.

Na ja, selber schuld, oder?

Aber natürlich. Die Schuld habe ich zu tragen. Ich habe vernachlässigt, was ein Filmemacher und Schauspieler niemals vernachlässigen sollte: gute Geschichten über Menschen zu erzählen, über ihre Hoffnungen, ihre Sorgen, ihre Komik, über ihre gottverdammte Würde. Gute, spannende Filme. Und auch Actionfilme können Würde atmen, oder?

Gewiss.

Gut – aber ich? Ich bin damals rumgerast wie Caligula. Oder wie Nero. Durch meine Filme. Und auch durch mein Leben. Ich hab's abgefackelt.

Sie waren ...

Ich war ein Idiot. Wenn Sie's genau wissen wollen. Aber in Amerika bekommt jeder wieder seine Chance.

Waren Sie Republikaner?

Nein.

Sind Sie einer?

Nein.

Na? Ehrlich?

Sie sitzen hier einem Kerl gegenüber, der keiner Partei angehört.

Politisch flexibel.

So ist es.

Heißt zum Beispiel?

Spiegelt sich die ursprünglich schöne Aufbruchstimmung der Carter-Ära, das erste Licht nach dem Trauma Vietnam womöglich im ersten »Rocky«-Film? Ich meine, dass sie das tut! Fand ich andererseits, dass Reagan ein starker Präsident war? Ja, ich gestehe. George W. Bush? Nein! Und das habe ich auch schon gesagt, bevor alle auf ihm rumhackten. Er tut unserem Land nicht gut. Und er hat falsche Entscheidungen getroffen.

Sie drehen jetzt bald tatsächlich einen finalen »Rambo«, richtig?

Richtig. Ich muss.

Sie müssen?

Vertrag. Ich schulde der Filmfirma noch einen. ... Aber die werden sich wundern.

Wieso?

Weil John Rambo da als verbitterter alter Atheist herumsitzt, er hasst die Welt, Amerika, sich selbst und am meisten: Gott. Die Religion wird eine große Rolle spielen und was sie anrichtet.

Wen wird er retten?

Sich selbst. Das ist die Essenz: Er musste die Welt retten – aber wird er jetzt die Kraft haben, sich selbst zu retten, sein eigenes verratenes Leben?

Wie hätte der junge Rambo heute agiert?

Weiß nicht. Er hätte Saddam auf der Eröffnungsparty des »McDonald's«-Restaurants in Bagdad aufgespürt und ihm die Rübe weggeblasen! So was in der Art. Oder? Na, vergessen Sie's.

Mister Stallone, auch das Amerika aus »Rocky VI« ist sehr düster.

Ich sprach eben davon. Ein kaltes Land. Die Sonne kommt nicht mehr durch die Wolken. Rocky und Rambo sind zwei einsame Biester. Wir haben von denen Millionen auf den Straßen rumstehen.

Ist alles vergleichbar mit der Stimmung, als Ihr Land in Vietnam verlor?

Die Lage ist finsterer. Ja, die Stimmung ist noch finsterer als damals. Das Land ist, wie damals, in seiner Seele schwer verletzt. Aber die Niederlage in Vietnam war überschaubar. Jetzt ist sie es nicht. Wir hätten aus Vietnam was lernen sollen. Haben wir aber nicht. Es ist fatal. Derweil sieht es in den Straßen dunkel aus, wir lassen die einfachen Leute einfach durch den Rost fallen.

Ihr alter Freund Schwarzenegger ist ein erfolgreicher Gouverneur in Ka- lifornien, Führer des fünftgrößten Wirtschaftsgebiets der Welt. **Und er ist Republikaner.**

Wir treffen uns jeden Samstag.

Wie bitte?

Jour fixe. Jeden Samstagnachmittag, wenn möglich, treffen wir uns zu Kaffee und Zigarre. Sie wissen, dass er ein ungewöhnlicher Republikaner ist.

Teilen Sie seine Ansichten?

Nicht alle. Aber einige. Arnie ist ein guter Gouverneur. Seine Umwelt-, Gesundheits-, seine Wirtschaftspolitik, alles vorbildlich. Mag er nun rechts oder – für einen Republikaner – superlinks sein, spielt's denn eine Rolle? Nein.

Er weigerte sich vor einem Jahr, einen geläuterten Todeskandidaten zu begnadigen. Wenn wir über Würde sprechen.

Das weiß ich. Aber ihr solltet euch in Europa kein zu enges Bild von Arnie machen. Er ist ein kluger Mann. Und ein Gouverneur, dessen Umweltpolitik zum Beispiel innovativer ist als alles, was man da bisher gesehen hat, womöglich auch bei euch. Er hat Tookey Williams nicht begnadigt, ich weiß. Er hat viele andere begnadigt. Aber nicht Tookey Williams.

Mister Stallone, Sie haben im Kino so viele Leute umgenietet. Ich frag mal: Sie selbst – für oder gegen die Todesstrafe?

Ich? Dagegen! Sie ist würdelos. Und sie löst keine Probleme. Ja. Mmh …

Was?

In meinem Film »Demolition Man« wurden die Mörder nicht hingerichtet. Da haben wir sie stattdessen tiefgefroren! Sie lebten im Prinzip. Aber sie waren steif wie Brathähnchen aus der Kühltruhe! Na, jetzt lachen Sie. Das geht leider nur im Kino, was?

Ich lach auch deswegen: Wenn man mir 1987 gesagt hätte, dass Schwarzenegger 2007 Gouverneur in Kalifornien ist und sich für umweltschonende Autos einsetzt und dass ich zeitgleich mit Ihnen über Liebe und Würde und so was rede, ich wäre ohnmächtig geworden.

Sehen Sie, it's never over until it's over.

Ihre Agentin da drüben winkt zum Ende, jetzt müssen wir leider aufhören. War mir eine große Freude. Ah, eine Frage noch: Kann man mit 40 noch Boxen lernen?

Na klar! Bob Dylan ist in ein paar Jahren schon 70. Und der boxt immer noch.

Bob Dylan boxt? Niemals!

Bob Dylan boxt.

Sie erzählen mir Märchen.

Bob Dylan boxt! Bob Dylan hat sein eigenes Gym. Zwischen Santa Monica Beach und Venice – und da boxt er. Ich schwörs. Kennen Sie seinen Song »Who Killed Davey Moore?« Eine Boxerhymne. Ich verehre Bob. Sie wollen boxen?

Also, wir müssen jetzt Schluss machen, Ihre Agentin ...

Nein, sagen Sie mal!

Ein lieber Kollege hat bei »Gleasons« in New York trainiert. Er wohnt jetzt in München und nimmt mich demnächst zum Training mit. Ich freu mich schon!

Wow, man sagte mir schon, dass Sie von einer interessanten Zeitung kommen.

Super Zeitung!

Also, »Gleasons« ist ein sehr guter Club. Nehmen Sie sich also vor Ihrem Kollegen in Acht! Immer das Gesicht schützen! Arbeiten Sie an Ihrer Kondition und Beweglichkeit, okay? Sie haben lange Arme, wie ich sehe: ein großer Vorteil. Sie werden ein guter Boxer. Ja, ich denke, wenn er Sie ein wenig trainiert, werden Sie Ihrem Kollegen bald eine ballern!

INTERVIEW MIT KLAUS LEMKE

KLAUS LEMKE

»Der deutsche Film? Eine einzige Mäusekatastrophe!«

Klaus Lemke wird 1940 geboren und wächst in Düsseldorf auf. Er ist spätestens seit seinem grandiosen Film »Rocker« (1972) einer der gradlinigsten Filmemacher Deutschlands und: der lustigste. Gemeinsam mit Rainer Werner Fassbinder gehörte er zu einer Gruppe von Filmemachern, die München unsicher machten – und verunsicherten. Zu seinen bekanntesten Filmen gehören: »Amore« (1979, mit Cleo Kretschmer und Wolfgang Fierek) und »3 Minuten Heroes« (2005). Lemke dreht oft in Hamburg und lebt aber nach wie vor in München.

Zum Gespräch treffen Rebecca Casati und ich unseren Lieblingsregisseur im Sommer 2005 in einem Lokal in München-Schwabing. Der ist da bald 65? Nicht zu glauben. Drahtig, blaue Augen, tiefe Stimme und, zweifelsfrei, die Nase eines Boxers. In dem Lokal wird dann alles gleich mal so lustig, dass das Interview dringend verschoben werden muss. Auf den nächsten Tag. Und vorsichtshalber: in die Redaktion. Einer der schönsten und heitersten Interviewtermine, an die ich mich erinnern kann. Großer Spaß.

Klaus Lemke, reden wir über Geschichten! Wie beginnen bei Ihnen Filmdreharbeiten?
Wenn alle da sind, geht's los. Da darf man nicht lange fackeln mit Stellproben und so. Ist das der Anfang vom Interview?
Wir fackeln auch nicht lange.
Das ist gut. So ist das gut.
Wir haben uns noch mal alte und neue Filme von Ihnen angeschaut, zum Beispiel die mit Ihrer Muse Cleo Kretschmer – aber auch mit Ihren neuen Musen ...
... Annika, Julia, aaah, wunderbar, sie sind schön, sie saugen mich aus, ich liebe sie, sie lieben mich. Natürlich.
Wie kommen Sie immer noch an diese schönen Mädchen?
Nun, schön? Sie sind erst mal nur interessant. Schön werden sie erst durch mich! Das wissen die auch. Sie sind

klug. Sie nutzen mich aus. Sie machen ihr Ding.
Sie arbeiten mit Jungs und Mädchen, die Sie auf der Straße oder in Cafés aufgabeln. Man muss, wenn man sich durch Ihr Werk schaut, sagen: Die Mädchen in Deutschland haben sich verändert, oder?
Die sind tougher geworden. Und sie wissen immer noch, dass sie durch mich die Geschichte ihres Lebens erzählen können. Das ist gut so. Das gehört zum großen Lemke-Vampir-System.
Ist es auch ein Fehler manchmal?
Ein Fehler der Mädchen?
Nein, Ihr Fehler, sich da ständig ausnutzen zu lassen von diesen tollen Frauen.
Ich kann mich eh nur auf meine Fehler verlassen! Aber das Lemke-Vampir-System geht seit vielen Jahren so: Du saugst mich aus, ich sauge dich aus.

Ich bin ein deutsches Traditionsunternehmen.

Und die Jungs? Richtig, dass Jungs blöder sind als Mädchen? Weniger strategisch? Einfach, ja, dümmer halt?

Bei den Jungs ist es immer noch so, dass ich denen den Arsch aufreißen muss. Das sind Typen, die haben als DJ oder Autoschlosser gearbeitet, oder die hatten eine Festanstellung als arbeitsloser Jammerlappen. Nun kommt der Lemke und macht mit denen ein' Film. Bis zum dritten Drehtag finden die das schonungslos aufregend. Dann aber haben sie all ihren Freunden erzählt, dass sie in einem Film mitspielen. Schon verlieren sie die Lust. Die Mädchen haben da schon gecheckt, wie die Karriere weitergehen könnte. Ja, Jungs sind blöder als Mädchen. Was schlecht ist, denn eine Gesellschaft ohne starke Jungs ist dem Untergang geweiht.

... und ohne starke Mädchen?

Mädchen brauchen starke Jungs. Sie wollen kleine Prinzessinen sein. Natürlich bestreiten sie das. Das ist ja das Süße.

Würden Sie nicht doch mal gerne mit richtigen Schauspielern drehen?

Die Antwort ist: nein.

Wieso nicht?

Schauspieler sind irre langweilig, finden Sie nicht? Das ganze System dahinter ist so entsetzlich langweilig. Dass die sich da einen Stoff überstülpen, der nicht ihrer ist, sich zum Sklaven eines Regisseurs machen und dann über ihre Figur schwätzen, wie sie die angelegt haben, wie sie sich da in was reingelesen und sich was angeeignet haben. Sinnlos und prätentiös. Ich interessiere mich nicht für Schauspieler. Ich brauche richtige Menschen. Menschen mit Geschichten.

Sie haben früher mitunter mit berühmten Schauspielern gedreht. Und einige auch entdeckt, Iris Berben und ...

... aber es war schon immer ein Problem für mich. Ich erinnere mich noch an diese Sachen, »Negresco«, mit Ira von Fürstenberg, 1967, da stand man da stundenlang am Set rum, bis die Beleuchtung stimmte und so ein Scheiß, und eigentlich habe ich mich für die kleinen süßen Mädchen mit den aufgeweckten Gesichtern, die uns da begafften, ich hab mich für die mehr interessiert als dafür, ob Ira von Fürstenberg meinen Anweisungen folgt oder nicht. Dieses Film- und Schauspielergetue ist peinlich prätentiös.

Werden Sie sich den neuen Film von Wim Wenders anschauen?

Weiß ich gerade überhaupt nicht. Wendersfilme muss man ja überstehen ...

Überstehen?

Wie die Masern.

Warum wollten Sie als junger Mensch Filmregisseur werden?

Amerika natürlich! Geschichten erzählen wie die Amerikaner. Ich fand Amerika so derartig cool, dass ich gerne in Vietnam einmarschiert und gleichzeitig dagegen protestiert hätte. Ja, ich wollte Geschichten erzählen wie die Amerikaner.

Und wie geht das?

Indem man cool ist.

Wie ist man cool?

Indem man ein Junge ist und indem man wie alle Jungs ist: unironisch.

Haben Sie Cleo Kretschmer und Wolfgang Fierek unironisch geliebt?

Ironie ist furchtbar. Nicht alles, was komisch ist oder sein kann, ist ironisch, verstehen Sie? Komik ist was anderes.

Ist Deutschland uncool?

Da kriegen Sie jetzt eine knappe Antwort: Exakt seit letztem Sonntag finde ich Deutschland nicht mehr uncool.

Wieso nicht?

Na hört mal! Wie der Schröder mal eben mit der Winchester die Tauben vom Dach schießt, das war schon eine große Nummer! Der lässt die Merkel da falsch rumstehen. Die wusste ja erst mal nicht, was sie sagen soll, liest da das alte Zeug vom Zettel ab, die Rede von vorgestern. Sie hätte nur sagen müssen: »Herr Schröder, danke, Neuwahlen, darauf haben wir nur gewartet!« Wär sie die Größte gewesen … Aber er war größer.

Mögen Sie Schröder?

Er ist ein Supermacho, ich finde das phantastisch. Das war ja seine ureigene Idee, der ganze Wahnsinn mit Vertrauensfrage und Neuwahlen. Was für ein Schrei der Begeisterung durch das Land ging. Alles wird den Leuten heute so untergejubelt – von den einen Langweilern wie von den anderen Langweilern –, plötzlich geht der Häuptling hin und sagt: »Guten Abend, ich hab die Schnauze übrigens genauso voll wie ihr, ihr dürft noch mal abstimmen, aber diesmal ist wirklich High Noon!« Groß, finde ich.

Er wird im Herbst untergehen.

Aber mit Sex-Appeal.

Was ist Coolness?

Cool ist ganz klar, was ein Mann an seinen schlechten Tagen macht.

Wo ist die Coolness?

Die Coolness ist in der Sprache. Ich meine das ohne jede Underground-Attitüde oder so etwas. Ich hasse Underground und unbequem sein und diesen akademischen Mist. Es geht um Sprache, dass wir endlich ein Deutsch haben, das dem Ungefähren des Englischen gleichkommt.

Deutsch ist erst mal keine coole Sprache.

Deutsch ist alles Mögliche, aber nicht cool. Es sei denn: Du gehst ins Milieu. Das Schwabing der 60er-Jahre war so ein Milieu. Die Mädchen und Jungs sind auch heute cool, die unstudierten.

Es muss doch ein paar coole Schriftsteller aus Deutschland geben …

Das ist schlimmes Kunstgewerbe, wenn man das mal durchdekliniert, oder? Immer so im Preisträgerstil. Bei den Schriftstellerinnen geht's um Mami, Migräne und Magersucht. Bei den Jungs um die neue Nation, diese gekämmten Jungs da heute im Feuilletonbetrieb, das sind so ganz besonders rebellische Klappstühle. Aber der frühe Wondratschek war cool, der Peter F. Brinkmann war cool, großartig – aber er war mir auch zu depressiv, ich möchte da nicht immer dieses Gejammer um mich haben. Das Milieu in Hamburg ist cool. Der Kiez. Die Rocker. Das hat sich seit Ewigkeiten nicht verändert.

Woran liegt das?

Hamburg ist eine Stadt am Hafen. Richtige Jungs gibt es nur in einer Hafenstadt.

Zur Schule gingen Sie in Düsseldorf …

… hat auch einen Hafen.

Also, die Sprache des Kiez …

… die Mädchen und Jungs in Hamburg sprechen dieses sehr feine Rockerdeutsch, das sind nur so ein paar Strichcodes, die blendend schön klingen!

Das hafenlose München hatten wir …

… München ist immer noch sexy, natürlich, aber ich hab die Stadt jetzt 40 Jahre lang abgefilmt, da geht nichts mehr. Die Frauen in München sind natürlich immer noch absolut hochgefährlich.

Inwiefern?

Sie sind schön. Sie sind Risikomaterial. Und sie sind im Streubesitz.

Was ist mit Berlin?

Berlin?

Ja, schon davon gehört? Die Hauptstadt.

Berlin ist gar nichts. Neowilhelminischer Unsinn. Eine Steinwüste. Was für verwirrte Söhne, verspannte Töchter.

Schauen Sie viel fern?

Ich habe kein' Fernseher in München. Wenn ich in Hamburg drehe, schaue ich fern, im Hotel. Und ich gehe an fast jedem freien Tag ins Kino. Ich mag diese französischen Ehefilme, mit diesen künstlichen Dialogen, immer dasselbe. Amerikanische Filme, immer noch …

… der neue Wendersfilm spielt doch in Amerika, oder?

Keine Ahnung. Wieder die Masernfrage! Ihr seid wirklich richtig lustig.

Was wir von Ihnen eigentlich wissen wollen, wieso so viele deutsche Filme so langweilig sind und so dick auftragen.

Ich denke da nicht drüber nach. Nicht mein Problem, euer Problem, oder?

Und Ihre Filme finden wir hingegen nicht langweilig, sondern aufregend und manchmal auch traurig – oder auch sehr lustig. Drum sitzen wir heute hier.

Also gut, ich kann ja nur sagen, wieso ich das alles so langweilig finde.

Die Typen sind so fad, oder?

Figuren wollen erraten und nicht erklärt werden. In den meisten Filmen, zumal den deutschen, muss man sie aber nicht erraten, weil sie ja ständig erklärt werden. Die Figuren sind da, um die Mechanik eines – leider meist ziemlich blöden – Plots am Laufen zu halten. Und daran, dass sie ständig erklärt werden, merken Sie, dass die Leute, die den Film gemacht haben, den Plot vorher bei zig Gremien einreichen mussten. Und jedes Gremium hatte noch Fragen und Wünsche, bis die Figuren dann am Ende – also in der 120. Drehbuchfassung – so übererklärt sind, dass du den Film vergessen kannst.

Seit vielen Jahren drehen Sie nur mit Laien. Ist das der Kniff fürs Amüsement? Oder sind bei den anderen Filmen einfach die Drehbücher so ein Mist?

Vieles ist Mist. Originär deutsche Filme haben ja noch schlimmere Dialoge als amerikanische Filme, die nur schlecht auf Deutsch synchronisiert wurden. Dann ist da das ganz große deutsche Ding: der Subventionswahnsinn! Diese Subventioniererei macht aus jedem Film ein erstklassiges Begräbnis. Man sollte diesen Subventionshaushalt sofort stoppen, nicht nur beim Film, auch beim Theater. Auf diese Art entsteht ein fettes Versorgungssystem. Aber keine Kunst, die es ernst meint – und die sich von selbst ihr Publikum sucht.

Sie haben gut reden.

Sowieso hab ich gut reden.

Ihre Filme sind preiswert!

Ja, und wieso nur meine? Den anderen musst du sagen: Mensch, mach halt einen etwas kleineren Film, aber mach deinen Film! Wenn wir den Filmförderungswahnsinn über Nacht abschaffen, sind wir in zwei Jahren das kreativste und erfolgreichste Filmland in Europa.

Ein paar Leute wären dann arbeitslos.

Ihr habt mich gefragt, wieso diese Filme so langweilig sind.

Was ist schlecht an Subventionen?

Wenn man Geschichten fürs Publikum macht und die mit Steuermitteln finanziert, ist der Wurm drin. Jeder weiß es, keiner ändert es, weil es offenbar immer noch zu wenige Drehorte gibt, wo sich betrunkene Beleuchter, keifende Aufnahmeleiter und hysterische Schauspielerinnen neben dem Sixt-Budget-Lastwagen ihre dicken Beine in den Bauch stehen.

Nun ja, die Leute müssen doch was verdienen, also nicht alle Filme …

Na, ich weine gleich. Was hat das den Steuerzahler zu interessieren, dass der Regisseur für zwei geschiedene Frauen und sechs Kinder aufkommen muss, der Vollidiot … Nein, nein, meine Lieben!

Die Filme sind Kompromiss-Bastarde?

Natürlich. Wenn du dich ständig hübsch machen musst für die Fördergremien, hier antichambrieren, da

rumschleimen, das Drehbuch acht-
mal umschreiben, um auch das neunte
Gremium zu überzeugen: Danach bist
du natürlich so mit den Nerven fertig,
dass du im Ernst nicht auch noch einen
guten Film drehen kannst. Es geht da
immer um die größte aller Jungsfragen:
Mann oder Maus?

**Dem deutschen Film fehlen Män-
ner?**

Eine einzige Mäusekatastrophe.

**Was kostet ein Lemkefilm? Zum Bei-
spiel so einer wie »3 Minuten Heroes« oder »Träum weiter, Julia!«**

Ein Lemkefilm in Hamburg kostet unter 50 000 Euro. Ein Lemkefilm im
Ausland kostet unter 100 000 Euro.

**Das strecken Sie vor – und verkaufen
den Film später an einen Sender, wie
jetzt zum Beispiel an den WDR?**

So ist es.

Davon kann man leben?

Ich mach noch ein paar Werbefilme,
ja, insgesamt kann man dann prima leben.

**Ein großer Spielfilm ist unter vier
Millionen Euro kein großer Spielfilm.**

Aber um das Geld zusammenzukrat-
zen, muss man Sachen machen, die
furchtbar sind. Will ich nicht. Ergo:
keine Gremien, keine Schauspieler,
keine Kosten.

**Was ist für Sie eine gute Geschich-
te?**

Ich gehe auf die Straße und schaue den
Leuten die Geschichten aus den Augen
ab. Ich habe dann eine Geschichte im
Kopf, mehr ein Handlungsgerüst, da
baue ich diese Leute dann ein.

**Woran merken Sie, dass jemand eine
so interessante Geschichte mitbringt,
dass Sie den in einen Film einbauen
wollen?**

Wenn einer als Typ so stark ist, dass
ich auf dessen Stärke eifersüchtig bin,
baue ich den in eine Geschichte ein.
Und wenn ich ein Mädchen sehe, die
etwas draufhat, das mir abgeht, dann
will ich die haben. Wie gesagt: Ich
sauge die aus. Und die mich natürlich
auch.

Das Lemke-Vampir-System.

Und das Voodoo-Economic-System: Jeder bekommt 50 Euro am Tag, egal ob er
die Kamera bedient oder ein Mädchen
drei Sätze sagt oder ein Typ 20.

**Wie erkennen Sie, dass jemand eine
gute Geschichte hat? Was für Fragen
stellen Sie den Leuten?**

Keine Fragen! Bei den Jungs schaue ich
mir die Freundin an. Wenn ich sehe,
wie die ihn dirigiert, lerne ich mehr
über den, als wenn er mir da erzählt,
was für ein heißer Typ er ist. Und bei
den Mädchen schaue ich in den Klei-
derschrank.

Wieso das?

Ich frage nach ihrem Lieblingskleid.
Und warum das ihr Lieblingskleid ist.
Schon kommt die Geschichte. Das
funktioniert immer, schon seit zig Jahren.

Wozu brauchen wir Geschichten?

Verführung halt. Man geht anders raus, als man reinkommt ins Kino. Dein Herzschlag ist wieder okay, wenn du dir einen Leone angesehen ist. Die Dinge sehen wieder besser aus. Oder?

Ja, das stimmt. Aber auch das Leben?

Nun, man denkt das immerhin. Ich brauche Bücher, ich brauche Filme. Ich krieg sonst die Frage nicht beantwortet, die ich mir – mit maliziösem Lächeln natürlich – täglich selbst stelle!

Wie lautet diese Frage?

Lemke, hast du den Fuß in der Tür oder bereits wieder den Kopf in der Schlinge?

Und?

Und jetzt machen wir mal Schluss.

INTERVIEW MIT

J. J. CALE / ERIC CLAPTON

J. J. CALE / ERIC CLAPTON

**»Wir sind nicht für immer hier, oder?
Wir sind irgendwann wieder weg. Wir sind
Wasser in einem Fluss. Das Wasser ist, wenn
wir Glück haben, sauber, es sind ein paar
Fische drin, es fließt vorbei, dann ist es weg,
neues Wasser kommt. So ist das Leben.«
(J. J. Cale)**

*Der Engländer Eric Clapton, geboren am 30. März 1945, und der Amerikaner
J. J. Cale, geboren am 5. Dezember 1938, gehören zu den einflussreichsten Song-
schreibern und Gitarristen der Musikgeschichte. Clapton gelangte nicht nur als
Kopf wechselnder Formationen, als stilbildender Gitarrist und als Gastmusiker
von Bands wie den Beatles (»While My Guitar Gently Weeps«) zu Ruhm – sondern in dunkler Hinsicht auch durch Affären und Tragödien, wie durch den Tod
seines 4-jährigen Sohnes Connor, der 1991 in New York aus dem Fenster eines
Hochhauses fiel. Seine Sucht brachte Clapton mehrmals fast um.*

*J. J. Cale führte ein Leben in relativer Abgeschiedenheit, produziert dabei bis heu-
te viel gelobte Platten im Tulsa-Sound, an dem sich Musiker und Bands – nicht
zuletzt Clapton – früh ein Beispiel nahmen. Beide haben 2007 erstmals zusammen ein schönes Album eingespielt. Es heißt »The Road To Escondido«.*

Vorm Four Seasons in Beverly Hills schaukeln im November 2006 Palmen im Sonnenwind. Die zwei Herren, die in T-Shirt und Jeans herbeispaziert kommen, hatte man sich stiller vorgestellt. Clapton hat einen Händedruck wie ein Gewichtheber und eine Stimme, mit der er ohne Mikro die Hollywood Bowl beschallen könnte. Der Oklahoma-Akzent des Harry-Dean-Stanton-haften J. J. Cale leiert durch den Novembersommer wie ein betrunkener Seevogel. Die beiden sind nicht nur gut gelaunt, sie sind regelrecht aufgekratzt vor Freude, vermutlich vor allem darüber, dass sie ein paar Tage gemeinsam in der Sonne sitzen dürfen, bevor Clapton zur Tour nach Japan weiterfliegt. Ich mag Doppelinterviews nicht, denn es besteht die Gefahr, dass sich der eine Künstler darauf verlässt, dass dem anderen Künstler schon was Gescheites einfällt. Einige Doppelinterviews habe ich deswegen nie abgedruckt. Mit diesen beiden Herren hier war es hingegen mächtig unterhaltsam.

Mister Clapton, auf wann datieren Sie Ihre erste Erinnerung an J. J. Cale?

Clapton: 1970? 1971? J. J. hatte zwei Singles rausgebracht. Eine Sensation. Ein cooler, unbeeindruckter Sound. Die erste war »After Midnight«, auf der B-Seite war »Slow Motion«. Die zweite war »On The Outside Looking In«, und auf der B-Seite, was war auf der B-Seite?

Cale: Keine Ahnung. »In My Time«?

Clapton: Du musst es doch wissen.

Cale: Was ich vor allem weiß: Ich hab damals nicht zwei Singles rausgebracht, sondern drei. Hörst du? Drei Singles.

Clapton: Drei? Nein. Zwei.

Ist ja nicht so wichtig, jedenfalls …

Clapton: Es waren drei?

Cale: Yep. Und die erste war auch nicht »After Midnight«, wie du gerade sagtest. »After Midnight« war die zweite. Die erste hast du vergessen: »Dick Tracy«!

Clapton: »Dick Tracy«?

Cale: »Dick Tracy«.

Clapton: Was ist das denn?

Cale: Ein Song, Mann.

Clapton: Kennen Sie den? »Dick Tracy«?

Ist das nicht ein Film?

Clapton: J. J.! Er kennt ihn auch nicht, niemand kennt ihn!

Cale *(singt)*: Dick Dick Dick Dick – DICK TRACY! Dick Dick Dick Dick …

Clapton: Ahahaha! So geht der Song?

Cale: Der Refrain! Ein guter Song. Der große Leon Russell hat ihn produziert.

Clapton: Ein Witz! Lassen Sie sich nicht hochnehmen, er will Sie verunsichern!

Ich glaub auch, also ich …

Cale: Kein Witz, Mann. Irgend so 'n Sammler wird die Single noch haben.

Clapton: Das Lied gibt es nicht! Ich kenne jeden verdammten Song von dir, J. J.! Wir sind auch all deine Songs jetzt für die Platte noch mal durchgegangen.

Cale: Bis auf »Dick Tracy«.

Ich kenn ihn jedenfalls auch nicht.

Clapton: Spielst du ihn mir mal vor?

Cale: Ich spiel ihn dir mal vor.

So. Und jetzt wüsste ich gerne …

Cale: Eric, du musst unserem Freund hier jetzt mal seine Frage beantworten.

… was Sie an Cale so fasziniert hat.

Clapton: Oh, ich kann das kaum analysieren. Es ist dieser cool schwebende Sound. »After Midnight« hat mich vom ersten Ton an ins Herz getroffen. Drum habe ich den Song dann auch gecovert.

Mister Cale, ist der Ruhm zwischen Ihnen beiden ungerecht verteilt?

Clapton: Yeah. Richtige Frage.

Cale: Ich bin dran. Also, die Antwort ist: Nein. Ich meine, was ist Ruhm?

Alle kennen Ihre Songs, »Cocaine« ist der vielleicht berühmteste Gitar-renriff der Welt – aber kaum einer kennt Ihr Gesicht.

Cale: Mann, wozu sind wir hier?

Jetzt gerade, hier in Beverly Hi…?

Cale: Auf der Welt! Wir sind nicht für immer hier, oder? Wir sind irgendwann wieder weg. Wir sind Wasser in einem Fluss. Das Wasser ist, wenn wir Glück haben, sauber, es sind ein paar Fische drin, es fließt vorbei, dann ist es weg, neues Wasser kommt. So ist das Leben. Sie mögen meine Songs. Eric mag meine Songs. Wenn das Wasser weg ist, bleibt also was: meine Songs. Sie hören sie. Eric hört sie. Ich hab Glück gehabt. Ich kann sagen: Das Wasser rauscht vorbei, und ein paar Songs werden bleiben.

Ihr Kumpel hier, Mister Cale, ist sehr reich geworden – auch mit Ihren Songs.

Cale: Nicht nur er, mein Lieber.

Sie haben Tantiemen kassiert.

Cale: Nicht zu knapp, nicht zu knapp. Es gibt dümmere Arten, zu Geld zu kommen, das kann ich Ihnen sagen.

Stimmt es, dass Sie sich von dem Geld, das Sie plötzlich bekamen, statt eines Hauses einen Wohnwagen kauften?

Cale: Einen schicken neuen! Ich hab schon immer im Wohnwagen gelebt. Zunächst, weil es billig war. Später, weil man abhauen konnte, wenn man wollte.

Clapton: Kennen Sie die Geschichte mit dem Geld? Keiner kennt die!

Cale: Oh, Eric, lass gut sein.

Clapton: Doch, sie ist großartig!

Bitte!

Cale: Ach nein …

Clapton: Doch, sie sagt viel über Ruhm aus. Jeder hat sein Bild von Ruhm. Das Bild, das J. J. abgab, es war sensationell.

Also?

Clapton: Erzähl unserm Mann aus Deutschland, wo das Geld war!

Cale: Ich hab's zwischen die Wände im Wohnwagen gestopft, Mann.

Wie bitte?

Cale: Es musste ja irgendwohin.

Gott, es muss viel gewesen sein!

Clapton: Die Tantiemen für »Cocaine«? Viel ist kein Ausdruck! J. J. hat's in die Hohlräume gestopft. Als eine Art Dämmmaterial. Kein Dieb hätte das gefunden. Der Wohnwagen war eine einzige und immense Geldbombe, verstehen Sie?

Hatten Sie kein Konto, Mister Cale?

Cale: Nein. … Also, es war so: Die Plattenfirma ruft an: Mr. Cale, wir haben hier Tantiemen für Sie, ein Haufen Geld, wenn Sie uns fragen. Ich: Fein, ihr lieben Freunde aus der Abteilung Erlöse und Gewinne, tut es in einen Koffer, ich hol ihn ab! Sagen die: Wir brauchen ein Konto, wo wir's hin überweisen können. Also fahre ich zur nächsten Bank. Ich sage: Guten Tag, ich brauch ein Konto. Der junge Mann in der Bank schaut mich an: Ihr Wohnsitz? Ich sag ihm, ich hab keinen Wohnsitz, ich leb im Wohnwagen, immer auf Rädern, mein Freund …

Und dann?

Cale: Sagt er: Kein Wohnsitz – kein Konto. Ich hab mir gedacht: Okay, Arschloch, du weißt ja gar nicht, was dir da entgeht. Ich hab die Plattenfirma also überzeugen müssen, mir das Geld in bar auszuzahlen. Ich hab den Banken eh nie getraut. Ich musste das Geld jetzt nur gut verstecken. Damit es nicht irgendein Idiot mitnimmt, wenn er sich meinen Wohnwagen von innen anschaut.

Mister Clapton, haben Sie J. J. mitunter um seinen speziellen, eher stillen Ruhm beneidet? Um seine Unabhängigkeit?

Clapton: Das wollte ich gerade sagen. Natürlich habe ich das. Schauen Sie, er ist ein sensationeller Songschreiber und Musiker – und er hatte im Gegensatz zu mir seine Ruhe. Ich meine, die Leute schrieben in London auf die Hauswände: »Clapton ist Gott.« Ich dachte: Ich? Gott? Seid ihr jetzt alle verrückt geworden?

Sie berühren die Menschen.

Clapton: Aber: Gott? Das war die ultimative Phrase. Niemand ist Gott, nicht mal der Papst, der ist nur der vice president.

Sie wollten den Ruhm – und Sie wollten ihn nicht. Richtig?

Clapton: Nein, ich wollte mit absoluter Sicherheit immer der verdammt noch mal beste Gitarrist sein! Das wollte ich! Ich freue mich bis heute, dass viele Menschen meine Musik hören und meine Konzerte besuchen. But it's a musician's thing, you know?! Es geht um die Musik. Ich habe nie den Kult um meine Person bedient.

Mister Cale, wie würden Sie den Unterschied in der Anerkennung definieren?

Cale: Mmh, sagen wir so: Eric wird geliebt, er wird wirklich verehrt, heute ja sogar noch mehr als früher, wenn wir mal richtig hinschauen. Bei mir war es nie Liebe. Es war aber Respekt. Wenn Eric Clapton deine Songs covert und die werden erst monströse Hits und dann Klassiker, man fühlt da Respekt.

Wieso gründet Ihr Ruhm nicht auf Liebe?

Cale: Oh, noch keine Sekunde drüber nachgedacht. Vielleicht war mein »After Midnight« ein bisschen folky? Oder Eric hat das nettere Gesicht? Eins von beiden!

Sind Sie nicht auch nett?

Cale: Ich kann ein bisschen still und zynisch sein. Ich hab auch nie Lust auf, eeeh, den ganzen Unsinn gehabt.

Was ist das – Unsinn – in diesem Fall?

Cale: Na, das Drumherum. Mein erster Manager wollte, dass ich einen weißen Anzug anziehe, immer schöne Interviews gebe und weiße Zähne und Gott, was weiß ich. Aber bin ich Liberace? Meiner Musik bekommt es nicht, wenn ich mich verkleide. Andere sollen das machen.

Jetzt gerade geben Sie ein schönes Interview, finde ich.

Cale: Ja, oder? Ist ja was anderes. Die Sonne scheint über Kalifornien. Mein alter Freund Eric ist hier. Kein Stress.

Gründet Ihr Image, dieses Einsamer-Cowboy-auf-seinem-Pferd-Image, am Ende auf einer gewissen Faulheit?

Cale: Mmh …

Clapton: Was? Jetzt aber, J. J.!

Cale: Ich hab 14 Platten gemacht, war viel unterwegs. Faul? Nein. Richtig ist, dass der Ruhm, wie wir ihn aus'm Fernsehen oder den Magazinen kennen, immer an mir vorbeiging. Ja.

Sie sollen mal gesagt haben, dass es, solange das Geld reinkommt – und das kam es ja bei Ihnen – bessere Dinge zu tun gibt als ausgerechnet: zu arbeiten.

Cale: Habe ich das gesagt?

Angeblich. Ganz sympathisch.

Clapton: Ich würd sagen, dass du es gesagt hast, J. J., es passt zu dir.

Cale: Finde ich auch. Also, wenn ich das gesagt haben sollte, so gehört es zu den besseren von den Sachen, die ich schon gesagt habe. Ich hab nie nach Ruhm gesucht. Ich hab nach Glück gesucht. Ich hab mein Glück gefunden. Und mein Glück besteht auch darin, in die Landschaft zu starren. Oder ein bisschen auf der Gitarre zu schrammeln.

Ihre überwundenen Drogen-, vor allem Alkoholprobleme, Mister Clapton: Waren sie eine Folge des un-

glaublichen Ruhms, der plötzlich über Sie hereinbrach?

Clapton: Das wird immer vermutet. Aber es stimmt nicht. Das liegt in der Familie.

Sie sind, was Sie erst spät erfahren haben, nicht bei Ihren Eltern, sondern bei Ihren Großeltern aufgewachsen.

Clapton: Vor allem ist es so: Mama und Papa waren Alkoholiker. Sämtliche Onkel und Tanten waren Alkoholiker. Und sämtliche Opas und Omas waren auch Alkoholiker. Alles reizende Leute, damals in Surrey. Und allesamt rund um die Uhr: totally fucked up. Besoffen.

Es war also normal.

Clapton: Ja. Die Uropas und Uromas übrigens auch. Mein Urgroßvater war Chef einer Landwirtschaftsgenossenschaft. Er war der Herr über die Geräte, die die Bauern brauchten. Der mächtigste Mann von Surrey. Auch er: stramm. Ja, die Claptons waren immer schon mächtig. Und dabei stets total besoffen.

Also hat der Ruhm nicht ...

Clapton: Hören Sie: Ich war schon mit 16 Jahren: a full blown alcoholic. War ich mit 16 berühmt? Nein. Ich kam mir nur so vor. Die Musik hat mich zunächst sogar gerettet. Ich verbrachte einfach nicht mehr so viel Zeit mit Saufen, weil ich so viel Zeit mit Üben verbrachte.

Cale: Hehehe ... aber der Teufel findet natürlich immer ein Türchen!

Sie spielten in jungen Jahren oft mit dem Rücken zum Publikum, angeblich, weil Sie derart auf Drogen waren, dass Sie nicht wussten, wo vorne und hinten ist.

Clapton: Auch so eine hartnäckige Geschichte, die nicht stimmt. Ich meine, natürlich war ich auf Drogen! Aber ich drehte mich vom Publikum weg, weil ich die Gesichter der Leute nicht sehen wollte. Ich kann das heute noch nicht. Ich schaue nie ins Publikum. Ich muss es auch nicht mehr, denn heutzutage werden Sie in den großen Hallen auf eine Art und Weise angeleuchtet, dass Sie erst zwei Stunden nach dem Konzert wieder die ersten Gesichter erkennen.

Was stört Sie an den Leuten?

Clapton: Nichts! Es ist keine Arroganz! Aber die Erwartungshaltung in den Gesichtern. Ich kann nicht damit umgehen, Leute ausflippen zu sehen. Oder wie da einer rumsteht, und ich denke: Was guckt der so angepisst?

Cale: Die Leute wollen gute Musik hören, Mann. Nicht angeschaut werden.

Sie haben diese Ängste, Mister Clapton?

Clapton: Es gibt Abende, an denen es weniger gut läuft, das sind Abende, an denen ich nicht bei der Sache bin, weil ich mir über andere Sachen Gedanken mache als über die Musik. Ich brauche meine Gitarre und meine Band, um mich zu konzentrieren. Keine Ablenkung.

War es cool, auf Drogen zu sein, damals?

Clapton: Ein guter Punkt! Die Leute sagten: Hey, der Arme! Er ist so sensibel. Er ist in Not. Er muss Drogen nehmen. Das war bullshit. Wenn Sie jung sind, haben Sie coole Vorbilder. Meine waren: Ray Charles, Charlie Parker, Billie Holiday. Alles Genies. Und: alle auf Heroin. Ein dummer, junger Mensch mit meiner Familiengeschichte rutscht da in eine Kausalität hinein, verstehen Sie?

Wie Pete Doherty heute? Ein lieber Junge aus gutem Hause, der plötzlich glaubt, man müsse, um ein dunkler Dandy zu werden, bei den Drogen Gas geben?

Cale: Pete wer?

Clapton: Doherty. Ein junger Kerl in England, J. J., kennst du nicht.

Cale: Er ist auf Drogen?

Clapton: Offenbar, ja. Klar, er hat seine Vorbilder. Es geht um einen Glamour, den es nicht gibt. Aber wie viele Artikel in der englischen Presse haben sich in den letzten Jahren mit der Musik seiner Band Babyshambles befasst – und wie viele mit seinem Drogenscheiß? Da haben Sie's, der Mist hält ihn im Gespräch.

Keiner lernt aus der Geschichte.

Clapton: Jeder zieht die falschen Schlüsse draus. Ich habe gedacht, Ray Charles sei ein Genie, weil er auf Heroin war. Konsequenz: Ich bin ein guter Gitarrist. Aber um ein Genie zu sein, muss ich mir die Rübe wegsaufen und

dann eine Nadel setzen. Neulich sagt mir ein Musiker: Eric, ich bin nur groß, wenn ich auf Heroin bin. Ich hab ihm gesagt: Wenn du nur auf Heroin ein großer Musiker bist, such dir einen anderen Job!

Cale: Hat noch nie jemand was aus der Geschichte gelernt. Ich sag euch, was Geschichte ist: Der Wind kommt von rechts, und am nächsten Tag kommt er von links. Das ist Geschichte.

Und Alkoholismus ist wohl auch keine reine Musikerkrankheit.

Clapton: Nein, ich habe, wie Sie wissen, ein Zentrum für Suchtabhängige gegründet, darunter sind bekannte Menschen und Menschen von der Straße, Kinder und so weiter. Weiter oben: Generäle, Kardinäle, Schriftsteller, was weiß ich. Der Präsident der Vereinigten Staaten ist Alkoholiker. Ist er glamourös?

Sie glauben, er ist immer noch einer?

Clapton: Was weiß ich. Bevor er mich verklagt: George W. Bush ist kein Alkoholiker, ich hab mich trotz langer Erfahrung mit Alkohol und Alkoholikern wohl getäuscht. Und wenn er doch einer ist: Braucht er grad einen Drink!

Cale: Möge Gott seine schützenden Hände über sein Haupt …

… Mister Cale, Mister Clapton, Bob Dylan predigt seit einigen Monaten …

Cale: … Mann! Bob redet und redet, oder? Eine eigene Radiosendung, was ist in ihn gefahren? Eine Mission?

... er sagt, die großen Musiker aus den 20ern und 30ern und 40ern gelte es nun zu entdecken. Ist diesen Leuten zu wenig Ruhm widerfahren? Sie, Mister Clapton, spielen diese Songs immer wieder.

Clapton: Definitiv. Und um Ruhm geht es auch gar nicht. Es geht um den Reichtum in dieser Musik: Howlin' Wolf, Robert Johnson, wir haben viel zu entdecken.

Wieso kommt dieser Trend jetzt?

Clapton: Die moderne Popmusik hat eine Sättigung erreicht. Es geht inhaltlich nicht mehr richtig weiter, oder, J. J.?

Cale: Ich sehe das nicht negativ, sie hat sich halt verändert, die Musik, ist okay so, ist ja nicht schlechter. Aber: es ist physischer, technischer, effektreicher geworden. Der Punkt ist: Die Leute früher hatten diese Effekte nicht, nicht im Studio, nicht auf der Bühne. Es gab nur den Song und den Sänger. Wenn du keine Magie hattest, wenn du die Leute nicht durch die Melodie berührt hast, musstest du dich leider, leider erschießen. Heute kannst du's durch die Show retten. Da liegen Schätze auf dem Grund des Sees – Bob hat also recht.

Eine sehr konservative These, oder?

Cale: Konservativ? Mann, keine Ahnung.

Clapton: Schon, ja. Aber es ist nicht reaktionär. Bob zeigt den Leuten, dass sie in der alten Musik Sachen entdecken können. Es ist mehr eine Art Geschenk.

Wie heißt noch der kleine Mistkerl mit der Glatze, der da ständig herumsampelt?

Moby?

Clapton: Ja, macht ein Blues-Album, raubt die Musikgeschichte aus, legt Drum 'n' Bass drüber, und keiner erfährt, wo er rumgeräubert hat. Das ist Scheiße. So was macht man nicht. Das trägt auch zur Bildungsarmut bei.

Könnten Sie, Mister Clapton, ohne Ruhm noch leben?

Clapton: Wieso fragen Sie?

2001 gaben Sie in der Albert Hall in London Ihr Abschiedskonzert. Es endete mit einer umwerfenden Version von Judy Garlands »Somewhere Over The Rainbow«. Die halbe Halle hat geheult.

Cale: Eric!

Clapton: Ich danke Ihnen.

Zwei Jahre später waren Sie schon wieder auf Tour. Warum?

Clapton: Ich kann nicht aufhören. Ich hab schon mal den Rückzug verkündet.

Wann?

Clapton: Mit 17. Es hat natürlich keine Sau interessiert, mich kannte ja keiner. Ich habe es trotzdem verkündet. Mit 18 habe ich dann weitergemacht. Ich sollte es nicht noch mal verkünden.

Wieso können Sie nicht aufhören? Sie haben eine reizende junge Frau, Kinder.

Clapton: Weil ich komplett durchdrehe, wenn ich länger als zehn Tage an einem

Ort bin. Ich halt's nicht aus, verstehen Sie, ich muss dann weiter. ... J. J., sag ihm, was du mir gestern gesagt hast!

Cale: Ich hab ihm gesagt, er soll sich einen Wohnwagen zulegen. Dann muss er nicht immer 100 Leute und seine Familie mitschleifen, wenn er rumzieht.

Das Problem gerade ist: Die Dame von der Plattenfirma gibt mir Zeichen, wir haben sehr schlimm überzogen. Darf ich zwei Fragen noch abschießen?

Clapton: Ah, also kurze Antworten?

Ja, bitte. Also, erste Frage: Was ist das Geheimnis eines großen Gitarrensolos?

Cale: Ooooops – die Lebensfrage!

Clapton: Von J. J. habe ich es gelernt.

Was?

Clapton: Das Geheimnis. Es lautet: Mach es kurz! Fang pünktlich an mit deinem Solo und hör rechtzeitig wieder auf!

Sie haben sich nicht immer dran gehalten, als junger Musiker, oder?

Clapton: Ist das die letzte Frage oder eine Zusatzfrage zur vorletzten Frage vor der dann wirklich letzten Frage?

Zusatzfrage zur vorletzten Frage vor der dann wirklich letzten Frage.

Clapton: Ich habe mich nicht dran gehalten, da haben Sie recht. Ich sagte ja, es gehört zu den wunderbaren Sachen, die ich erst vom großen J. J. Cale lernte.

Wird man im Alter weise?

Clapton: Okay! J. J., was sagst du?

Cale: Nein, man wird nicht weise. Kommt einem nur so vor. Wieso kommt es einem so vor? Weil man senil wird! Hehehe!

Okay. Das war's.

Clapton: Ich muss hinzufügen, dass es bei der Senilität Ausnahmen gibt: J. J. und ich sind die Ausnahmen. Ich sag Ihnen meine Theorie. Wir alle haben einen Eimer mit Dummheiten, die wir im Leben begehen dürfen. Wenn wir den Eimer aufgebraucht haben, haben wir hoffentlich noch ein paar Jahre zu leben. Ohne diese Dummheiten. Wir haben sie ja aufgebraucht. Den Zustand, in dem wir dann sind, nennt man? Weisheit!

Cale: Wow! Deine sind aufgebraucht?

Clapton: Kann nicht anders sein. Es waren ziemlich viele, mein Lieber.

INTERVIEW MIT
LOUIS BEGLEY

LOUIS BEGLEY

»Ich könnte auch 18 Stunden schlafen pro Tag statt zu schreiben. Ich bilde mir nicht ein, dass es Amerika dann schlechter ginge.«

Louis Begley wurde 1933 als Sohn polnischer Juden geboren und flüchtete als Kind aus seiner Heimat mit einem Teil der Familie über Paris nach New York. Seine Großeltern väterlicherseits wurden von den Nazis ermordet. Er absolvierte 1959 sein Jurastudium in Harvard mit magna cum laude und trat in die berühmte New Yorker Kanzlei Debevoise & Plimpton ein, der er bis 2004 angehörte. Seit Anfang der 90er-Jahre – als sein Roman »Lügen in Zeiten des Krieges« erschien – gehört Louis Begley zu den wichtigsten Autoren in Amerika. Sein tragikomischer Roman »About Schmidt« wurde 2002 mit Jack Nicholson verfilmt. Sämtliche Werke Begleys sind in Deutschland im Suhrkamp Verlag erschienen. Begley ist dreifacher Vater und mehrfacher Großvater. Mit seiner zweiten Frau, der Historikerin Anka Muhlstein, lebt er in New York und Long Island.

Sommer 2006. Der Century Club an der 5th Avenue in Manhattan. Baujahr 1877. Hohe Räume. Schwere Regale, Bücher, Bilder, geschwungene Treppen. Der Lärm New Yorks, die Hitze – alles ist hier wie weggeschluckt. Louis Begley ist ein kleiner Mann und großer Gentleman. Er sitzt alleine in einem riesigen Raum im ersten Stock und wartet. Steht man an der Schwelle zu diesem Raum, sieht man ihn im Gegenlicht als Scherenschnitt in einem großen Ledersessel die Zeitung lesen. Sogar das Einstecktuch seines Sakkos hebt sich in diesem Umriss ab. Er bestellt zwei Virgin Mary und mustert freundlich den Besuch. Über Amerika könne er reden, natürlich: »Aber ich mag nicht.« Wieso also nicht über das Schreiben? Zunächst einmal aber ist Mittagszeit: »Es gibt hier eine gute Küche. Lassen Sie uns etwas essen und danach erst das Interview machen!« Wie leise er spricht und wie er lächelt …

Mister Begley, Sie sagten eben beim Essen, dass Sie nicht die Kritiker fürchten, sondern sich selbst. Wie ist das bitte zu verstehen?

Es ist, finde ich, härter, ein Buch zu schreiben als später die Kritiken darüber zu lesen – und seien es schlechte. Kritiken berühren mich nicht besonders. Ich kann keinem verübeln, einen Roman von mir nicht zu mögen. Ich ärgere mich ein wenig, wenn in den Rezensionen Fehler, Missverständnisse, falsche Interpretationen vorkommen. Für mich ist das nur dumm, ich weiß ja, was in meinem Buch steht. Für meine Leser, die das Buch noch nicht kennen, ist es hingegen auch noch verwirrend.

Aber wie gesagt: alles nichts gegen das Schreiben eines Buches.

Die Neurotik ist ein weites Feld. Kann man das Schreiben denn dazurechnen?

Ich verstehe nicht …

Die Neurotik …

Jetzt verstehe ich. Sie sprachen nur gerade »Neurotik« so aus, dass es klang wie »Neue Erotik«. Ich fragte mich also, ob ich einen Trend oder eine Mode oder so etwas verpasst habe. Die »Neue Erotik« hätte ich ungerne verpasst! Jedenfalls ist das Schreiben sicher nicht die »Neue Erotik«. Amüsant.

… verzeihen Sie bitte …

Nein, nein, verzeihen Sie bitte, dass

ich Sie korrigiert habe. Ich muss nur gerade sehr lachen – womöglich gibt es ja auch Zusammenhänge zwischen »Neurotik« und der »Neuen Erotik«, manchmal könnte man es annehmen, nicht wahr? Aber kehren wir zurück zum Schreiben.

Trifft Neurotik denn den Punkt?

Nun, mitunter. Es ist ein Kampf. Schreibe ich einen Roman, befinde ich mich als Louis Begley in einer Art Kampf mit dem Vorgang des Schreibens. Das Schreiben ist ein autonomer und nicht gehorsamer Kamerad. Andererseits: Ich schreibe gerne. Wenn ich schreibe, fühle ich, dass ich lebe. Ich habe nur deswegen meinen ersten Roman »Lügen in Zeiten des Krieges« geschrieben. Der Grund, ihn zu schreiben, war: dass ich ihn schreiben wollte. Ich war nicht in finanziellen Schwierigkeiten, ich war ein erfolgreicher Anwalt und schon über 60 Jahre alt, ich hatte keine Botschaft, ich wollte nicht predigen, ich wollte nicht einmal, wie man sonst oft zu sagen pflegt: etwas aufarbeiten. Nein, ich wollte nur diese eine Geschichte erzählen.

Das Schreiben ist also furchtbar und schön gleichzeitig.

Es ist mit seinen Qualen und Wonnen offenbar exakt die Form der Selbstbestrafung, die mir zusagt.

Also doch die neue Erotik, womöglich …

… so neu wäre die Erotik der Selbstbestrafung auch wieder nicht, oder?

Nein, mit Erotik kommen wir nicht weiter.

Geben Sie uns einen Einblick in einen Ihrer normalneurotischen Arbeitstage?

Gut, wobei Sie unterscheiden müssen: Bis 2004 praktizierte ich als Anwalt. Ich habe hier um die Ecke zwar noch ein Büro in meiner Kanzlei, aber ich praktiziere nicht mehr. Ich bin also erst seit zwei Jahren ein freier Mann.

Ich nehme an, Sie hatten als Anwalt schon genug zu tun.

Das ist richtig. Ich konnte Bücher wie »Schmidt« nur am Wochenende oder im Urlaub schreiben. Das war meine einzige Chance. Ich habe mir diese beiden Gelegenheiten also – mit Brutalität mir selbst und meiner Umwelt gegenüber – freigehalten. Ich konnte es mir nicht erlauben, Zeit zu verplempern. Ich war ein sehr effizienter Schreiber damals.

Und heute? Wie sieht so ein Tag aus?

Ich gehe spät ins Bett, meist gegen ein Uhr oder halb zwei. Allerdings schlafe ich gerne. In weniger disziplinierten Phasen schlafe ich die vorgeschriebenen acht Stunden bis halb zehn. Bin ich disziplinierter, stelle ich den Wecker auf acht Uhr früh und beginne gleich nach dem Frühstück mit dem Schreiben.

Vernünftig klingt das.

Ja, aber man hat seine Methoden, um alles wieder hinauszuzögern. Also setze ich mich nach dem Frühstück nicht an mein Buch, sondern: an die New York

Times. Das Lesen der Times streckt das Frühstück um ein bis zwei Stunden.

In welcher Reihenfolge lesen Sie so eine Ausgabe der »Times«?

Bin ich auf dem Land, in meinem Haus in Long Island, so lese ich nur den ersten Teil. Bin ich hier in der Stadt: zunächst den politischen Teil vorne, dann die Kultur, dann die Metropolitan-Section, also den Lokalteil, zum Schluss den Wirtschaftsteil.

Okay, kurze Zwischenfrage: Ist die »New York Times« in den letzten Jahren besser oder schlechter geworden?

Nun, dort arbeiten immer noch sehr hervorragende Leute. Es gibt jedoch eine gewisse ungute Tendenz, schlampig mit der Sprache umzugehen. Oder neue Wörter zu erfinden, Nomen als Verben zu verwenden, solche Sachen. Eine gewisse Verlotterung, als Aufhübschung getarnt.

Gibt es Teile, die Sie nicht lesen?

Die Essensbeilagen interessieren mich nicht, wo man neuerdings gut essen kann und wo nicht und so weiter. Ich weiß selbst, wo ich hier gut essen kann. Mode und Kosmetik laufen auch an mir vorbei, da ich weiß, wo ich meine Anzüge bekomme, und mich nicht schminke. Die Times macht diese Beilagen auch weniger für ihre Leser als für ihre Anzeigenkunden.

Gut, jedenfalls ist es nun zehn Uhr ...

... wenn nicht später! Nach der Times gehe ich an meinen Computer ...

... und Sie beginnen mit dem Schreiben.

Nein, ich bin neugierig, wer mit mir Kontakt aufnehmen möchte. Also lese ich E-Mails. Und beantworte sie. Das dauert dann noch mal 45 Minuten. Und es gibt weitere Gründe, nicht zu arbeiten: Zum Beispiel gehe ich, wenn ich in New York bin, zweimal die Woche ins gym.

... ins Fitness-Studio ...

Das gym ist an der 57. Straße, Ecke Park Avenue. Ich gehe zu Fuß dorthin. Danach gehe ich hier in den Century Club zum Mittagessen und treffe dabei interessante Freunde, die, wie zum Beispiel ich, zum Teil schon seit vielen Jahrzehnten Mitglied sind. Nun bleibt mir noch die Möglichkeit, hier vom Club aus in die Kanzlei zu gehen, in der ich ja noch ein Büro habe. Einmal die Woche tue ich das dann auch. Ich schaue mir dort die Post an. Sie besteht, seit ich nicht mehr praktiziere, im Wesentlichen aus Rechnungen. Und das Schreiben? Wenn es gut läuft: vormittags, nachmittags, oft abends bis circa acht Uhr.

Wieso bleiben Sie nicht in Long Island? Dort haben Sie weniger Ablenkung.

Dort schwimme ich täglich vor dem Mittagessen – solange es nicht regnet – im Pool. Für exakt 45 Minuten. Dann wird weitergeschrieben. Bis, sagen wir, halb sechs am Abend. Dann mache ich mit meiner Frau den obligatorischen Strandspaziergang. Auf den können wir keinesfalls verzichten. Abends gehen wir in Long Island meist mit Freunden zum Dinner. Man muss ja unter Leute.

Mister Begley, das klingt nach vielerlei Ablenkungen. Und doch gelten Sie als sehr disziplinierter Autor ...

Nun, wie Sie wissen, war ich Anwalt. Diese Erfahrung ist mir in vielerlei Hinsicht bis heute sehr nützlich.

In welcher Hinsicht?

Zum Beispiel in der von Ihnen angesprochenen Disziplin. Wie Sie gesehen haben, bin ich verführbar, zum Beispiel durch die New York Times oder durch die E-Mails, oder ich schaue mir hier vor unserem Haus in Long Island ein bisschen sehr lange an, wie die Blumenbeete sich so machen. Man hat ja für alles gute Gründe, nicht wahr, und wie schade wäre es, wenn die teuren Blumenbeete sich nicht wie erwünscht entwickeln!

Alles Ausreden.

Natürlich. Andererseits: Wenn Sie jahrzehntelang als Anwalt gearbeitet haben, entfallen dafür einige sehr schriftstellertypische Verhaltensweisen – und auch Ausreden.

Zum Beispiel?

Zum Beispiel die hier: »Ich bin heute nicht in der Stimmung.« Oder: »Ich warte, bis das Buch zu mir kommt, statt alles zu überstürzen.« Solche Sachen. Das ist nur Gerede. Ich nenne es wri-

ters' talk. Disziplin gehört nun mal unbedingt dazu. Das Buch kommt nicht von selbst, da kann man lange warten, das ist wirklich unsinniges Gerede. Die Geschichte für das Buch, auch Details für diese Geschichte, dies alles kommt angeflogen aus dem Nebel unserer Vergangenheit, oft unerklärlich. Aber: Aufschreiben muss man es dann.

Man müsste es machen wie Thomas Mann, oder? Eine Frau heiraten, die die Kinder züchtigt, damit Papa in Ruhe arbeiten kann – und die überhaupt den Laden in jeder Hinsicht besenrein hält!

Aber nein! Schauen Sie sich das furchtbare Leben dieser Familie an! Die Manns sind daran zerbrochen. So will doch keiner leben. Nein, dafür liebe ich meine Familie, meine Kinder, meine Enkel zu sehr. Ich bestreite, dass Thomas Mann ein erstrebenswertes Leben geführt hat, nein, das hat er nicht.

Er hatte seine Ruhe.

Er ließ seine Lieben einen hohen Preis dafür zahlen, nein? Es kommt noch etwas dazu, was solch reinen Schriftstellern schlechter bekommt als zum Beispiel uns Anwälten unter den Autoren.

Nämlich?

Eben die Isolation.

Können Sie das erklären?

Die Spannbreite der Kontakte und Geschichten, die über viele Jahre auf mich niedergingen, sie ist außergewöhnlich: die Kunden, die Gegner, die Kollegen, diese vielen, vielen Geschichten. Wenn

Sie als Schriftsteller immer nur mit anderen Schriftstellern zusammensitzen oder sich in die totale Einsamkeit flüchten, bekommen Sie das nicht geboten. Ich frage mich oft: Wo bekommen die Kollegen ihr Material her?

Oft haben sie ja gar keins ...

... oder es wirkt überaus ausgedacht und konstruiert. Nein, es ist wichtig, der Einsamkeit, die man sich einerseits auferlegen muss, um schreiben zu können, andererseits immer wieder zu entfliehen. Man muss die Stimmen der Welt zum Fenster reinlassen. Ich zum Beispiel gehe dann einkaufen in den Supermarkt. Ich höre mir die Leute an. Wissen Sie, welche Dialoge zu den wunderbarsten gehören?

Sagen Sie es bitte!

Die Dialoge der Kassierer. Über die Schlangen der wartenden Kunden hinweg. Hervorragende Dialoge. Große Geschichten. Interessante Typen.

Sie schrieben mal in einem Aufsatz, keinesfalls könne ein angeblich unkünstlerischer Beruf wie der Anwaltsberuf eine Schriftstellerkarriere verhindern.

Absolut richtig. Ob Sie ein zynischer oder moralischer Anwalt sind: Das Instrument ist die Sprache. Über die Sprache vermitteln wir unsere Briefe, Forderungen, Plädoyers. Es ist also zwingend, mit ihr sehr präzise umzugehen, um zu erreichen, was man erreichen will.

Kommen wir mal zum eigentlichen

Schreiben zurück: Sie sprachen ja von einem ungehorsamen Kameraden. Wie bändigen Sie ihn?

Disziplin ist das eine, Gelassenheit vermutlich das andere.

Okay, angenommen ...

Ich gebe Ihnen ein Beispiel, ein Trick, der bei mir immer wieder funktioniert: Wenn es hakt, wenn ich mit einer Szene, einem Dialog, wenn ich mit der Geschichte nicht weiterkomme, so lege ich mich aufs Bett. In neun von zehn Fällen löst sich das Problem, an dem ich gerade lange vor dem Computer herumlaborierte, wie von selbst. Wie man sieht, bedarf es innerhalb des disziplinierten Rahmens wiederum auch der Entspannung: Dann kommt der richtige Begriff oder die richtige Wendung plötzlich angeflogen. Es kann natürlich auch passieren, dass ich einschlafe und erst Stunden später wieder erwache.

Klingt das nicht ein wenig nach Psychoanalyse? Sich hinzulegen und die Dinge kommen zu lassen in einem deutlich disziplinierten Rahmen?

Da haben Sie möglicherweise recht.

Sie sagten eben, diese Dinge kämen aus dem Nebel der Vergangenheit.

Ja.

In Ihrem Essayband »Das Gelobte Land« erzählen Sie, dass Sie in die »Lügen in Zeiten des Krieges« eine Figur hinzugefügt hätten, eine Anwältin in einer knappen rosa Seidenbluse, die den kleinen Maciek

und ihre Tante unter ihre Obhut nimmt.

Ja, und ich gestehe in dem Essay: Ich bin dieser Frau nie begegnet. Sie kam beim Schreiben aus dem Nichts angeflogen. Für den Schriftsteller die Rettung. Für Literaturwissenschaftler, die das Buch nach autobiographischen Wahrheiten absuchen, hingegen: frustrierend.

Und doch kommen diese Figuren aus dem Unterbewusstsein. Sie kommen aus Ihrem Kopf, nicht aus dem Nichts.

Natürlich. Wenn Sie sich in der Geschichte Ihres Lebens umschauen, in diese Geschichte eindringen, so finden Sie sicher die Genesis für sonderbare Dialoge und andere mirakulöse Details, von denen Sie als Schriftsteller beim Lesen Ihrer eigenen Bücher dann denken: Woher kam das denn angeflogen? Denken Sie nur an Kafka: Es ist immer ein Blick in die Vergangenheit, und die Dinge, die wir dort finden, bewusst oder unbewusst: Wir finden sie – transformiert in Sprache – in der Literatur wieder.

Man braucht sozusagen den Rahmen der Geschichte wie beim Analytiker den Rahmen einer Sitzung?

Ich möchte es nicht zu stark mit der Analyse vergleichen, aber im Prinzip stimmt es. Ich suche nach einer Stimme, man muss die Stimme finden, das ist das Wichtigste. Man schlägt dann mit dieser Stimme eine Art Lager auf. In diesem Lager richtet man sich für

Monate, unter Umständen für Jahre, ein. Was dann passiert – solange ich mich also im Rahmen dieses Lagers bewege –, ich kann es nicht vorhersagen. Ich habe die Geschichte, die Struktur im Kopf, der Rest, was dann passiert, erscheint mir oft, wie gesagt: faszinierend mirakulös.

Sie sagten eben, Sie hätten Ihren ersten Roman »Lügen in Zeiten des Krieges« geschrieben, weil Sie ihn halt schreiben wollten, dass es keine weiteren Beweggründe gegeben habe.

Ja.

Nun flieht in diesem Buch ein Junge, eben der erwähnte Maciek, vor dem Holocaust. Sie mussten sich oft fragen lassen, wieso Sie nicht zugeben, dass dies Ihre eigene Geschichte sei.

Ich weiß, ich bekomme diese Fragen ja bis heute gestellt. Aber eben aufgrund der Erfindungen, von denen ich eben sprach, kann ich sie nur mit »Nein« beantworten. Das Buch war auch keine Selbstanalyse. Ich war mit meiner Geschichte schon lange fertig, die hatte ich schon lange durchanalysiert und betrachtet von allen Seiten. Ich habe gelacht und geweint, als ich sie dann aufschrieb, ich war in drei Monaten fertig mit dem Buch, es ging also alles sehr schnell.

Dann …

Es war womöglich eine Art Katharsis, vielleicht habe ich das Buch gebraucht, um mich von inneren Spannungen zu befreien. Die Ursachen für diese Spannungen waren mir klar, sie mussten kaum mehr analysiert werden. Aber das Buch war dann sozusagen eine Art Abstoßungsreaktion, ja.

Sie wollten mit dem Buch nicht auf etwas hinweisen? Ein Leid, eine Gefahr ...

Nein.

Ihr Kollege Philip Roth behauptet sehr selbstbewusst, dass er mit seinen Büchern auch den Zustand des Landes kommentieren will.

Oh, Philip ist ein komplizierter Fall. Schauen Sie: Ich schlafe wirklich für mein Leben gerne. Ich könnte also auch 18 Stunden schlafen pro Tag statt zu schreiben. Ich bilde mir nicht ein, dass es Amerika dann schlechter ginge. Ich bin bescheiden genug zu wissen, dass nichts von dem, was ich schreibe, wichtig ist für die Welt oder für Amerika. Lediglich für mich selbst ist es wichtig.

Ende des Jahres kommt Ihr neuer Roman »A matter of honour« heraus.

Ja, und ich habe ihm ein Zitat von Keats vorangestellt, das schön zu unserem Gespräch passt: »Heard melodies are sweet, but those unheard are sweeter.« Das nicht Gesagte kann so viel schöner sein als das Gesagte, nicht wahr?

Ein Akt der Selbstironie, dies einem Roman voranzustellen.

Warten Sie es ab! Das Gespräch war mir übrigens ein Vergnügen – aber wir sollten es so langsam beenden. Ich muss noch nach Long Island zurück heute, und der Verkehr hier ist unberechenbar.

Natürlich. Ich kenne einige Anwälte in München, Mister Begley, ich werde sie ermuntern, aus ihrem Beruf auch literarisches Kapital zu schlagen, okay?

Tun Sie das! Wobei man nie vergessen sollte, dass es zum Schreiben nicht reicht, eine Geschichte, eine Sensibilität oder eine Meinung zu haben. Ich denke, da ist noch eine Grundvoraussetzung. Viele Schreiber, auch Journalisten, erfüllen diese Grundvoraussetzung nicht, auf die ich deshalb hinweisen muss, auch wenn es ein wenig vermessen klingen mag, wofür ich mich vorsorglich jetzt schon mal entschuldige.

Und diese Grundvoraussetzung wäre?

Talent.

INTERVIEW MIT NEIL DIAMOND

NEIL DIAMOND

»Gehen Sie raus, fahren Sie ans Meer! Der Tag kommt nicht wieder.«

Neil Leslie Diamond wurde 1941 in Brooklyn als Sohn eines jüdischen Lebensmittelhändlers geboren und entschied sich kurz vor Abschluss der Uni, mit Musik sein Geld zu verdienen. Als Autor, Sänger und Duettpartner von zum Beispiel Barbra Streisand und Shirley Bassey hat er das All American Songbook um große Songs bereichert. Seine stürmische Karriere war von erheblichen Schicksalsschlägen begleitet – wie einer schweren Krebserkrankung Ende der 70er-Jahre. 2005 rehabilitierte der Produzent Rick Rubin den Entertainer endgültig mit der Produktion der leisen CD »12 Songs« als eine »Ikone, die viel mehr zu bieten hat als große Gesten« (SZ). Er lebt in dritter Ehe in Los Angeles und hat vier Kinder.

Arch Angel Recording Studios in Los Angeles im März 2008 – eine legendäre Adresse. 28 Grad. Sonne. Von außen einer der in Beverly Hills üblichen, unprätentiösen Zweistöcker. Natürlich kein Schild. Weißer Beton. Verspiegelte Fenster. Neil Diamond und Rick Rubin sind in den letzten Zügen für die neue CD »Home Before Dark«. In der Aufnahmehalle sitzt die feixende Band, drum herum winzige Büros, Papier- und Kabelsalat. Neil Diamond kommt mit Hemd aus der Hose, Jeans, Brille. Er hat eine Pappe mit Salat und eine Plastikgabel dabei. Für das lange Gespräch opfert er die Mittagspause. Ein ernster und feiner Mensch – der jedes Wort überdenkt und gerne auch mal welche weglässt. Er fordert zunächst dringend eine Untertasse für den Pappbecher mit dem Kaffee des Gastes an. Es ist erst einmal nicht leicht, mit ihm zu reden, denn er wirkt ängstlich und durchaus vom Leben gezeichnet, was recht anrührend ist. Im Verlauf der gemeinsamen Stunde taut er auf, und wenn er etwas sehr ernst meint, wie seinen letzten Satz zum Beispiel, ergreift er beide Hände seines Gastes. Was er noch nicht weiß: Die CD, an der er hier gerade arbeitet, sie wird die erfolgreichste seiner bisherigen Karriere werden …

Mister Diamond, eine Notiz im Archiv besagt, dass Sie es einstmals mit einem Künstlernamen versuchen wollten.

Das war nicht unüblich.

Um ehrlich zu sein: Ich war sicher, Neil Diamond sei ein Künstlername.

Tatsächlich?

Natürlich. Ein Diamant?

Also, als Junge in Brooklyn aufzuwachsen und Diamond zu heißen …

… ein fabelhafter Name …

… nein, Sie täuschen sich, das war ein gewöhnlicher Name für einen jüdischen Jungen, kein glamouröser. Das war nichts Besonderes. Dazu kam der dumme Vorname: Neil. Neeeeeel.

Neil ging auch nicht?

Die anderen Kinder im Block riefen: »Neeel, Neeel, ya daddy is in jeeel.«

Jeeel für Gefängnis?

Ja, für Gefängnis.

Hm, jeeel statt jail …

Kein guter Reim. Aber er sollte ja auch nicht gut sein. Sondern wirken. Ich höre ihn bis heute noch … diesen bösen Chor.

Nun aber kommt der Knaller – nIhr Künstlername: Noah Kaminsky!

Oh, hm … mein Gott.

Sie hatten es vergessen?

Fast. Noah Kaminsky – ja, so nannte ich mich eine Weile. Bevor ich meine erste eigene Platte aufnahm.

Wie kommt man auf Noah Kaminsky?

Sie meinen, der Name ist nichts, von heute aus betrachtet?

Noah Kaminsky klingt wie … ich sehe in Gedanken ein Schild in Brooklyn, über einem Imbiss. Einem polnischen Imbiss. Und drüber steht: NOAH KAMINSKY

Hm …

Nur zum Beispiel meine ich.

Sie müssen es anders aussprechen: Noah (Pause) Kaminsky. Die Betonung auf der zweiten Silbe: KaMINsky. Dann klingt es. KaMINsky! Sie müssen es schwingen lassen. Nun ja. Ich dachte damals, wenn sich der liebe Art einfach Garfunkel nennt, dann nenne ich mich Noah und Kaminsky. Es klang für mich wie …

Hollywood.

Ja. Hollywood. Vielleicht.

Was war der Grund, dass Sie 1966 den Song »Solitary Man« dann unter Ihrem richtigen Namen veröffentlichten?

Meine Familie war der Grund. Eine wirklich ziemlich private Geschichte.

Erzählen Sie sie?

Ich weiß nicht. Vielleicht ist sie gar nicht interessant? Aber es hat mich, glaub ich, auch noch keiner gefragt, wieso ich nicht mehr Noah Kaminsky heiße …

… ich bin sicher, dass sie interessant ist.

Ich ging damals in Brooklyn sehr oft ins Krankenhaus. Da lag meine Großmutter. Ich hab sie da besucht. Sie war lange schon krank. Der Punkt ist: Ich liebte sie sehr, wirklich sehr. Sie war eine Art …

Idol?

Ein Idol, ja. Eine starke und liebe Frau.

Sie lag im Sterben?

So ist es. Für mich war das unglaublich. Ich besuchte sie also wieder und wieder, ich saß an ihrem Bett und war traurig, na, Sie können sich's denken. Parallel dazu ergab es sich, dass ich meinen ersten Song veröffentlichte: meine Platte, mein Lied, mein Name. Die Leute können es kaufen! Es wird im Radio laufen! Und vor allem: Ich hatte es nicht für jemanden anderen geschrieben, wie all die Songs zuvor – ich sang selbst! Okay?

Das war »Solitary Man«.

»Solitary Man«, ja.

Hat Ihre Großmutter den Song gehört?

Ich war besessen davon, Großmama die Platte zu bringen, bevor sie stirbt.

Dass wir sie vielleicht noch zusammen hören. Ich wollt ihr zeigen, was ich geschafft hatte, ihr eine Freude machen.

Und das haben Sie noch geschafft?
Ja. Dass die Zeit dazu noch gereicht hat, das werde ich nie vergessen. Das bleibt einer der … ja, Punkte in meinem Leben. Ich war damals erst in meinen 20ern.

Das ist eine bewegende Geschichte.
Eine für mich bewegende Geschichte, ja, eine entscheidende Geschichte. Und da sind wir bei Noah Kaminsky. Damals fragte mein Agent, welchen Namen wir auf die Platte schreiben sollen, und ich sagte: »Was fragst du? Neil Diamond.« Diamond ist der Name meiner Familie. Und wie hätte Großmama geschaut, wenn ich ihr meine Platte gebe, ein Foto von mir ist drauf, und da steht: »Solitary Man – Noah Kaminsky«. Ich hätte ja den Familiennamen verleugnet! Verrückt!

Die Musikgeschichte ist voll von jungen Männern, die so bizarr-weise Lieder schreiben. Auch »Solitary Man« klingt wie das Lied eines Alten, der keine Illusionen mehr hegt, weil er alles schon erlebt hat mit den Frauen, »part time thing – paper ring«, so bitter-weise Zeilen …
Hm, finden Sie?

Ja, ich meine, Sie waren noch jung.
Ich hatte schon lange als Songschreiber gearbeitet, das dürfen Sie nicht vergessen. Man konnte mich mieten. Die

Firma rief an und sagte: »Neil, der Soundso braucht einen Song im mittleren Tempo – mach uns einen!« Das waren die frühen Sechziger, das war die Zeit, bevor man mir selber zutraute zu singen.

Waren Sie damals wirklich so einsam?
Jeder Journalist fragt mich das.

Womöglich liegt es auf der Hand?
Womöglich. Jedenfalls wollen Journalisten mit mir immer über die Einsamkeit sprechen, glaube ich. Seit 40 Jahren.

Vielleicht treffen Sie da einen speziellen Punkt bei vielen Journalisten …
Ein interessanter Gedanke.

Jedenfalls langweilt Sie das Thema.
Na, nur ein wenig vielleicht.

Sie sehen auf diesen alten Fotos auch traurig aus. Gut und traurig.
Gut? Also traurig, ja … ist mir neulich auch aufgefallen. Der Grund ist profan. Ich habe es einfach immer gehasst, fotografiert zu werden. Ich hasse es immer noch. Es gehört aber zum Job.

Sie geben auch kaum Interviews.
Fast nie, nein. Aber bitte, sicher nicht aus Unhöflichkeit! Ich denke nur immer: Die Leute haben die Musik – was soll ich noch viel sagen? Verstehen Sie?

In »I Am, I Said« singen Sie, dass Ihnen niemand zuhört, wenn Sie sprechen, nicht einmal der Stuhl im Zim-

mer – was ich ja besonders rührend finde.

Ich bin nicht gerne alleine, nie gewesen, ich mag es nicht. Es waren die frühen Siebziger, und ich erinnere mich, dass ich mich nie einsamer fühlte. Ich kann heute alleine sein und nicht einsam. Damals war ich nie allein, aber wirklich oft sehr einsam.

Sie singen im selben Lied vom Frosch, der zum König geworden ist und nun auch nicht sonniger in die Welt schaut – und dass es Ihre Geschichte ist.

Ja, und das mit dem Frosch hat noch eine andere Bewandtnis! Nämlich die vom sprichwörtlichen frog in the throat. Ich litt als Kind unter einer Sprachstörung, meine Stimme versagte, das hat mich gepeinigt, meine Mum rannte mit mir zu den Ärzten, ich saß da rum und räusperte mich stundenlang.

Eine Tragödie.

Von heute aus betrachtet: eher eine Tragikomödie. Damals aber war's die reine Tragödie. Ich war ja ein Kind.

Sie haben Ihrer Stimme auch später nie so viel zugetraut wie Ihre Fans.

Richtig. Inzwischen höre ich, sie sei schön. Und ich denke aber immer noch, Menschen, die meine Songs sangen, Barbra Streisand, Cash, Sinatra, dass die so sehr einzigartige Stimmen haben.

Sie haben einen einzigartigen Bariton, man erkennt Ihre Stimme sofort.

Ich danke Ihnen.

Beneiden Sie einige Interpreten um deren Versionen Ihrer Songs?

Ja, ja. Johnny Cashs »Solitary Man« hat mich sehr tief berührt. Er war bei dieser Aufnahme exakt der alte Cowboy, von dem Sie eben sprachen. Und er sang aber einen Song, den ich als junger Mann geschrieben habe. Das ist tatsächlich sonderbar. Und Frank (*Sinatra, die Red.*), wie er »Sweet Caroline« sang, das war, mein Gott, großartig. Frank, ja. Leider war seine Version besser als meine – oder?

Mit Barbra, die Sie später bei »You Don't Bring Me Flowers« begleitete, sangen Sie im Schulchor. Ein schüchterner Junge und eine sehr expressive Lady?

Ich nehme an, da liegen Sie nicht sooo falsch. Ich erinnere mich nur vage. Das war auf der Highschool. An den Chorleiter erinnere ich mich. Ein beeindruckender, gut aussehender Kerl. Wir Jungen hatten gottverdammte Angst vor ihm.

Und die Mädchen?

Das liegt auf der Hand, oder?

Heißt?

Die versuchten, ihn rumzukriegen.

Mister Diamond, sind Sie nicht durchgedreht, wenn sich Leute wie Frank Sinatra später Ihre Songs aussuchten?

Nein! Ich bin, je nach dem Ergebnis, sagen wir: zufrieden gewesen.

Man kann das nicht einfach genießen?

Nein, nein. Schauen Sie: Ich bin Songwriter gewesen, ich habe für andere Leute Songs geschneidert und dann Geld dafür bekommen. So funktionierte die Welt. Ich war deshalb immer ein wenig anders als Leute, mit denen ich arbeitete, als Robbie Robertson, als Bob Dylan …

Inwiefern?

Vielleicht immer schon ein wenig aus der Zeit gefallen? Ich weiß es nicht. Fleißig. Gewissenhaft. Ich tat meine Arbeit.

Wie wirkte sich das auf Sie aus?

Na, es war damals zum Beispiel so, dass die Leute ausflippten wegen der Invasion von Bands aus England: Die Beatles spielten im Sommer 1966 im Shea Stadium in New York, die Rolling Stones kamen, die Who. Großartige Bands – alle mit einem, nun ja, lauten Image. Sie verstehen?

Und Sie?

Die Typen bei Atlantic, die sagten: Mmh, Neil Diamond, ein Typ mit seiner Gitarre singt Lieder über die Einsamkeit – hatten wir den nicht schon? Hieß er nicht Elvis? Soll Neil nicht lieber weiter Songs bei richtigen Sängern abliefern?

Sie saßen zwischen den Stühlen, oder? Sie waren nicht der neue Elvis, Sie waren nicht so frech wie die Beatles, Sie waren nicht so politisch wie Bob Dylan …

Vielleicht. Aber was ist politisch? Welche Songs von Dylan, die wir heute verehren, sind explizit politisch?

Wenn Sie kritisiert wurden, dann so: Neil Diamond ist middle of the road. Er singt schmalzige Lieder.

Ja, aber das waren halt die Sachen, die in Zeitungen standen. Das war nie wichtig.

Das hat Sie nicht getroffen?

Absolut nicht. Ich war ein Junge aus Brooklyn, der Geld verdienen musste. Ich musste es, okay? Ich konnte mir nicht erlauben zu versagen. Und ich hatte es raus. Gute Arbeit wird nicht von Kritikern erkannt. Sondern vom Publikum.

Was meinten Sie mit: Was ist politisch?

Ich meine, dass große Songs, Songs, die bleiben, nur selten eine Botschaft haben wie »Leute, raus aus Vietnam!« oder so was. Auch die großen Songs von Bob (*Dylan*) nicht. Ein großer Song zielt nicht auf eine Wahlempfehlung, er zielt auf dich. Ein großer Song geht dezidiert ans Eingemachte, es geht um Liebe, Hass, Rache, Heimweh, Sehnsucht …

… Einsamkeit …

… natürlich. Richtig. Es geht also um diese Dinge. Das ist bei großer Literatur ähnlich. Nur epischer. Oder?

So gesehen ist jeder gute Song politisch?

Ja, das ist gut, ich denke, das könnte man sagen. Und Sie sagten eben, dass man als sehr junger Mensch schon so weise Songs zustande bringt. Vielleicht liegt es eben auch daran, dass wir in diesem Alter die Fähigkeit haben, unverstellt auf einige Dinge zu schauen, dass wir die richtigen Fragen stellen, luzide Worte finden, dass wir noch nicht vernebelt sind von all den Kompromissen, die wir dann eingehen. Und die richtigen Worte sind immer: die einfachen, die nicht überladenen Worte.

Und doch waren Sie immer auch ein Freund von Pathos, nein?

In der Geste, im Arrangement mitunter, ja, zum Beispiel auf einem Konzert: Da muss es den Swing haben, da muss es knallen. Aber absolut.

Ihre Las-Vegas-Seite.

Sicher! Ich setz mich nicht zwei Stunden auf einen Hocker, wenn die Leute sich für viel Geld ein Ticket kaufen, und spiele eine Zerlegung nach der anderen auf der Akustischen. Aber die Worte, sie sollten einfach sein. Nicht banal, okay? Sondern einfach. Wenn alles stimmt, passiert was Wunderbares: Dann berührt ein Song. Und das ist es, was zählt: Dass der Song berührt. Wissen Sie, ich war ja nie der Mann der Intellektuellen. Meine Leute sind working class. Normale Menschen sitzen auf meinen Konzerten, Paare, die sehr viele Erinnerungen mit diesen Songs verbinden. Das Leben geht solche und solche Wege. Es ist uns allen ins Gemüt geschrieben. Und ich fühle mich diesen Leuten nahe. Ich liebe diese Menschen.

In den letzten Jahren hat sich etwas verändert, und Sie wissen das auch: coole Filmleute, coole Musiker und so weiter, sie entdecken den großen Songwriter Neil Diamond ...

Ja, es ist ein wenig ulkig, oder? Ich denke manchmal: Seht ihr – den Kerl hättet ihr auch früher schon haben können!

Genugtuung?

Ach, nicht in dem Sinne. Es liegt daran, dass die Rezeption von Musik heute nicht mehr so ideologisch ist wie früher. Die Leute hören einen Song, und sie scheren sich nicht um das Image des Sängers.

Wenn man Sie über Ihre Arbeit reden hört, das klingt so pragmatisch ...

Wie meinen Sie das?

Na ja, einem großen Song liegt ja nicht nur harte Arbeit zugrunde, sondern auch eine geniale Begabung, oder?

Begabung, ja, aber genial?

Sie sind das, was man ausnahmsweise wirklich mal als eine lebende Legende bezeichnen darf. Statt bei »Star Search« in der Jury zu sitzen – wie Paula Abdul.

Oh, ja, gut ... aber genial?

Also, dann mal so: Songs wie »Lady-Oh«, »Beautiful Noise«, »Solitary Man«, das sind großartige Songs. Ein eisenharter Freund von mir, der lange in Brooklyn lebte, der weint wie ein Baby, wenn er »Brooklyn Roads« hört!

Und da ist es doch egal, was er ist, oder? Hart oder weich. Er liebt den Song. Ich bin dankbar dafür. Dafür sind Songs da, für diese Momente, in denen die Zeit stehen bleibt und wir uns in ein oder zwei Liedzeilen verlieben. Sagen Sie nur, es sei Begabung, so was zu schreiben, zu arrangieren, mir soll es recht sein. Aber eigentlich ist es vor allem: sehr harte Arbeit.

Es gibt große Songs, die sind in der Badewanne entstanden!
Sind Sie sicher?

Ich hab mal so was gelesen.
Glauben Sie das? Na, mein Lieber.

Nein?
Nein! Ich kann die Zeit nicht beziffern, die mich einige Songs gekostet haben, aber mit einem Bad in der Wanne war es jedenfalls nicht ein einziges Mal getan.

Wie dankbar sind Sie Rick Rubin? Er hat Johnny Cash zur Ikone gemacht – und seit »12 Songs« sind auch Sie unsterblich.
Glauben Sie nicht, dass ich dachte: »Hm, gut wäre, wenn mich nun auch die Kritiker okay finden, besser, ich suche mir mal einen hippen Produzenten.« Rick hat mir monatelang auf den Anrufbeantworter gequatscht, nachdem er mit Cash gearbeitet hatte. So war das. Ich kannte ihn nicht, und ich fragte mich, was will der da auf dem Anrufbeantworter? Als wir dann endlich arbeiteten, fand ich Gefallen daran – an der Reduzierung aufs Wesentliche, aufs Gerüst …

Die Platte ist kein Las Vegas.
Definitiv nicht.

Die Antithese zu Noah Kaminsky.
Definitiv die Antithese zu Mr. Kaminsky!

»12 Songs« ist sehr traurig. Songs wie »Hell Yeah« bleiben im Gemüt hängen.
Es ging mir um viel, und da ich jetzt gerade wieder hier mit Rick arbeite: Das tut es wieder. Bis Mai werden wir die neue Platte fertig haben, und ich werde mich wieder dem Publikum stellen. Rick Rubin ist gerade in diesem Moment mit den Bändern unterwegs, um sie abzumischen. Ich bin nervös. Ich nehme an, Sie merken es.

Was würden Sie als den Kern Ihrer Arbeit an einem Album bezeichnen?
Ich muss überlegen. … Das Weglassen?

Ist es das, was alles so schwierig macht?
Ja! Ich muss der Idee vertrauen, dem Song, der Geschichte. Ein wesentlicher Teil dieser, wie ich finde, immer wieder harten Arbeit ist es, Falsches rauszuschmeißen. Wegzulassen!

Was ist falsch?
Falsch sind Dinge, in die ich mich um des Effektes willen verliebt habe – die aber dem Song schaden. Eine Art … schöner Nebel? Der muss raus. Dafür gehen Tage und Nächte drauf! Aber Sie haben von großen Songs gesprochen, nicht ich. Und ich weiß nur: Gute Songs entstehen so. Über große Songs entscheidet eh die Zeit, insofern wird man sehen …

... was meinen Sie mit: die Zeit?

Sie können einen Hit landen, den die Leute ein Jahr später peinlich finden. Großen Songs ergeht es anders. Sie bleiben für die Ewigkeit. Die Leute werden sie immer lieben. Experten rufen täglich eine neue beste Band der Welt aus, oder? Natürlich müssen sie sich ständig täuschen. Die Menschen entscheiden darüber, was ein großer Song ist – nicht die Experten. Dazu muss man auf das Leben und auf die Zeit vertrauen. Experten tun das nicht. Sie sind jetzt gefragt und müssen jetzt entscheiden. Drum klingen diese Ratschläge so manufakturisiert, so ... so mechanisch. Verstehen Sie?

Sie meinen nicht nur Musikkritiker.

Eine bizarre Zeit! Rund um die Uhr erteilt man uns Ratschläge. Wie ich Energie spare, besser aussehe, gesund bleibe, dünn werde, entspannt bleibe. Und dabei die richtige Musik höre.

Es sind harte Zeiten, deswegen melden sich alle mit Überlebenstipps, oder?

Der Punkt ist, dass ich bei jeder dieser Expertisen denke: Wieso nur schmeckt das jetzt wieder so, dass ich gerne noch eine Prise Salz dazugeben würde?

Ja, wieso?

Es muss ja nach nichts schmecken, es geht gar nicht anders. Das Leben, nicht der Experte stellt die wahren Expertisen aus. Du bist todkrank. Oder du siehst die Frau deines Lebens. Das bringt die Zeit mit sich, nicht der Experte. Überall rauscht dieses Geschwätz durch die Kabel. Nicht mal ich als Songwriter weiß doch, ob ein Lied bleibt. Ich weiß nur: Ich bin mit heißem, blutendem Herzen dabei.

Mister Diamond, Ihre Agentin zeigt auf die Uhr. Sie müssen ins Studio, nicht?

Ja. Wissen Sie, ich rede und rede. Und ich bin ja eigentlich gar nicht da.

Sie sind nicht da?

Na, mein Kopf ist eine Tür weiter – im Studio. Ich wusste ja, dass Sie heute kommen, also legten wir alles auf die Mittagspause. Sie sind einen weiten Weg gekommen. So ist das. Nur, ich bekomme seit Monaten nichts mit. Nichts. Ich denke grad auch immer: »Du bist nicht zu gebrauchen – und gleich wird es der Journalist aus Deutschland merken.«

Machen Sie sich keine Sorgen!

Ich möchte nämlich überhaupt nicht unhöflich erscheinen oder so etwas.

Als Eremit wissen Sie vermutlich auch nicht, ob Sie die Demokraten wählen werden. Wie Ihre Freundin Barbra.

Ich habe keine Ahnung. Mir ist gerade mal bekannt, dass sich im Moment die Kandidaten aufstellen, ich erinnere mich vage an Fotos in der L. A. Times. Ich bin nicht da. Ich bekomme nichts mit. In ein paar Wochen wird dieser Zustand vorbei sein. Ich gehe bis dahin meiner Arbeit nach. Ist Ihnen aufgefallen, dass das die große Sache ist hier in Los Angeles?

Arbeiten? Ja. Es ist vermutlich exakt die richtige Stadt dafür, oder?

Ich liebe es. Diese Ruhe. Die Leute gehen in die Studios, drehen Serien, Filme, machen Musik. Sie gehen früh ins Bett, stehen früh auf, arbeiten hart, verhandeln hart, gehen früh ins Bett. Großartig.

Und draußen scheint die Sonne.

Sowieso ... Wie lange sind Sie hier?

Nur noch kurze Zeit, streng genommen: diesen Nachmittag.

Gehen Sie raus, fahren Sie ans Meer! Der Tag kommt nicht wieder.

INTERVIEW MIT
JÜRGEN SCHORNAGEL

JÜRGEN SCHORNAGEL

»Ein eigenes Haus macht in den allermeisten Fällen dumm und intolerant.«

Jürgen Schornagel wurde 1939 in Essen geboren und gehört zu den besten Charakterdarstellern in der deutschen Film- und Fernsehlandschaft. 2002 erhielt er den Deutschen Fernsehpreis. Schornagel wuchs in einer Bergarbeiterfamilie auf, studierte an der Folkwangschule und spielte vor seiner Film- und Fernsehkarriere 25 Jahre lang Theater, unter anderem in Düsseldorf, Stuttgart, Hamburg und Berlin. Schornagel hat zwei erwachsene Kinder und lebt mit seiner zweiten Frau Elisabeth in Berlin. Seit dem Interview ist er erneut innerhalb des Berliner Westens umgezogen, in eine, wie er heute, 2008, sagt, »glücklich machende, fast leere und sehr große Wohnung«. Sein vorläufiges Resümee: »Ich bin jetzt bald 70 Jahre alt, und ich kann sagen, zu Hause war ich nie hinter Mauern, die mir gehören, sondern eigentlich nur bei Elisabeth.«

Frühling 2003: Es geht in die Bar des Savoy Hotels im Berliner Westen. Jürgen Schornagel lächelt breit, eigentlich sogar infernalisch. Die Augen scheinwerfern, auch hat er das Gebiss eines gesunden Nussknackers. Dieser Mann wird für einen Journalisten womöglich der Untergang. Dann, als das Gespräch beginnt, macht er auch noch ein strenges Gesicht. Stimmt was nicht? Vielleicht gefällt ihm, der gerne als Nazi besetzt wird im Fernsehen, das Thema nicht …?

Herr Schornagel, ich wollte mich mit Ihnen über Nazis unterhalten.

Hatten Sie schon angekündigt.

Sie werden oft als Nazi besetzt, beispielsweise als Richter Rothaug in Vilsmaiers Kinofilm »Leo und Claire«, in Kai Wessels Fernsehfilm »Goebbels und Geduldig« gaben Sie sogar Hitler persönlich.

Ich war ein guter Führer, oder?

Sie waren sehr gut. Aber Sie wirken jetzt gerade nicht begeistert. Sie schauen finster, und wenn Sie finster schauen, kann es einem angst und bange werden.

Um es klar zu sagen: Ich möchte mich lieber über ein anderes Thema unterhalten.

Aha. Haben Sie denn eins?

Ja.

Welches?

Mietwohnungen.

Mietwohnungen??

Können wir über Mietwohnungen reden?

…

Jetzt sagen Sie nichts mehr.

Gut. Versuchen wir Mietwohnungen. Wenn es nicht klappt, müssen wir über Nazis reden. Okay?

Okay.

So gesehen wäre … tja … meine erste Frage wäre dann also: Wieso möchten Sie über Mietwohnungen reden?

Ich denke viel darüber nach, wie wunderbar es ist, keinen Besitz zu haben.

Sie haben keinen Besitz?

So gut wie keinen. Meine Wohnung ist gemietet, meine Wohnung ist fast leer, und die geliebte Frau in meiner Wohnung ist meine geliebte Frau. Ich kann aber nicht behaupten, dass ich sie besitze.

Wieso besitzen Sie so wenig?

Der Mensch ist unruhig, ich bin sowieso

unruhig. Augustinus sagt: »Und unruhig ist unser Herz, bis es ruht in Dir.« Besitz belastet. Unruhige Menschen wie mich machen Besitztümer total pillepalle. Besitz macht nervös und doof.

Herr Schornagel, Besitz ist auch etwas sehr Gutes. Mit einer schon abbezahlten Eigentumswohnung kommt man in beschissenen Zeiten über die Runden ...

Nein! Das ist keine Frage des Einkommens, sondern eine Frage der Einstellung! Aus Angst Besitz anhäufen ist total falsch, das ist blöde, nicht wahr?! Ich bin Schauspieler und 63 Jahre alt. Warum habe ich keine Angst? Weil ich ein guter Schauspieler bin. Und warum habe ich außerdem keine Angst? Weil agile Opas in meinem Beruf gebraucht werden. Wieso soll ich mich mit Besitz behäufen?

Darf ich eine Kerner-Frage stellen?

Dieser Kerner ist übrigens ein Profi!

Aber natürlich!

Also, stellen Sie die Kerner-Frage!

Was für ein Gefühl lösen Mietwohnungen in Ihnen aus?

Sehen Sie, gute Frage! Die Antwort lautet: Mietwohnungen lösen ein Gefühl der Freiheit aus. Das ist es doch, das Gefühl haben zu können, hier kann ich wieder raus, ich will jetzt sofort umziehen. In Hamburg bin ich damals in 16 Jahren neunmal umgezogen. Das war schön. Hierhin. Schnauze voll. Dorthin. Schnauze voll. Wieder hierhin. Und so weiter.

Mir würde das auf den Wecker gehen.

Ihnen würde das auf den Wecker gehen. Aber bedenken Sie: Wir sind zwei verschiedene Menschen. Schauen Sie, ich freue mich auf jeden Umzug. Ich ziehe heute noch viel um. Ich freue mich zum Beispiel über die Handwerker, die da wieder ankommen. Die irrsten Typen, man lernt so ja dolle Typen kennen.

Handwerker sind meistens eine Plage. Sie bauen Mist und schreiben dann Rechnungen, bei denen man weinen und nach der Mama rufen will.

Ach, malen Sie nicht schwarz, es gibt solche und solche! Und was das Geld angeht: Dann schreiben die halt zu hohe Rechnungen. Lieber bezahle ich eine hohe Rechnung für gute Handwerksarbeit statt viel Geld für Besitz auszugeben, den ich nicht brauche.

Aber ein eigenes Haus zu haben kann wirklich eine schöne Sache ein.

Nein, das kann es nicht, das ist falsch! Mir wird übel bei der Vorstellung, ich müsste nach dem Kauf eines Hauses dort wohnen bleiben. Ein eigenes Haus macht in den allermeisten Fällen dumm und intolerant: Sie sehen jedes Jahr, jeden Tag dieselben Leute, sie laufen jeden Tag an denselben Kiosk, haben jeden Tag mit den Kleinen denselben Schulweg. Das kann gar nicht

gut gehen. Deshalb: Es lebe die Mietwohnung! Es lebe der Umzug!

**Sie könnten Ihr Haus doch vermie-
ten.**

Ich müsste es an Mieter vermieten,
oder? Wissen Sie, wie viel Mietprozes-
se pro Jahr verhandelt werden? Will ich
mich mit Mietern über die Kosten für
die Renovierung der Gästetoilette streiten? Habe ich dazu meinen Kopf vom
lieben Gott geschenkt bekommen? Hören Sie auf!

**Frei nach Schornagel klingt das alles
wie: Die Mietwohnung ist eine Geliebte, die nicht klammert.**

Sehr, sehr schön! Mensch, glauben Sie,
wir müssen noch über Nazis reden?

**Mal sehen … Herr Schornagel, Sie
sagten eben, Besitz mache pillepalle.
Was besitzen Sie denn?**

Die Mietwohnung ist sehr groß und nahezu leer. Ich besitze fast nichts. Bett,
Tisch, Stühle, ein Klavier, ein Hund.
Paar Bücher, paar Bilder. Können Sie
alles haben, wenn Sie wollen.

Wie? Geschenkt?

Ja, wenn Sie halt in meine Wohnung
kämen und sagten, du, Schornagel, die
Stühle sind aber schön! Ich würde Ihnen die mitgeben. Hole ich neue, die
kann ich dann wieder verschenken. Sie
könnten alles haben aus meiner Wohnung – bis auf die Ödipus-Maske, die
ich auf der Bühne getragen habe. Und
bis auf meine Frau. Wobei, was heißt
meine Frau? Ich besitze sie ja nicht,
wie gesagt. Würde sie mich verlassen

und mit Ihnen mitkommen? Ich denke: nein.

Gehen wir noch in Ihre Wohnung?

An einer schönen Bar ist das Wunderbare: Ich kann einfach wieder gehen.

**Und wenn ich bei Ihnen in der Woh-
nung säße, würden Sie mich nicht
mehr los?**

Seien Sie nicht gekränkt! Wir sind hier
beide einfach freier, oder?

Haben Sie ungern Gäste?

Ich habe gerne Ruhe.

**Sie entziehen sich dem Besitz wie
den Menschen.**

Nein, nicht den Menschen! Wir sitzen
doch hier und reden, ich rede gerne
mit Ihnen, alles wunderbar. Ich brauche nur keinen Besitz. Wir leben in einer vollkommen materialistischen Gesellschaft. Was macht das Kapital? Es
macht unfrei.

**Aber ich glaube, ein dickes Auto
oder ein großes Haus haben heute nicht mehr den Stellenwert, den
solche Sachen vor 20 oder 30 Jahren
hatten. Viele können sich heute was
Dickes leisten, alles ist für lau bei
Tschibo zu haben. Heute kommt es
doch eher drauf an, dass man irgendwo vorkommt, dass man abgebildet
wird!**

In der Tendenz haben Sie da recht,
aber immer noch gilt: Hast du was, bist
du was. Und natürlich verkümmern andere, wichtigere Werte.

Welche?

Es verkümmert der Wert des Wortes

zum Beispiel. Wo werden heute noch Handschlag-Verträge gemacht? Wo? Wieso müssen Verträge heute immer 120 Seiten haben? Weil das Wort eines Menschen nicht mehr zählt.

Wie sah die Wohnung Ihrer Kindheit aus?

Klein sah sie aus. Arbeitersiedlung in Essen. Krupp-Siedlung. Hinterm Haus Kaninchenstall, Taubenschlag. Einmal die Woche kam ich zur Inspektion und Grundreinigung in die Badewanne.

Das klingt übersichtlich und schön.

Das war schön! Die Menschen dort sind wunderbar und liebenswert – und total intolerant. Damals gab es ja noch richtige Kumpels. Alles sehr verlässliche Menschen. Ein Mann, ein Wort. Aber natürlich ging es da los, dass ich da raus-wollte. Mein Vater war ein Malocher, wie er im Buche steht, aber er war im Gegensatz zu den anderen in der Siedlung weitsichtig und tolerant. Der nahm mich auf den Schoß und sagte: »Junge, Bergmann wirsse ma besser nich!«

Dann kamen Sie ins Jesuiteninternat.

Ja, da war ich dann aus Essen weg und konnte mich mit dem Wegsein anfreunden. Und mit dem Verzicht. War ja ein Jesuiteninternat. In Bonn. Da gab es zum Beispiel einheitliche Kleidung, da ist Essig mit Markenklamotten wie bei den Kleinen heute. Das Jesuiteninternat war eine gute Sache für mich.

Was für Eigenschaften muss eine von Ihnen gemietete Wohnung haben?

Sehr wichtig: keine Etagenwohnung.

Wie bitte?

Es darf niemand über mir wohnen. Es darf niemand auf mir herumtrampeln, verstehen Sie?

Herr Schornagel, Sie sind sonderbar.

Warum?

Weil Sie immer oben wohnen wollen!

Wieso ist das sonderbar? Ich will nicht Leute hören, die auf mir herumtram-peln. Ich will das ja auch sonst nicht, auch in der Arbeit nicht.

Seit wann wohnen Sie hier in Berlin?

Seit drei Jahren.

Und?

Ich ahne, worauf Sie hinauswollen.

Und?

Ja, ich will natürlich raus. Es reicht.

Raus aus der Wohnung? Oder aus Berlin?

Ich würde gerne aus Berlin raus, aber das geht nicht. Meine Frau arbeitet hier als Lehrerin, die kann nicht ein-fach weg, die hat Verantwortung für ihre Schüler. Also müssen wir wieder aus der Wohnung raus, innerhalb von Berlin.

Sind Sie innerhalb von Berlin schon mal umgezogen?

Ja, schon zweimal. Das erste Mal, ganz am Anfang, war interessant: Wir sind von Hamburg nach Berlin – nach Dahlem – in ein Haus gezogen. Mak-ler bezahlt. Viel Geld. Alles renovieren lassen. Noch mal viel Geld. Pipapo. Nach 31 Tagen sind wir wieder ausgezogen.

Nach 31 Tagen?

Ja, ich wollte es meiner Frau schön machen in dem Haus, Wahnsinn war allein die Renovierung, so ein 50er-Jahre-Haus mit einem schönen Garten, alte US-Offizierssiedlung. Als alles fertig ist, kommt sie rein und sagt: »Jürgen, ich fühl mich nicht wohl hier.«

Binden Sie mir einen Bären auf?

Nein.

Kannte Ihre Frau das Haus vorher nicht?

Doch, da war sie noch unsicher. Als dann alles fertig war, wollte sie raus. Man muss das akzeptieren. Besser, sie sagt es gleich als nach fünf Jahren.

Sie hatten aber doch einen Mietvertrag unterschrieben.

Ja, über fünf Jahre.

Was haben Sie dem Vermieter gesagt, nach 31 Tagen?

Ich habe ihm gesagt: »Tut mir leid, wir fühlen uns hier nicht wohl.«

Und er?

Er sagte: »Besorgen Sie mir einen Nachmieter!« Habe ich ihm einen besorgt.

Der wird gedacht haben, dass Sie eine Schraube locker haben.

Mit diesem Gedanken ist er nicht alleine auf der Welt. Aber gut …

Was für Argumente hatte Ihre Frau gegen das Haus?

Keine. Wenn Sie in ein Haus oder in eine Wohnung kommen, fühlen Sie sich wohl oder unwohl. Haben Sie da immer Argumente? Entscheidend war: Die Frau, die ich liebe, fühlte sich nicht wohl. Und da ich mich bei Elisabeth wohlfühle, musste ich ihr Unwohlsein mit dem Haus schnell beenden. Wir sind dann in eine Wohnung fünf Minuten weiter gezogen.

In eine Wohnung ganz oben.

Genau. Sagen Sie, sind wir fertig? Soll ich uns mal leckere Zigarren bestellen?

Ja, fein.

Jetzt haben wir nicht über Nazis geredet.

Haben wir nicht.

Wollen Sie noch über Nazis reden?

Eigentlich haben wir auch nicht über Mietwohnungen geredet.

Sondern?

Über Ihre Liebe zu Ihrer Frau.

Sie haben recht. Und wissen Sie, ich spiele ja nicht nur Nazis. Am Dienstag spiele ich mit Desirée Nosbusch zusammen in einem Fernsehkrimi. Können Sie sich anschauen.

Sie und Desirée Nosbusch?

Ja, ich bin ein Kommissar, sie ist meine Chefin. Desirée ist eine sehr gute Schauspielerin, wurde lange unterschätzt. Haben die mich von der Produktion vorher gefragt, ob das ein Problem für mich sei, dass ich da eine Frau als Chefin habe.

Hatten die Angst, dass Sie Komplexe bekommen?

Ja! Ich hab gedacht, mein Schwein pfeift. Ich habe denen gesagt: »Hört mal, ihr Lieben, ein alter Glatzkopf, der eine schöne Frau als Chefin hat, das ist kein Problem, das ist das Gegenteil eines Problems!« Ich meine, wo leben wir denn, oder? So, sagen Sie mal: Was machen wir mit den Nazis? Nix, oder? Ich will Sie aber nicht beeinflussen …

Ich habe keine Lust mehr, über Nazis zu reden.

Meine Rede. Jetzt machen Sie mal das Band aus. Jetzt wird geraucht.

MAREK LIEBERBERG

»Als Veranstalter bin ich immer schuld – an den Preisen fürs Ticket, an der schlechten Luft in der Halle, am miesen Sound, an allem. Nur der Künstler ist nie schuld. Aber das ist okay. Ich kann damit leben.«

Marek Lieberberg, geboren 1946, gründete mit Marcel Avram 1970 die Konzertagentur Mama Concerts. 1986 trennten sich die beiden im Streit, pflegen aber inzwischen wieder ein entspanntes Verhältnis. Lieberberg ist heute der führende Veranstalter in Deutschland. Er lebt in Frankfurt, ist verheiratet und hat drei Söhne, von denen einer – André Lieberberg – in seiner Agentur arbeitet.

Eine Gründerzeitvilla im Frankfurter Dichterviertel im Sommer 2005, kurz vor dem Live-8-Konzert im Londoner Hyde Park. Das Haus hängt voll mit alten Tourplakaten und Kunst. Der Konzertagent ist ein Feingeist, in der Kunst, in der Literatur, im Theater bewandert. Ob ihn der schlechte Ruf seiner Branche stört? »Juckt mich nicht«, sagt Lieberberg auf dem Weg in sein Büro, »haben wir einen schlechteren Ruf als Großbanken? Ich glaube nicht, oder?« Bemerkenswerter Satz, bedenkt man, dass die Großeltern drei Jahre später die Weltwirtschaft ruinieren sollten.

Herr Lieberberg, eine Frage, die direkt mal rausmuss: War früher alles besser?

Oh, hm … nein.

Aber?

Sagen wir: Ereignisreicher, die Anfänge der Rockmusik waren ereignisreicher. Konzerte zu organisieren war 1970 ein Abenteuer. Heute habe ich es als Veranstalter mit autokratischen Strukturen zu tun – sowie mit dem Filz der Bürokratie.

Ihr erstes Konzert?

Kann ich Ihnen exakt sagen, das war am 7. September 1970. Halle Münsterland in Münster: The Who. Ich war 24 Jahre alt, um nicht zu sagen: jung. Die Feuertaufe. Da kann ich Ihnen was erzählen!

Okay, gleich. Aber wie kommt man mit 24 Jahren auf die Idee, ein Konzert mit The Who in Münster zu organisieren?

Ich hatte die Band in London angesprochen. Wir saßen in einem Lokal nahe der Wardour Street. The Who waren das große Ding, gerade waren in Brighton diese Schlägereien zwischen Rockern und Mods gewesen, und …

Ihre eigene Musikerkarriere war da gerade gescheitert, oder?

Mooooment!

Doch, doch! Zuvor waren Sie unter dem tollen Namen Mike Lee & The Echos selber aufgetreten, aber …

Nix aber! Wir haben die Stadthalle in Köppern und die führende Gaststätte in Waldsolms-Brandoberndorf bespielt, die Hysterie ging hoch bis nach Kassel!

Nun gut.

Ja, gut, womit ich nicht leugnen will, dass es zu Weltruhm nicht reichte. Ich war dann Musikjournalist und Student, ich habe Soziologie studiert, es war ja die Zeit um 1968, in der sich alles vermischte. Ich schrieb viel über Musik.

Waren Sie ein '68er?

Ja und nein. Die Musik, die Literatur, das Theater vor allem, das hat mich beeindruckt. Politisch war die Zeit wichtig – aber auch dumm und gefährlich.

Wieso?

Weil Sie sofort niedergeschrien wurden, wenn Sie eine andere Meinung hatten als die Brüllaffen vom SDS! Das hat mich abgestoßen – auch, wie sie in Frankfurt plötzlich Adorno niedergemacht haben.

Ein gewisses revolutionäres Chaos gehört zu jedem Ereignis, oder?

Ach, wissen Sie, da war ich ganz der junge und ängstliche Jude. Außer meinen Eltern ist meine gesamte Familie von den Nazis ausgerottet worden, meine beiden Schwestern sind im Krieg verhungert. Eine infernalische Familiensituation.

Aber gegen die noch in Würden befindlichen Nazis gingen die '68er doch vor.

Allerdings mit Methoden, die mir denen ihrer Mütter und Väter nicht immer unähnlich erschienen. Diese eine Wahrheit, die einige Pseudorevolutionäre gepachtet hatten, diese Selbstgerechtigkeit, die behagte mir nicht.

Nun zur Musik! Wieso sind Sie nicht Journalist geblieben?

Damals gab es unter den Musikern, mit denen ich zu tun hatte, immer wieder die Frage: »Marek, do you want to be a journalist – or do you want to make money?« Das hat mich dann langsam nervös gemacht.

Sie müssen aber 1970 schon reich gewesen sein.

Wieso denn das?

Weil Sie The Who nach Münster holten.

Ich hatte keinen Pfennig! Nix! Wissen Sie, was wir hatten damals? Lust! Eine wahnwitzige Lust auf diese Musik! Und auf das Abenteuer, diese Leute, die im »Marquee«, im »Ufo Club«, im »Speak Easy« auftraten – The Who, Deep Purple, Pink Floyd –, nach Deutschland zu holen!

Wie hoch war das finanzielle Risiko?

Nun ja, hoch halt! Natürlich, was glauben Sie denn? Wir hatten keine Rücklagen. Aber es lag auch etwas in der Luft, das heute nicht mehr in der Luft liegt. Ein gewisses Vertrauen.

Woran erkannte man das?

Schauen Sie, die größte Tournee Anfang der 70er, das war Deep Purple in Rock. Heute hätten Sie es bei einer Band in diesem Rang mit fünf Managementstufen zu tun: Manager, Business-Manager, Agent, Anwalt, persönlicher Berater. Die Musikindustrie geht heute nicht nur an mangelnder Kreativität zugrunde, sondern vor allem an ihren autoritären Strukturen und ihrem planwirtschaftlichen Kontrollwahn, so lange, bis jeder seinen Mist dazugetan hat und bis die ganze Band in einem Netz aus Verpflichtungen hängt.

Wie war das 1972?

Den Vertrag für die deutschen Konzerte von Deep Purple 1972 habe ich auf einer Papiertischdecke in einem Gartenlokal auf der Mendelssohnstraße in Frankfurt gemacht. Mit deren Manager John Coletta ging das zackzack: Ihr kriegt die und die Garantie, wir kriegen die und die Prozente, fertig ist die Laube. Doppelte Ausfertigung, zwei Unterschriften, patsch.

Mmh ...

Das war, nicht zuletzt, der Grund dafür, dass wir noch Ereignisse schaffen konnten, verstehen Sie? Ein Britney-Spears-Konzert ist heute kein Ereignis mehr, weil es Walter Benjamins These vom Kunstwerk im Zeitalter der Reproduzierbarkeit in der Potenz noch mal total überhöht: Hier kupfert ja die Künstlerin bizarrerweise ihre eigene Reproduktion ab, also zum Beispiel ihre Musikvideos. Dazu gehört dann in der Gesamtheit ein Produktionsapparat, der jede Improvisation ausschließt, bis hin zur Organisation der Konzerte, der Eintrittspreise und so weiter. Wo ist da dann noch das Ereignis?

Damit hat Madonna angefangen, oder? Deren Konzerte Sie auch veranstalteten.

Und doch waren Madonnas Konzerte, auch die zuletzt in Berlin, Ereignisse. Sie ist und bleibt ein Star. Keine große Sängerin – aber ein Star. Die letzte Tour hat mich trotzdem traurig gemacht.

Warum?

Ich kenne Madonna seit den frühen 80ern. Damals konnte man noch lange und wirklich persönliche Gespräche mit ihr führen, was unter Umständen für Konzerte wichtig sein kann. Das ging zuletzt nicht mehr. Wo sie ihre Nase raussteckte, wurde sie gejagt. Darunter litt sie, deshalb zog sie sich auch total zurück. Wenn überhaupt, raste sie durch Berlin wie gehetztes Wild. Ein Fotograf schoss dann das Bild ihrer leeren Teetasse in einem Berliner Café. Das ist für mich zu einer Ikone ihrer An- beziehungsweise Abwesenheit geworden.

Gehen wir noch mal zurück: Lief Ihr erstes selbst veranstaltetes Konzert – das mit The Who im September 1970 – glatt?

Natürlich nicht. Nichts lief glatt damals. The Who waren ja nicht nur genial. Sondern auch total verrückt.

Die hatten Keith Moon!

Und eben um Keith, der wirklich ein ganz großer Schlagzeuger war, geht es nun. Ich mietete die Band damals im Schlosshotel Wilkinghege ein, auch heute noch keine ganz schlechte Adresse.

Oh weh, die Möblierung ...

... da kommt mir der Hotelmanager entgegen und sagt mit kühler Stimme: »Herr Lieberberg, Sie sind bereits ausgecheckt, Sie und Ihre Truppe aus England.«

Weshalb?

Das habe ich den Mann auch gefragt. Da zeigt er hinter sich und sagt: »Deshalb.«

Und?

Über ihm saß Keith Moon auf einem Kronleuchter! Der segelte in hohem Bogen quer durch die Empfangshalle! Ich werde das niemals vergessen. Das war so ein Leuchter, der aus Hirschgeweihen zusammengenagelt war. Hotelgäste kreischten. Keith brüllte: »Marek, it's fucking great in Germany, I love it!« Ich rief zurück: »Yes Keith, and we're already out.«

Und dann?

Wir mussten noch in derselben Nacht nach Offenbach. Wir haben ja nirgendwo mehr ein Hotel bekommen in Nordrhein-Westfalen, die haben sich alle gegenseitig gewarnt: Achtung, da kommt ein junger Konzertfritze mit einer Truppe Irrer aus England. Also sind wir nach Offenbach, ich im VW-Käfer vorneweg, The Who und ihre Trucks hinterher ... Sagen Sie, reden hier zwei alte Männer vom Krieg?

Aber was denn!

Okay. Ich meine, es gibt ja auch heute noch Ereignisse, oder?

Zum Beispiel?

Zum Beispiel habe ich die Solotournee von Bruce Springsteen als Ereignis wahrgenommen, und wenn mich mein Eindruck nicht täuscht: seine Fans auch. Es gibt auch heute Künstler, die, sagen wir, ausbrechen aus so vorgestanzten Formen. Im Herbst kommt Bob Dylan wieder. Bei dem wissen Sie auch nicht, was Sie erwartet, das ist das reine Roulette.

Zufällig zwei Ihrer Künstler!

Nicht zufällig, nein, nein, ich veranstalte diese Konzerte nicht ohne Grund, okay?

Aber sagen Sie noch mal: The Who in Münster oder in Offenbach – was waren das für seltsame Auftrittsorte? Für Bands, die schon damals Größe hatten?

Bis auf die Westfalenhalle in Dortmund, die uns oft zu groß war, gab es ja in Deutschland noch nicht diese Mehrzweckhallenkultur wie heute. Nur: Ein Konzert ist ja kein Ereignis, nur weil es in der Schalke-Arena stattfindet, nicht wahr?

Die Erotik der Mehrzweckhalle ...

... können Sie natürlich vergessen! Da müssen Sie ja gegen diese Hallen anspielen. In den frühen 70ern hatten wir abenteuerliche Zustände in diesen verstaubten, mittelgroßen und alten Festhallen, die es damals noch gab. Die Huttensäle in Würzburg, unvergessen! Da steht heute ein Supermarkt. Da hatten wir Deep Purple drin. Pink Floyd spielten ihr »Meddle«-Album in Heidelberg und im Hamburger Audimax, die Düsseldorfer Philipshalle war gerade erst fertiggebaut, da spielten Pink Floyd auch, und die Leute draußen saßen bis zum nächsten S-Bahnhof auf der Straße, um nur ein paar Töne zu ergattern, in der Halle waren ein paar Tausend Leute zu viel …

… wie konnte man das stattfinden lassen, unter dem Sicherheitsstandpunkt?

Wie denn nicht? Beim Pink-Floyd-Konzert im Hamburger Audimax haben Fans die Türen mit einem Baumstamm aufgerammt! Das müssen Sie sich vorstellen! Wie die Wikinger! Wenn so ein Konzert ausfällt, liegt alles in Schutt und Asche.

Und es gab keine Sicherheitsleute, die …

In den Huttensälen in Würzburg sagte mir 1972 der Hausmeister vorm Deep-Purple-Konzert: »Machen Sie sich keine Sorgen, Herr Lieberberg, wir haben das hier in Würzburg mit der Sicherheit rigide im Griff!« Ein paar Rocker testeten dann mal, wie schnell man einen so strengen Hausmeister in einer Drehtür beschleunigen kann. Der ist da durchgeschossen wie in einer Slapstick-Komödie. Zu Konzertbeginn lag er schon im Krankenhaus.

Wieso erlaubten sich die Leute, Konzerthallen zu stürmen?

Da gab es – wie für jeden Quatsch damals – einen weltanschaulichen Überbau.

Sogar das?

Sogar das! Nämlich: Die Musik ist frei! Niemand hat das Recht, für etwas so Schönes wie Musik Eintritt zu verlangen.

Toll! Die Welt ist eine Performance –

und weil wir Pink Floyd lieb haben, muss Pink Floyd uns auch lieb haben?

So ungefähr, ja …

Und die Kosten?

Weiß nicht, sollte der Staat bezahlen oder der Veranstalter. Jedenfalls, das war der systemkritische Überbau der Hallenstürmerbewegung: Die Musik ist frei!

Dann waren Sie natürlich nach damaligen Kriterien der üble Kapitalist.

Oh, das bin ich immer noch. Als Veranstalter bin ich auch immer schuld – an den Preisen fürs Ticket, an der schlechten Luft in der Halle, am miesen Sound, an allem. Nur der Künstler ist nie schuld. Aber das ist okay. Ich kann damit leben.

Herr Lieberberg, wird das »Live 8«-Spektakel am Samstag ein, nun ja, Ereignis?

Ich hoffe es, und ich glaube es auch.

Was soll uns da überraschen? Alles ist perfekt durchorganisiert.

Wie wollen Sie das perfekt durchorganisieren? Wie wollen Sie vorhersehen, was aus dem Kurzauftritt von Pink Floyd in London wird? Roger Waters und David Gilmour haben annähernd 25 Jahre nicht miteinander geredet. Waters hat die anderen drei Bandmitglieder jahrzehntelang mit Prozessen überzogen. Holy Moses!

Sie haben die Pink-Floyd-Tourneen von 1970 an in Deutschland organisiert.

Und ich bin, weil ich die Band sehr gut kenne und weil ich sie über alle Maßen schätze, wegen dieses Londoner Kurzauftritts überraschend nervös.

Es werden ja nur ein paar Lieder sein ...

Hören Sie: Nichts ist bei dieser Band in irgendeiner Weise lapidar. Und seien Sie sicher, die arbeiten hart daran, dass diese paar Lieder bei »Live 8« so klingen, dass sie erhobenen Hauptes wieder aus dem Hyde Park abreisen können. Das sind Pedanten. Und doch können Sie bei zwei Menschen wie Roger Waters und David Gilmour nicht wissen, wie das ausgeht ...

Werden die noch mal auf Tour gehen?

Ich glaube nicht.

Wieso nicht?

Die Herren sind über 60 Jahre alt. Sie schauen – bei allem Krach, den sie hatten und der auch mich einige Nerven gekostet hat – auf eine unglaubliche Geschichte zurück. Wieso sollen die das jetzt noch mal aufs Spiel setzen? Ich meine, diese »Wall«-Konzerte 1981 in Dortmund, das war für uns alle lebensverändernd, auch für viele Fans war das lebensverändernd. Das war ein Ereignis! Wie von Peter Brook inszeniert – und noch so viel mehr.

Wissen Sie, welche Lieder die am Samstag im Hyde Park spielen werden?

Nein, das ist sehr streng geheim. Es wird ja spekuliert wie irre ...

Sie werden mit »Comfortably Numb« aufhören, da bin ich sicher.

Das sagen Sie! Das Lied ist nicht das prominenteste. Oje, war das eine Zeit ...

Sie meinen: Pink Floyd waren auch hinter der Bühne ein Ereignis?

Gewissermaßen. Der herrische, übellaunige, ungerechte, wenn auch geniale Roger Waters. Sowie der stets britisch lächelnde David Gilmour, der jenen Roger Waters ein ums andere Mal hübsch auflaufen ließ. Man war wirklich froh, wenn man ihnen nicht gleichzeitig begegnete.

Wie ging das damals in Dortmund?

Nun, die Band wohnte die ganze Woche über in Düsseldorf im »Breidenbacher Hof«. Wenn ich mit David essen ging, so war Roger besser nicht dabei. Es dauerte sonst nur Minuten, und sie hatten sich in den Haaren: Roger kalt zischend, David warm lächelnd. Es war furchtbar.

Wie die Kinder, oder?

Natürlich. Um was ging es denn? Inhaltlich würde Ihnen keiner der beiden heute ernsthaft sagen können, um was es ging, die haben keinen argumentativ hochwertigen Streit ausgefochten, verstehen Sie? Das macht mir ja nun solche Angst.

Wieso das?

Na ja, dass sie sich jetzt so altersmilde anschauen da in London und diese Nummer hier aufführen: Mensch, komm, setzen wir doch den großen Dinosaurier noch mal auf die Straße. Ich halte von so was nichts: An den Rolling

Stones oder U2 sehen Sie, wie trostlos das ausgehen kann.

Beide Bands sollten Ihrer Meinung nach besser nicht mehr touren?

Natürlich nicht! Sie sind ein Abbild ihres eigenen Glanzes. Das ist zynisch. Bei U2 steht ein Mann von über 50 Lebensjahren in schwarzer Lederhose und mit Sonnenbrille auf der Bühne und gibt den Herrn vom Underground! Hinter ihm steht ein Gitarrist mit einer Strickmütze! Und all das soll uns weismachen, diese Band sei noch ein Ereignis? Ich bitte Sie! Diese ganze Propagandamaschine namens U2 hat einen wahren und schönen Kern, und dieser Kern liegt im Ursprung dieser Band, als sie Kraft und Spiritualität hatte. Nun zieht die Karawane weiter, wenn auch aus wirtschaftlichen Zwängen.

Sie wollen mir weismachen, U2 oder die Rolling Stones touren aus wirtschaftlichen Zwängen? Die sind reich!

Täuschen Sie sich mal nicht über deren Verpflichtungen. Wenn Sie Apparate am Hals haben wie Bono oder Scheidungsfälle wie Mick Jagger, dann sind Sie über alle weiteren Einnahmen sehr froh.

Ich dachte, wenn man so alt und reich ist wie zum Beispiel die Rolling Stones, tourt man nur noch aus Spaß.

Das sagen die natürlich, aber glauben Sie das nicht! Spaß ist nicht der Grund der »Rolling-Stones-Tournee 2006«.

Sie können über diese Bands so denken, Sie veranstalten deren Tourneen ja nicht.

Die Kausalitätskette bitte andersrum drehen, mein Lieber: Ich veranstalte deren Tourneen nicht, weil ich so über sie denke. Glauben Sie mir, bei Springsteen oder Dylan – deren Tourneen ich ja veranstalte – sieht die Sache halt anders aus. Ich weiß das, weil ich beide Künstler seit vielen Jahren gut kenne. Die wollen den Leuten noch etwas mitteilen.

David Gilmour gibt in London gelegentlich so Kammermusikabende …

… auch sehr hübsch, natürlich, so geht es doch auch: mit Würde. Die beiden Herren von Abba spielen in Schweden auf Folkkonzerten alte schwedische Lieder. Glauben Sie, ich hätte aus finanziellen Gesichtspunkten nicht noch mal Lust, Abba auf Tour zu schicken? Ich habe deren Tourneen gemacht, das waren phantastische Zeiten. Aber die wissen, dass das in die Hose gehen würde. Die sind nicht dumm.

Ist Jagger dumm?

Nein, er ist in einer Mühle aus Verpflichtungen. Und er ist vor allem eins: Geschäftsmann. Deshalb der ganze Totentanz. Der einzige wirkliche Charakter bei den Stones ist Keith Richards, der hat diese mumifizierte Tiefenschärfe, eine literarische, große Figur! Nein, mit den Stones könnte ich nur einen mir bekannten Menschen glücklich machen.

Wen?

Daniel Cohn-Bendit!

Ah, ein Ein-Personen-Ereignis.

Dani ruft nur aus zwei Gründen an. Erstens: Er bittet mich um Tickets für seine Kinder.

Der zweite Grund?

Er ist ja neulich im April 60 geworden. Da fragte er mich, ob ich nicht regeln könne, dass Mick Jagger für ihn etwas singt. Man habe doch damals in den 60-ern gemeinsam für die richtige Sache gekämpft.

Das meinte er nicht ernst.

Ich schwöre es.

Sind Sie in einer Partei?

Nein.

Sie lächeln?

Ja, wissen Sie, bei Leuten wie Dani, da steh ich vor einer Art Bühne und …

… staune.

… ja, und staune.

INTERVIEW MIT LOU REED

LOU REED

»Wieso schickt mir meine Plattenfirma Journalisten aus München?«

Lou Reed, 60, gründete nach schwieriger Jugend – seine Eltern ließen ihn wegen angeblicher homoerotischer Neigungen mit Elektroschocks behandeln – Mitte der 60er-Jahre in New York die legendäre Band Velvet Underground. Der Amerikaner prägte danach auch mit seinen Soloplatten »Transformer« (1972), der Lärmorgie »Metal Machine Music« (1978) sowie seiner Comeback-CD »New York« (1989) einen kalten Stil, sein Stück »Take A Walk On The Wild Side« gilt zu seinem eigenen Verdruss bis heute als Hymne fatalistischer Großstadt-Cowboys. In den letzten 20 Jahren erlaubte sich Reed zunehmend musikalische Ausflüge auf die Bühne, wo er unter anderem mit Robert Wilson am Hamburger Thalia Theater inszenierte.

New York im Regenwinter 2002/2003. Das Pastis im Meat Packing District von Manhattan sieht so verlogen aus wie das Paris im »Leben der Amelie«. Es ist das Lieblingslokal von Lou Reed in New York, weil es ihn – wie New York – an Europa erinnert, wo – so denken Leute wie Lou Reed – die Menschen mehr Kultur haben als in Amerika. Er kommt in schwarzer Lederhose durch den Regen gelaufen, setzt sich an einen Bistrotisch und schaut wie ein Reptil. Er spricht langsam und macht immense Pausen. Besonders dumme Fragen – zum Beispiel die nach Ground Zero – bestraft er sogar durch extralange Pausen. Solche Fragen verschaffen ihm Rechtfertigung für seine nicht gute Laune. Womöglich weiß er selber, dass seine Edgar-Allan-Poe-Vertonung »The Raven« aufgeblasener Kunstrockmist ist, womöglich ahnt er auch nur, dass der Interviewer das ahnt. Jedenfalls wird es das sinnloseste Interview, das ich bisher geführt habe. Und als nach 25 Minuten seine Agentin an den Tisch kommt – »Alexander, only 5 Minutes left, okay?« –, da sage ich: »Oh, I think, we already have it!« Keine Kraft mehr. Danach gehe ich gedemütigt durch den New Yorker Dauerregen ins Hotel und schaue mir auf CNN die Mobilmachung für den Irakkrieg an. Meine deprimierendste Reise nach New York neigt sich dem Ende entgegen.

Sie schauen sich mein Aufnahmegerät an.

Ich schaue mir Ihr Aufnahmegerät an.

Warum?

Sie sind ein Kassettenmann. Andere benutzen digitale Geräte, Sie ein Kassettengerät. Sie sind ein Kassettenmann.

Okay, ich bin ein Kassettenmann. Mister Reed, da ich dem Glauben anhänge, dass Künstler die Zukunft besser voraussehen als Wissenschaftler, möchte ich mich mit Ihnen darüber unterhalten, was auf die Welt im Jahr 2003 zukommt …

… nein …

… also was uns im Jahr 2003 in der Politik, der Wissenschaft, der Musik, allgemein der Kunst erwartet, wir können uns auch einen Bereich aussuchen …

… hören Sie zu: Ich bin ausschließlich daran interessiert, mich mit Ihnen über Musik oder mein neues Album zu unterhalten. Ich bin nicht daran interessiert, über Politik zu reden. Ich bin auch nicht daran interessiert, darüber zu reden, was das Jahr 2003 bringen wird. Okay? Nicht mit mir.

Reden wir über Ihr neues Album, das jetzt, im Januar 2003, erscheint und in dem Sie Edgar Allan Poes »Raven« ...

Ich bin kein Kritiker. Auch wenn es darum geht, bin ich die falsche Person für Sie. Falls Sie auf der Suche nach irgendwelchen Interpretationen sein sollten ...

... kommen Sie, jeder ist irgendwie Kritiker. Edgar Allan Poe war auch Kritiker.

Traurig genug.

Er schrieb höhnische Literaturrezensionen für den »Southern Literary Messenger« ...

... für eine Weile. Aber nicht lange.

So lange, bis man ihn wegen Trunkenheit aus der Redaktion warf.

Hat man das?

Ja.

Ich habe diese Rezensionen nie gelesen. Haben Sie sie gelesen?

Nein.

Sehen Sie. Und der Kritiker Edgar Allan Poe ist nicht der Edgar Allan Poe, der mich interessiert. Interessiert er Sie?

Ohne jetzt auf das Jahr 2003 hinauszuwollen: Liegt im Horror nicht oft eine besondere Form von Komik?

Poe beweist, dass es so ist. Seine Erzählung »Hop-Frog« ist komisch ...

... der späte Poe ...

... exakt, sie ist komisch, der König und sein Narr, so Sachen, hm, ja ...

War Edgar Allan Poe ein Autor, dessen komisches Talent unterschätzt wurde? War er womöglich ein komischer Autor?

Das haben Sie gesagt. Ich habe das nicht gesagt. Ich habe nur gesagt, dass einige seiner Sachen komisch waren. »Hop-Frog« zum Beispiel. Dann haben Sie gesagt, er sei ein komischer Autor gewesen.

Ich habe Sie gefragt.

Ich habe das nicht gesagt. Vielleicht war einiges von dem, was er geschrieben hat, komisch, satirisch womöglich, das hängt aber auch von Ihrem Verständnis von Humor ab. Oder von meinem.

Könnte man sagen: Er hat ein paar Sachen gesehen, die ...

... hören Sie, Sie sollten eins jetzt mal begreifen: Ich bin kein Edgar-Allan-Poe-Experte. Wenn Sie philologische Fragen zu Edgar Allan Poe stellen wollen, bin ich die falsche Person. Ich bin kein Edgar-Allan-Poe-Wissenschaftler. Ich habe nicht einmal alles gelesen, was er geschrieben hat.

Nun, könnte man sagen, dass Sie irgendetwas an Poe interessiert? Immerhin haben Sie ja nun den »Raben« sehr aufwendig vertont.

Edgar Allan Poe ist faszinierend. Er hat die erste Detektivgeschichte geschrieben, er hat die Urknalltheorie verstanden, verstehen Sie? Haben Sie Poe gelesen?

Das eine oder andere.

Was denn? Viel?

Mein Gott, »Der Doppelmord in der Rue Morgue«, »Der Untergang des Hauses Usher«, einige ...

Nein, nein, ob Sie viel von ihm gelesen haben, wollte ich wissen.

Ich habe Ihnen gesagt, was ich von Edgar Allan Poe gelesen habe.

Okay, ich glaube, ich habe mehr von Edgar Allan Poe gelesen als Sie.

Vermutlich, ja.

Nicht vermutlich, ich bin sicher, dass es so ist. Und obwohl ich also mehr von ihm gelesen habe als Sie, bin ich sicher, dass ich nicht genug von ihm gelesen habe. Und ich glaube auch, dass es oft nicht möglich ist, Poe zu verstehen, im herkömmlichen Sinne. Alle, die versuchen, ihn aus dem Kontext heraus zu verstehen, verstehen ihn nicht. Er versuchte meiner Meinung nach stets herauszufinden, was wirklich böse oder schlecht ist und was nicht. Es hängt ja immer mit der Umgebung zusammen, in der Sie aufgewachsen sind, ob Sie etwas böse finden oder nicht.

Seine Umgebung verübelte ihm seine Beziehung zu seiner 13-jährigen Cousine.

Ja, dabei ist es in anderen Kulturkreisen nichts Böses, ein Verhältnis zu einer 13-jährigen Cousine zu haben. Poe stellt uns immer wieder vor die Frage: Was ist böse? Und: Ist das hier wirklich böse? Oder nicht vielmehr das hier? Aber mich hat immer eher die reine Psychologie in seiner Arbeit und in seiner Sprache fasziniert, nicht das Böse an sich. Was sollte uns schon am Bösen faszinieren?

Eine Frage, die sich von selbst beantwortet. Sie machen Witze.

Warum?

Das Böse kann, wie Sie wissen, sehr faszinierend sein.

Fühlen Sie sich etwa vom Bösen angezogen?

Jeder fühlt sich mal vom Bösen angezogen, hm? Von einem bösen Geldgeber, einer bösen Frau ...

... einem bösen Präsidenten.

Genau, aber Sie wollten ja keinesfalls über Politik reden.

So ist es.

Okay, bleiben wir also bei der Psychologie: Ist die Beschäftigung mit dem Horror eine Therapieform?

Wie?

Deutlicher: Sind die Beschäftigung mit dem Horror Edgar Allan Poes und die Beschäftigung mit dem Raben »Nimmermehr« eine Therapie für Sie?

Glaube ich nicht. Vielleicht ist es ja eine Therapie für Sie.

Grundsätzlich kann es ja trostreich sein, sich mit dem Dunklen ...

... das ist keine Therapie für mich. Kennen Sie Gottfried Helnwein?

Den österreichischen Künstler?
Ja, Gottfried Helnwein.
Nicht persönlich. Einige seiner Sachen kenne ich, ja.
Mögen Sie seine Sachen?
Nein.
Aha.
Wieso?
Er ist ein Freund von mir.
Ist er das?
Ja. Er hat ein wunderbares Bild von Poe gemalt.
Schön. Noch mal: Könnte es womöglich sein, dass in den finsteren Versen Poes oder in der Literatur Kafkas etwas eher Trostreiches steckt?
Das ist mir egal. Es geht nur um die Schönheit der Sprache. Nehmen Sie mal den ersten Satz aus Kafkas »Verwandlung«, als Samsa erwacht und sich als Käfer wiederfindet: Eine bessere Eröffnung bekämen wir beide nicht in einer Million Jahre hin …
Gut, und …
… und so eine Eröffnung geht direkt ins Herz, mehr als jede lahme Analyse über diese Eröffnung je zu erklären imstande wäre, verstehen Sie?
Glauben Sie, dass im »Raben« oder in der »Verwandlung« Ängste thematisiert werden, die die sogenannten normalen Menschen auch haben, die sie aber kaum anerkennen oder für die sie mindestens keine Worte finden?
Ich habe diesbezüglich keine Umfrage

gemacht. Aber: Es gibt keine normalen Menschen, wenn Sie von Glück oder so etwas sprechen. Es gibt keinen Menschen, bei dem nicht diese seltsamen Partikel im Gehirn herumfließen, die Albträume verursachen, von Zeit zu Zeit haben selbst die Schlichtesten Albträume. Meine Albträume reichen aus für ein einwöchiges Interview auf CNN.
Ich habe Sie nicht verstanden.
Ich habe einen Witz gemacht.
Ich habe Sie akustisch nicht verstanden. Es ist sehr laut in diesem Restaurant.
Sie werden den Witz hören, wenn Sie das Band abhören. Leben Sie in New York?
Nein, in München.
Wieso in München?
Wieso nicht?
Wenn Sie für eine wichtige deutsche Zeitung schreiben, müssen Sie in New York oder in Hamburg leben. Wieso schickt mir meine Plattenfirma Journalisten aus München?
Weil es in München eine große deutsche Tageszeitung gibt.
Das ist interessant. Geht es den Deutschen gut?
Die Politiker gehen uns querbeet auf die Nerven wie selten zuvor, die Arbeitslosigkeit steigt ebenso querbeet. Die fetten Jahre sind vorbei, und die, die die letzten Jahrzehnte in ihnen lebten, können von Glück reden.

Bei euch drüben auch?

Bei uns drüben auch.

Ich dachte, das ist ein amerikanisches Problem. Ich meine, hier in New York wollen die U-Bahn-Fahrer streiken. Dabei ist es illegal. Die dürfen gar nicht streiken.

Ein amerikanisches Problem ist meist recht bald auch ein europäisches Problem. Und die wirtschaftliche Situation hat sich seit dem 11. September 2001 auf der ganzen Welt verschlechtert.

Yeah.

Wie oft sind Sie am Ground Zero?

Ich bin nach dem Anschlag fast jeden Tag durch die Polizeiabsperrung gelaufen, weil ein Studio, in dem wir an der neuen Platte gearbeitet hatten, hinter dieser Absperrung lag. Man vergisst diesen Geruch nicht mehr.

Und man begreift nach wie vor nicht, dass diese beiden Häuser, die man von überall aus gesehen hat, nicht mehr dastehen.

Ich will darüber jetzt nicht mehr reden.

Ist es nicht paranoid, dass wir alle seit Monaten auf einen Krieg warten?

Wann waren die Zeiten nicht paranoid? Der Zweite Weltkrieg und die Konzentrationslager, waren die nicht paranoid? Oder der Koreakrieg? Oder der Vietnamkrieg? Was, wenn Sie gleich hier aus dem Restaurant gehen und ein entlaufener Elefant Sie platt-

macht? Ich meine ... das Leben ist endlich. Selbst wir beide sind mal an der Reihe.

Es gibt einen Unterschied, ob ich zufällig von einem Elefanten plattgelaufen oder von CNN monatelang auf den gerechten Krieg vorbereitet werde.

Natürlich. Aber Sie erfahren die ganze Wahrheit sowieso nicht auf CNN. Die Leute wissen das.

Künstler, die sich zur Politik äußern, sind in Amerika trotz vereinzelter Aufrufe momentan nicht sehr en vogue. Das war zu der Zeit, als Sie jung waren, anders ...

... wenn sich ein Künstler nicht zur Politik äußern will, soll er es lassen. Man wird heute beschossen mit Halbinformationen über diesen oder jenen politischen Vorgang. Bevor ich mich dazu irgendwo äußere, muss ich wissen, wie viel Zeit oder Platz mir eingeräumt wird.

Einer der wenigen wirklichen Superstars, der das Elend Amerikas heute noch beim Namen nennt, ist Eminem. Mögen Sie ihn?

Die Eminem-Frage. Eminem ist eine Art Flagge für eine bestimmte Gesinnung geworden. Ich werde diese Frage also nicht beantworten.

Er nennt die Dinge beim Namen.

Wie gesagt: kein Wort zu Eminem.

Woher beziehen Sie Ihre politischen Informationen?

Nicht von CNN. Wenn ich wissen will,

was los ist, rede ich zum Beispiel mit meinem Freund Vaclav Havel.

Diese Möglichkeit der Kontaktaufnahme ist ein Privileg, das Sie nicht mit Ihren Landsleuten teilen können.

Ich weiß.

Mister Reed, geben Sie gerne Interviews?

Hängt vom Interviewer ab. Sie erhalten die Bestnote: A plus.

Danke für die Lüge.

Würde ich Sie jemals anlügen?

Es wird mir eine Freude sein, Sie mal wieder zu sehen, wenn Sie auf einer Bühne stehen.

Ich sage Ihnen Bescheid, wenn es so weit ist, okay?

INTERVIEW MIT STEFAN GABÁNYI

STEFAN GABÁNYI

»Die Welt ist nirgendwo so unenglisch wie in Berlin.«

Stefan Gabányi wurde 1957 geboren und studierte in München Ethnologie, Religionswissenschaften und Soziologie. Statt zu promovieren, entschied er sich dann im Herbst 1988 für die Kellnerlaufbahn in der Münchner »Schumann's Bar« – zuerst auf der Maximilianstraße, seit 2003 dann am Odeonsplatz. Sein umfangreiches »Schumann's Whisk(e)y Lexikon« (Collection Rolf Heyne) ist ein Standardwerk. Stefan Gabányi serviert privat auch für Frau und Tochter und schreibt regelmäßig über Essen, Trinken und Verhaltensauffälligkeiten von Gästen und Kellnern für das »Wochenende« der Süddeutschen Zeitung.

Dezember 2005. Über München steht an diesem Nachmittag die Münchenson-
ne, darunter klirrt Münchenkälte, und drinnen im Schumann's am Odeonsplatz
werfen die Stühle und Tische schwankend schöne Schatten. Charles Schumann
schiebt sein Fahrrad ins Lokal. Stefan Gabányi kommt im Rollkragen zur Schicht.
16 Uhr. Nicht mehr lange, und die ersten Solisten sitzen an den Tischen und tun
so, als seien sie verabredet. Noch ist Zeit für ein Gespräch mit dem unbekittelten
Kellner. Über Sachen, die man richtig und falsch machen kann … Kaum eins der
Interviews für die Wochenendbeilage hatte eine derart begeisterte Resonanz unter
den Lesern. Offenbar kann man von Gabányi eine Menge lernen.

**Stefan Gabányi, machen Sie daheim
die Tür auf, wenn's überraschend
klingelt?**
Wenn ich nicht mit Gästen rechne:
nein.
Warum nicht?
Ich mag keine Überraschungen. Und
Überraschungsgäste meist auch nicht.
**Sie sind kein Kellner, sondern so
eine Art Institution … kann man so
sagen?**
Nein. Das werden Sie auch noch be-
reuen.
Wieso?
Weil Sie das Kompliment mir persön-
lich machen – obwohl ich im »Schu-
mann's« wunderbare Kollegen habe.
Und natürlich auch einen wunderba-
ren Chef.
Natürlich. Natürlich.

Zu spät, mein Lieber, zu spät …
**Reden wir also über Feste – und im
Besonderen über Gäste …**
Okay.
**Haben Sie Angst vorm Heiligen
Abend?**
Nein, nicht mehr.
Früher denn?
Das übliche Scheidungskind-Drama:
Am 23. bei Oma, am 24. bei Mama, am
25. bei Papa. Das war alles nicht so lus-
tig.
Und heute?
… ist das Fest ausschließlich für mei-
ne Tochter da. Aber wenn die sich ei-
nes Tages zu Weihnachten einen Um-
schlag mit Geld wünscht, dann war's
das auch.
Eine eher profane Sicht.
Finden Sie Weihnachten romantisch?

Weihnachtsmärkte sollen romantisch …
Diese Märkte sind die Wartezimmer zur Hölle. Der totale Bratwurstwahnsinn. Und kein halbwegs vernünftiger Mensch sollte so etwas wie Glühwein trinken. Auf Weihnachtsmärkten könnten Sie den Leuten auch Motoröl zum Saufen geben.

Aber die Stimmung …
… ich will doch keinem seine Stimmung verhageln, aber bitte, das ist doch moralisch bedenklich, die Leute da mit Klingglöckchen und so weiter derartig weichzukochen, dass sie dann mit feuchten Augen diese Plörre trinken. Zynisch.

Wo feiern Sie Silvester?
Hier. Im Schumann's.

Ist das nicht langweilig?
Nein, nein, letztes Jahr war es nett. Es wurde getanzt bis sechs Uhr früh. Alle waren guter Stimmung. Und alle waren auch ziemlich bis sogar sehr betrunken.

Mögen Sie wenigstens Silvester?
Nein. Im Prinzip nicht. Ich habe die meisten Silvesterfeste in schlechter Erinnerung. Silvesterfeste gehen ja meist ebenso schief wie Hochzeitsfeste.

Erklären Sie uns als professioneller Gastgeber, und noch dazu als Völkerkundler: Wieso gehen diese Feste so oft schief?
Es ist eine psychologische Sache. Die Erwartungshaltung ist zu groß. In einer Bar habe ich es da als Gast noch leicht.

Ich kann ja einfach gehen. Privat ist das schwer. Da können Sie ja nicht mal eben so abhauen. Ich finde das manchmal furchtbar, in einem privaten Rahmen so festzusitzen, schlimm …

Und Silvester sind die Leute so …
… aufgewühlt! Jahreswechselkitsch. Das Finale halt. Betretenes Zurückschauen. Das große Zittern. Und die Angst …

… vor dem nächsten Jahr.
Bei Hochzeiten geht es sogar um die nächsten Jahre. Plural. Bis dass der Tod euch scheidet. Was für ein Albdruck!

Und die Gastgeber?
Der typische deutsche Gastgeber verhält sich zum Überdruck seiner Gäste sozial entsprechend: er überagiert.

Wie äußert sich das?
Meist durch Hektik. Zum Beispiel glaubt er, alle mit allen bekannt machen zu müssen: Das ist der Dings. Das ist der Bums. Da ist man ja ständig unterwegs, wenn man Gäste dahat, die sich – was zu hoffen ist – nicht alle schon kannten.

Man kann sich auch selbst vorstellen?
Na klar. Das führt zum Beispiel dazu, dass Sie auch mal andere Leute kennenlernen als die, die Sie eh schon kennen.

Das kann man vom Gast verlangen?
Ich finde, man kann vom Gast sowieso mehr verlangen! In Deutschland liegt alle Verantwortung immer auf dem Gastgeber. Der Gast kommt hier

oft mit einer schnöseligen Erwartungshaltung rein: Will mal sehen, was ihr mir zu bieten habt. Dabei gilt: Für den Abend sind alle verantwortlich, die an diesem Abend teilnehmen: Gastgeber und Gast.

Darf man Vorgesetzte einladen?

Ja. Hängt nur davon ab, ob man den Vorgesetzten gerne einlädt. Würden Sie Ihren Vorgesetzten gerne einladen?

Den einen mit Vorbehalten – ja. Den anderen hingegen auf gar keinen Fall!

Interessant. Noch interessanter ist die Frage, wie man Gäste wieder loswird.

Oder: wie man die Gastgeber wieder loswird. Kennen Sie den berühmtesten Gastgeberspruch, so um vier Uhr morgens?

Sagen Sie!

»Oooch, bleibt doch noch ein bisschen!«

Ganz schlimm! Da muss man sofort gehen! Ist auch ein Hinweis auf eine ernste Beziehungskrise im Gastgeberhaushalt.

Das Paar ist dann wieder alleine zu Haus.

Und es weiß auch, was das bedeutet: Einsamkeit, Streit und Bitterkeit.

Und wie wird man Gäste los?

In Deutschland schwer. In letzter Instanz nur mit: »Ich bin müde, bitte geht!«

Und in einer Bar?

Auch nur mit einer klaren Ansage. Und natürlich nur, wenn es sich um wirklich unmögliche Gäste handelt. Leider geht das bei uns nicht so wie in England.

Da geht es leichter?

Ja. Ich habe das neulich wieder in der Bar des Savoy-Hotels in London erlebt. Da kam ein betrunkener Typ rein: laut und von eher prätentiösem Reichtum.

Und?

Die Kellner haben ihn zehn Minuten lang nett angelächelt – und einfach nicht bedient. … Der ist dann still gegangen.

In Deutschland funktioniert das nicht?

Nein. Überhaupt nicht. Undenkbar.

Warum nicht?

Der Deutsche versteht den Subtext nicht. Er braucht stets eine klare Ansage.

Bitte erklären Sie das!

Der betrunkene Brite sagt sich: »Die bedienen mich nicht. Ich bin zwar reich, aber leider zu peinlich.« Der betrunkene Deutsche sagt sich: »Die bedienen mich nicht, die Arschlöcher. Dabei bin ich reich und auch sonst absolut super.«

Gibt es bei uns lokale Unterschiede?

Klar. In München geht es uns ja noch gut.

Das heißt?

Wenn Deutsche den Subtext meistens nicht verstehen, verstehen innerhalb Deutschlands die Berliner den Subtext garantiert nicht. Die Welt ist nirgendwo so unenglisch wie in Berlin.

Reden wir wieder übers Privatfest. Bitte ein weiterer typischer Gastgeberfehler!

Zu überkochen. Ganz typisch. Zu schwieriges Essen, das dann schnell kalt wird. Wichtig ist: einfaches, aber gutes Essen.

Beispiel?

Ich habe mal Pommes für alle gemacht.

Pommes?

Machen Sie mal nicht so ein Gesicht! Die Pommes waren selbst gemacht. Die Leute waren begeistert. Die besten Kartoffeln. Alles war frisch, heiß und lecker.

Bleiben wir noch kurz beim Gastgeber: Mehr als 3000 Menschen sterben angeblich jährlich durchs Passivrauchen.

Die Balkon- und Gartenfrage.

Genau.

Also, Tod hin oder her, ich finde Rauchen auch stil- und würdelos. Aber Gäste rauszuschicken – das geht einfach nicht.

Aber wenn ein Säugling daheim …

Nein, nein, ich bitte Sie. Wenn man einen Säugling daheim hat, macht man halt mal keine Party. Das ist derselbe Impuls, der verlangt, man möge sich bitte die Schuhe ausziehen. Ganz, ganz schlimm. Finsterstes Hausmeisterdeutschland.

Schuhe ausziehen? Gibt's das noch?

Ich fürchte: ja.

Wie heißt dieser Impuls?

Na, Hausmeisterimpuls: saubere Luft, sauberer Teppich – plus lustiger Gast.

Alles zusammen geht nicht?

Gast und Ordnung – das geht nicht zusammen. Ein Gast schmutzt. So ist das.

Was muss ich daheim haben?

Eiswürfel. Wodka. Champagner. Bier. Weißwein. Rotwein. Angostura.

Angostura. Den Würzbitter?

Ja. Der ist gut für Drinks. Gut für den Kater. Gut für den Schluckauf. Über den Kater würde ich gerne noch reden …

… ja, gleich, aber erst noch mal zur Einladung an sich. Was muss ich als Gast mitbringen? Die berühmte Flasche Wein?

Nein, eben die: nicht.

Wieso nicht?

Weil der Gastgeber nichts damit anfangen kann, wenn jeder Gast eine Flasche Wein mitbringt. Es wird ja nicht zehnmal derselbe Wein sein. Und wenn Sie am Ende zehn Sorten Rotwein da rumstehen haben, bringt das nichts – außer Kopfschmerzen. Also entweder bringen Sie eine Kiste vom selben Wein mit. Oder halt eine gute Flasche Champagner.

Wie sieht ein gutes Sachgeschenk aus?

Keine Produkte aus der eigenen Firma! Wenn Sie Platten aus der »SZ Diskothek« verschenken würden, das wäre sehr peinlich. Es gibt sogar Schriftsteller, die ihre eigenen Bücher mitbringen!

Ein etwas zu teures Geschenk ist besser als ein etwas zu billiges, richtig?
Und doch: vor allem die Geste ist wichtig.

Wie sollte die Geste aussehen?
Sagen wir so: Der Adressat ist wichtiger als der Absender. Das Geschenk soll den Absender nicht in ein tolles Licht setzen, sondern dem Adressaten gefallen. Wenn wir ehrlich sind, ist das nicht selbstverständlich, oder?

Übrigens, wieso muss ich als Gastgeber keinen Whisky daheim haben?
Nun, wir sprechen ja von Festen. Und hier gilt: Sie essen und trinken durcheinander. Da empfehle ich Klares wie Wodka, nichts Fassgelagertes, nichts Gezuckertes wie Whisky oder Likörchen.

Wodka ...
Wodka ist klar.

Neulich wurde ich aber Zeuge, wie ein sehr netter Mensch einige Gläser Wodka trank und nichts merkte ...
... ja und?

... ich bin noch nicht fertig: Von einem Glas aufs andere war er plötzlich so betrunken, dass er sich die restliche Flasche über die Hose gegossen hat.
Fällt er oft durch dieses Verhalten auf?

Nein, einer der zivilisiertesten Menschen, die es gibt! Es war recht bestürzend.
Gut, bei Wodka gibt es den berühmten Sekundentod, wenn Sie nicht aufpassen. Ich bin mal im Wodkarausch re-

dend vom Stuhl gefallen. Und das Beste kam noch.

Nämlich?
Ich habe unten auf dem Boden einfach weitergeredet – als wäre nichts passiert.

Faszinierend!
Der Rausch ist sowieso faszinierend. Leider hat er heutzutage ein schlechtes Image. Wie auch der Kater danach.

Wieso hat es der Rausch heute so schwer?
Weil sich keiner mehr eine Blöße gibt. Ich finde Menschen, die sich dem Rausch nicht hingeben können, schauderhaft.

Man assoziiert den Rausch mit Gepöbel.
Gottchen, ja, das liegt am Fernsehen, da werden immer nur Besoffene gezeigt, die keine Zierde sind für meine These. Dabei richtet das Fernsehen doch viel mehr Unheil an als der Alkohol. Denken Sie nur an Sendungen mit Kerner!

Wie sieht denn der »gute Rausch« aus?
Befreiend. Gaga. Entspannend.

Dafür gibt es doch heute Yoga. Und diese Matratzenübungen, die das ganze Schauspielergesocks jetzt immer ...
... Pilates ...

... genau ...
... sicher, und es gibt das schlechte Gewissen, das sagt: »Wenn du mal Yoga machen würdest, müsstest du dich

nicht besaufen.« Traurig ist das, sehr traurig.

Nun birgt Alkohol gewisse Gefahren.

Ich rede nicht dem Alkoholismus das Wort. Der Alkoholiker weiß den Rausch nicht zu genießen. Nein, die Völkerkunde lehrt: Der Rausch war stammesgeschichtlich immer wichtig, er befreite von Ängsten, Krämpfen, hob die Kontrolle auf und schaffte große Heiterkeit.

Apropos Ängste. Wie groß ist auf Festen Ihre Angst vor dem »sozialen Sibirien«?

Was ist das »soziale Sibirien«?

Der Peter-Sellers-Moment: Sie sind auf einem Fest und stehen im Abseits. Keiner redet mit Ihnen. Man schlägt Ihnen die Tür vor den Kopf. Sie sind unsichtbar.

Die Gefahr besteht immer. Als ich jung war, habe ich sie dadurch gebannt, dass ich mich ruckzuck besoffen habe. Zumindest dachte ich, ich hätte sie gebannt. Man wird aber nicht attraktiver, wenn man lustig herumlallt, während alle anderen noch nüchtern sind.

Könnte man sagen: Auf einer Party mal nett zu lächeln und die Klappe zu halten – auch keine schlechte Idee?

Absolut. Sehr fein beobachtet.

Führt die Angst vor dem »sozialen Sibirien« in die Küche des Gastgebers?

Aaah, die Küchenballung!

Ja.

Die Küchenballung lässt sich ethnologisch erklären: ein alter Instinkt.

Nahrungssuche?

Unter anderem. Der Mensch drängte schon als Urmensch wohin? Zur Feuerstelle! Hier gab es zu essen, zu trinken – und Wärme. In jeder Hinsicht.

In jeder Hinsicht?

Emotional. Falls Sie verstehen.

Man will auch mal kuscheln?

So ist es.

Nein!

Wieso nein? Doch! Der Mensch sehnt sich in der Fremde nach Geborgenheit.

Anschluss ans Rudel? Mann, die Menschen sind so liebenswert. Dass sich da alle aneinanderschmiegen wie ängstliche Tierchen. Und sonst haben doch immer alle so eine große Klappe.

Nun werden Sie nicht rührselig. Denken Sie nur, wie giftspritzend schlecht andererseits auf und nach Festen übereinander geredet wird.

Darf man das denn? Nein, nein, nein.

Sagen wir so: Auch dazu ist das Fest da. Selbstvergewisserung: Hier stehe ich in meinem guten Anzug – da der andere in seiner wirklich albernen Henkelhose.

Reden Sie etwa schlecht über andere?

Ich rede lieber mit einem netten Zweiten über einen lächerlichen Dritten – als zum Beispiel mit einem blöden Kunstpinsel über seine Galerie. Über was soll man denn reden? Filme? Langweilig. Bücher? Literaturbetriebsangeberei. Musik? Bitte nicht. Bis man betrunken ist, darf man sich die Zeit gerne auch mit Schlecht-über-andere-Reden vertreiben.

Was ist nach dem Rausch?

Nach dem Rausch ist vor dem Rausch.

Besonders dionysische Feste bieten ja auch guten Gesprächsstoff.

Nein, keinesfalls. Nicht drüber reden. Überlassen Sie das der Klatschpresse! Zum Fest gehört es, dass anschließend weder mit Promille geprahlt wird noch Promille zum Vorwurf gemacht werden. Auch hier gilt: be british!

Okay. Haben wir was vergessen?

Ja. Den Kater.

Den Kater.

Waren Sie mal auf einem Katerfest?

Was ist das denn?

Nun, wie der Name schon sagt: das Fest nach dem Fest. Ich habe mal an einem 1. Januar ein Katerfest gemacht. Katerfeste sind hier nicht in Mode. Sie sind aber meist schöner als Silvesterfeste.

Warum?

Die Leute stehen nicht mehr unter diesem Überdruck. Der Kater ist, so Sie sich körperlich nicht vollends ruiniert haben, ein wunderbarer Zustand.

Man ist weniger auf Krawall gebürstet.

Man ist weniger empfindlich – und dafür sensibler. Die Schlacht ist ja geschlagen. Ich halte Leute mit einem Kater oft für deutlich erotischer als Leute, die noch auf diesen Kater hinarbeiten. Auch nicht zu unterschätzen: der Lachkater.

Dieses gelöste Feixen?

Ja. Der Lachkater ist eine Mischung aus Entspannung und Erschöpfung. Kinder haben so etwas, wenn sie müde werden.

Frauen auch.

Ja, Frauen auch. Ein Lachen, das dann in so ein hysterisches Weinen übergeht … Das Katerfest am 1. Januar ist jedenfalls eine bessere Idee als das Silvesterfest.

Ein Wunsch für das neue Jahr bitte!

Man hat doch immer den einen Wunsch.

Die meisten wollen ans Meer.

Eben.

Atlantikküste. Eine Bar.

Eine Bar. Am Meer. Am Meer …

INTERVIEW MIT LEMMY KILMISTER

LEMMY KILMISTER

**»Frauen sind gefährlich, aber sie sind
nie die Idioten. Die Männer sind die Idioten,
die sind das Problem.«**

*Lemmy Kilmister tat seinen ersten Schrei ausgerechnet am Heiligen Abend 1945
in Stoke-on-Trent, England. Die Sunday Times schrieb über ihn: »Kaum einer
wird behaupten wollen, mehr Drogen genommen, mehr Bourbon getrunken oder
mehr Frauen befriedigt zu haben als der Sänger von Motörhead.« Er genießt unter den unterschiedlichsten Musikerkollegen seit 40 Jahren einen hervorragenden
Ruf als verlässlicher Haudegen, seine Vorliebe für Orgien aller Art ist dabei recht
legendär.*

Sommer 2008. Berlin. Esplanade. Auf der anderen Straßenseite: die CDU. Seine Hand fasst sich an wie ein Autoreifen. Sie fährt in einen Eiskübel, Würfel in die Gläser, Whiskey drüber, am Ende eine Nuance Cola. Seine Sätze kommen blitzschnell, das geht nach jeder Frage peng und zack. Geschult ganz klar auf der großen Universität der Straße, im kalten Rauch von Tourbussen und Bars der bunten westlichen Welt. Seine Stimme ist natürlich heiser. Wenn er was lustig findet, scheppert sein Gelächter wie ein Haufen Rost durch die Suite. Der »Gottvater des Heavy Metal« ist ein bisschen fertig, aber doch ganz guter Dinge. Während des Gesprächs und der anschließenden Hörprobe geht tatsächlich eine ganze Flasche Jack Daniels drauf. Nein, keine Heldentat. Hat sich nur so ergeben. Der Tag darauf ist jedenfalls eine Reise durch das Land Aspirin plus C. Aber heute, an diesem sehr heißen Sommertag heißt es erst mal: Willkommen, Captain Hook ...

Danke für die Eiswürfel.
Keine Ursache ... Was hab ich jetzt noch mal gelesen: Whiskey macht kreativ.
Whiskey macht kreativ?
Ja. Das ist erwiesen.
Ich bin froh, das zu hören.
War ich auch, als ich es erfahren habe. Tun wir noch einen Schuss Cola rein. Sind Sie ein Whiskeyfeinschmecker?
Was ist ein Whiskeyfeinschmecker?
Na, edle Tröpfchen aus'm Hochland, hundert Jahre in Eichenfässern von schwulen Pfarrern bewacht. Der ganze Scheiß.
Nein, nein, bei Wein ja, bei Whiskey all dies ausdrücklich: nicht.

Wein ...
Spricht was gegen Wein?
Eigentlich nicht. Man gurgelt sich durch die Anbaugebiete, was? ... Also, wir beide hören uns jetzt mal die neue CD an.
Gerne später, aber erst einmal müssen wir reden: Nach Lektüre Ihrer Autobiographie weiß ich, was ich befürchtet habe: dass Sie – der böse Mann im Rock 'n' Roll – hohe moralische Standards haben!
Ich hab eine Idee: Wir trinken. Und hören die neue Motörhead-CD. Okay?
Ich will mit Ihnen über Moral reden.
Wir hörn die CD.
Was ist das Wesen Ihrer Moral?

Oh Mann ... Also, ich kann nur sagen, was ich denen empfehle, die ich mag.

Und das wäre?

Haltet euch fern von den Idioten!

Das Prinzip für geliebte Freunde?

Wer redet von Liebe? Es gibt 'n paar Leute, die ich okay finde. Jedenfalls rate ich denen, sich von Idioten fernzuhalten. Die Regel lautet: acht von zehn.

Acht Idioten?

Acht Idioten an einem guten Tag. Sonst: neun. An einem schlechten Tag triffst du zehn Leute, und einer wie der andere ist ein kompletter Vollidiot.

Was ist ein Idiot?

Wären Sie mein Sohn, würd ich sagen: Einer, der mit Heroin dealt, ist ein Idiot. Einer, der es nimmt, ist auch einer. Ich hab alles genommen, Gehirn-Atombomben aus den berühmtesten Laboratorien der abendländischen Chemie! Plus alle legalen wie illegalen Spezialmischungen aus Methanol. Aber: nie Heroin!

Andere Drogen töten auch.

Falsch. Nicht zwangsläufig.

Na ja.

Hier: Ich beweg meine Finger. Ich tu Eiswürfel ins Glas. Bin ich tot?

Nein, aber ...

... also töten alle andere Drogen nicht zwangsläufig. Ich muss es wissen.

Was mache ich, wenn meine Söhne mit Drogen ankommen?

Freundlichkeit und Ruhe bewahren. Und an die Würde appellieren.

Nutzt das was mit der Würde?

Nicht sofort. Aber später. Bei der Würde werden wir alle weich. Vor allem junge Leute. Stolz – großes Thema.

Wie geht das, dieses Appellieren?

Ich hab meinem Sohn Paul das mit dem Heroin erklärt: »Tu, was du für richtig hältst. Du bist ein guter Junge, und dein Vater erlaubt dir alles.« Paul grinste mich an wie ein Schaf, okay? Und ich: »Außer Heroin, Freundchen!«

Was sagte Ihr Sohn?

Paul wollte natürlich Ärger, also fragte er: »Was machst du, wenn ich's trotzdem nehme, Daaad?« Ich: »Dann schlage ich dich tot, du verdammter Bastard. Ich will nicht, dass du langsam stirbst. Besser, ich zieh dir gleich eins über den Schädel.«

Und heute?

Paul ist ein feiner Junge. Er lebt in Los Angeles und ist Musiker. Wie sein Vater. Er hatte gute Voraussetzungen, um zur Hölle zu fahren. Er sieht aber, wenn sich am Horizont ein Idiot abzeichnet. Ich hab es ihm beigebracht.

Dave Grohl von den »Foo Fighters« sagt, dass Sie, Lemmy, einer der »ganz, ganz wenigen« Leute in der Musikindustrie seien, die anständig geblie...

... er sagt es anders! Richtig zitieren! Er sagt, dass ich zu den wenigen Leuten in der Entertainment-Industrie gehöre, die »kein Arschloch« geworden seien.

Wie erkennt man so ein Arschloch? Ich könnte auch eins sein!

Sie sind keins.

Woher wollen Sie wissen, dass ich irgendwie großartig bin und kein ...

Ich glaub ganz und gar nicht, dass Sie großartig sind – und gleichzeitig sind Sie ziemlich sicher kein Arschloch.

Darf ich das für meinen Grabstein …

… bitte, nur zu!

Also, wie erkennt man ein Arschloch?

Lebenshilfe mit Lemmy. Also. Es umgibt Arschlöcher eine servile Freundlichkeit – und zur selben Zeit etwas Umtriebiges. Es umgibt sie gleichzeitig dieses Unerwünschte. Als spiegele sich in ihren Augen das Unwohlsein, das sie bei anderen auslösen, zum Beispiel bei, hmm, Sensibelchen wie mir.

Ein typisches Beispiel für ein Arschloch?

Na, das berühmteste ist natürlich Bush. Sogar andere schon sehr große Arschlöcher halten ihn für das größte Arschloch des Universums. Aber gefährlich im Alltag sind die hier: diese speziellen Schleimer (*er benutzt das Wort: bootlicker*), die mit den nervösen Pupillen. Ich hab die immer sofort unschädlich gemacht.

Zu den Politikern: Wie Sie, Lemmy, berufen sich die auf eine Moral.

Aber auf eine höhere. Ich auf meine.

Was ist der Unterschied? Ihre ist besser?

Allerdings.

Das sähen Bush und Blair anders.

Teil meiner Moral ist, dass Bush und Blair mich am Arsch lecken sollen. Geht es nach denen, bin ich Dreck: Ich trinke, ich nehme Drogen, ich vögel mit Huren – ich liebe die Huren, und sie lieben mich!

Ist das Liebe?

Von meiner Seite aus immer. Und die Frauen, sagen wir so: Sie freuen sich, mich zu sehen. Besser, als wenn zu Hause eine Frau sitzt, die sich nicht freut, mich zu sehen. Oder? … Hahahaha!

Wieso lieben Sie nicht nur eine Frau?

Hab ich doch grad erklärt. Gegenfrage: Wieso leben Sie nicht … in der Mongolei?

Keine Lust.

Und ich hab keine Lust auf eine Frau. Lemmydarling, wann kommst du heim? Wieso gehst du nur wieder in die Bar? Das geht nicht. So kann man nicht arbeiten. Ehefrauen auf Tournee sind schlimmer als der Zweite Weltkrieg. Ich hab keine Lust drauf. Ist nichts Schlimmes. Ich behandele sie wirklich alle mit Respekt, die Frauen, fragen Sie sie!

Leben Sie gerne in Los Angeles?

Es ist warm da. Ich friere so leicht. Ich lebe am Sunset Strip, das »Rainbow« ist gegenüber, gute Drinks, gute Musik …

Stimmt es, dass Sie immer noch in einem Zwei-Zimmer-Apartment wohnen?

Korrekt.

Wieso leben Sie nicht in einer Villa?

Wieso sollte ich?

Mehr Platz. Geld haben Sie ja.

Ich kann nicht 30 Zimmer bewohnen, Mann! Stress! In 28 Zimmern herrscht dann Totenstille. Wozu? Wozu??

Wie sieht Ihr Apartment aus?

Voll. Sie kriegen die Tür nicht auf.

Wieso voll?

Viel Besuch. Wie gesagt: Das »Rainbow« ist gegenüber … Noch einen Drink? Ich meine, hier, dieser Obama ist ein smarter Halunke, oder? Mach mir Sorgen um ihn.

Gefährdet?

Natürlich.

Sie gehen immer vom Schlimmsten aus, oder? Das Wesen von Motörhead ist, dass die Katastrophe sicher passiert!

Das ist nicht das Wesen von Motörhead: Es ist das Wesen der Welt! Amerika ist randvoll mit rassistischen Mamasöhnchen, die keinen mehr hoch kriegen! Für die ist ein schwarzer Präsident, den die schicken weißen Mädchen vom Rodeo Drive gut finden, die größte Provokation der Welt: John F. Kennedy plus Martin Luther King in einer Person? Amerika ist sehr schön. Simbabwe ist auch sehr schön. Verstehen Sie?

Zurück zur Moral, eine fragwürdige Moral ist keine Spezialität von Politikern …

Noch schlimmer ist die Musikindustrie. Hier sind die bootlicker – hier sind die, die immer tolle Ideen haben, die sich für den Chef nach der Seife bücken und …

Gilt auch hier die Regel acht von zehn?

Sicher. Seit 32 Jahren gibt es Motörhead. Seitdem wollen mir bootlicker erklären, wie wir noch mehr Platten verkaufen.

Sie kommen immer wieder … Wie Mücken an einem schwedischen See.

Es müssen keine Idioten sein.

Es sind welche.

Vielleicht sind die Ideen gut.

Die Ideen sind scheiße.

Was sind das für Ideen?

Das geht so: »Lemmy, hör mal, dieser eine neue Song da von euch, der hat eine richtige Melodie! Er ist funky, Lemmy! Sogar die Frauen werden ihn lieben. Wir werden ihn als Single auskoppeln – ich mach euch einen Termin bei Letterman! Lemmy, nein, werd jetzt nicht sauer, lass den Stuhl in Ruhe, Lemmy! Ozzy war doch auch bei Letterman!«

Was spricht gegen Letterman?

Nichts, wir waren ja da. Aber das ist nicht wichtig. Wir waren sogar mal im Kinderfernsehen. Aus Versehen allerdings.

Motörhead waren im Kinderfernsehen?

Die wollten wen anderen und hatten sich verbucht. War übrigens ein großer Spaß. Nur: Wichtig ist das nicht.

Was ist wichtig?

Dass wir auf die Bühne gehen. Ich sagte zu dem bootlicker: »Hör zu! Ich stehe jeden Abend in einer Wand aus Lärm. Ich weiß, was die Leute brauchen. Du weißt es nicht. Ich bin an der Basis. Du bist es nicht. Ich bin ein Rock 'n' Roller. Und du bist ein Arschloch.«

Haben Sie heute Ruhe vor Experten?

Seit die Branche in der Krise steckt, sind sie wieder da … die Kreeeatiiiven!

279

Wieso tun Sie sich das an? Finanziell sind Sie ganz gut abgesichert.

Was für eine Frage! Ich mach Musik, Mann! Man fährt an den See, um zu schwimmen – nicht wegen der Mücken, oder? Sie schreiben für 'ne verdammte Zeitung, weil Sie Lust dazu haben oder so was. Wetten, dass Sie die Idioten ignorieren?

Und die, die mich für einen Idioten ...

... die, die Sie für einen Idioten halten, ignorieren am besten Sie. So sind alle glücklich, oder? (*Er denkt böse nach. Ein Schluck Whiskey-Cola. Plötzlich ein gütiges Lächeln.*) Lemmy ist für Nichteinmischung – schreiben Sie das! Die Leute sollen sich keinesfalls auf die Eier gehen!

Okay, also ...

Nehmen Sie ein Festival. Ich brülle zwei Stunden, gehe dann backstage. Da stehen sie. Grinsen wie die Rennpferde. Acht von zehn: absolute Idioten.

Männer und Frauen?

Was?

Sind unter den Rennpferden Frauen?

Haben Sie schon mal eine idiotische Frau getroffen?

Nein. Stimmt.

Frauen sind gefährlich, aber sie sind nie die Idioten. Die Männer sind die Idioten, die sind das Problem.

Ist das genrespezifisch?

Ist das was?

Kann man sagen: Motörhead waren vor Idioten immer sicherer als ...

Genesis?

Wie kommen Sie auf Genesis?

Na, wird immer genannt als, weiß nicht: Gegenbeispiel von Motörhead. Sind wir vor Idioten sicherer als Phil Collins und seine Kollegen? Nein! Heavy Metal zieht viele Idioten an. Die Idioten sind gleichmäßig verteilt. Vielleicht gibt es ein paar mehr bei Bon Jovi. Und bei U2 vielleicht. Wissen Sie, wie Bono singt?

Wie?

Als ob ihm einer mit der scharfen Kante einer Papierseite ins Gehirn schneidet.

Wie bitte?

Schneide mir ins Gehirn – und ich brüll los wie Bono!

Man würde meinen, die Gegenthese zu Lemmy Kilmister wäre Phil Collins.

Man würde meinen, dass sich so einen Mist nur Journalisten ausdenken können. Viele Journalisten führen ein unerfülltes Leben, wenn Sie mich fragen ...

... was ich jetzt gar nicht gefragt ...

... und dann schreiben sie Mist. Die Band hier hinein. Die Band da hinein. Dieses hat seinen Ursprung aus jenem, weshalb das da hinten von dem da vorne abhängt, speed metal, bingo metal, blablabla! Ich bin's leid. Collins ist ein großer Drummer. Er hat 'n paar große Songs geschrieben. Das ist wohl etwas mehr, als die meisten von uns von sich behaupten können, oder?

Absolut.

Ich meine, wenn Mikkey (*Motörhead-Schlagzeuger Mikkey Dee, die Red.*) sich mal das Gehirn wegsaufen sollte kurz vor einem Auftritt, und angenommen, Phil Collins mit seinem lustigen Gesicht sitzt also zufällig in der Garderobe nebenan, okay? So. Und ich bitte ihn nun sehr, seeeehr höflich um Hilfe – wissen Sie was: Der spielt ein komplettes Set von Motörhead! Unfallfrei! So ist das. Ich ziehe meinen Hut. Oder ... Abba!

Abba?

Großartige Songs. Schreib mal einen Song wie »Fernando«! Björn ist ein erstklassiger Boogie-Pianist. Dann diese beiden, eeeh, leckeren Mädchen aus dem schwedischen Märchenwald: Kennen Sie das Geheimnis der Zauberstimmen von Agnetha und Anni-Frid?

Sie waren Jungfrauen?

Nicht mehr, als sie »Fernando« sangen! Sie waren unschuldig in anderer Hinsicht: Ich bin sicher, dass sie keine Ahnung hatten, was sie da für einen Unsinn singen! *(Er steht auf, das Whiskey-Cola-Glas in der Linken, die Rechte hält er theatralisch hinter das Ohr, dabei schaut er zur Decke. Dann singt er sehr hoch):* »Can you hear the drums, Fernandoooo? Do you still recall the frightfull night we crossed the Rio Grandeeeeeeee?«

Großer Wahnsinn!

Ist das ein Scheiß? Ist das ein Scheiß? Agnetha! Anni-Frid! Was verdammt hattet ihr in der unheimlichen Nacht mit Fernando am Rio Grande zu schaffen? Wer ist überhaupt dieser Fernando? Hier ist meine Antwort: Es hat die bei-

den Mädchen einen Scheiß interessiert! Das wird nicht hinterfragt. Drum klingt es so schön. Oder hier: »Chiqueti-taaaa ...«

... okay ...

... ich bin sicher, dass die Frauen nicht wussten, was sie da singen! Die wollten's auch nicht wissen. Großartig. Irgendwie natürlich befremdlich. Aber: es rockt. Johann Sebastian Bach rockt auch.

Ist Rock 'n' Roll Kunst?

Nein! Nein!!

Sondern?

Ein Gefühl. Hier unten. In den Eiern.

Was ist Kunst? Bach ist Kunst. Oder?

Keine Ahnung. Bach ist ebenfalls ein Gefühl in den Eiern. Wenn Sie mich fragen. Kunst ist ja nur noch 'n Markt, oder? Wie die Börse. Nimm die Bildende Kunst: Du kannst an den Preisen für die Bilder ablesen, wer gerade wen fickt.

Diese Abba-Seite an Ihnen, geheimnisvoll. Ebenso wie der Space Rock, den Sie vor Motörhead machten, mit der Band »Hawkwind«. Waren es die Drogen, die Sie so wütend und laut werden ließen, dass Sie Motörhead gründen mussten?

Komplizierte Frage. Nein, doch nicht kompliziert: Es waren nicht die Drogen. **In Ihrer Autobiographie schreiben Sie über 1968: »Ich lief mit einem Fernseher unter meinem Arm herum und redete mit ihm. Ein anderer versuchte, die Bäume vor seinem Fens-**

ter zu füttern.« Das, Lemmy, klingt eher lustig als bedrohlich.

War es auch. Was wollen Sie hören? Ich bin toxisch. Seit Jahrzehnten. Wer mein Blut bekommt, fällt um. Ich bin nicht stolz drauf. Aber ich bereu's auch nicht.

Keine Angst, selber tot umzufallen?

Ich fall nicht um. Ich verpuffe.

Sie sind 62.

Eben. Immerhin. Nein, an den Drogen lag es nicht, okay? Ich bin wütend, seit ich denken kann. Ich wollte immer schon laute Musik machen. Aber erst Motörhead war meine Band. Ich bin der Chef.

Ist Motörhead böse?

Die Welt ist böse. Motörhead tritt dir nur in den Arsch. Motörhead ist eine Rock-'n'-Roll-Band. Wir sind nur Hintergrundmusik. Wieso sind wir böse? … Wieso ist nicht die Kirche böse?

Die Kirche? Welche?

Alle. Was für ein Wahnsinn, den Leuten zu erzählen, Maria ist jungfräulich niedergekommen. Armer Josef, oder? Und Jesus? Stirbt am Kreuz und steht wieder auf? Wahnsinn! Wahnsinn!!

Es ist eher bildlich …

Sag einem wiedergeborenen Christen in den USA, dass das bildlich gemeint ist – der rastet aus und überfällt Mexiko! Ich meine, Leute, die Länder regieren, ernst zu nehmende Länder, keine Voodoostämme, okay?, diese Leute behaupten tatsächlich, dass all diese sagenhaften Märchen aus der Bibel stim-

men! Sie berufen sich darauf, wenn sie politische Entscheidungen treffen, gegen Kondome, gegen Aids-Aufklärung, Reagan sah Aids als gerechte Strafe. Das ist schlimm, mein Lieber! Die Leute schwören auf die Bibel. Das ist, als ob du mit einem Piloten fliegst, der Gespenster sieht!

Johann Sebastian Bach wäre ohne die Kirche gar nicht vorstellbar.

Absoluter Unsinn.

Aber doch!

Unsinn. Bach wäre ohne Transzendenz nicht vorstellbar. Die Kirche hat ihn benutzt. Und er hat sich benutzen lassen. So war'n die Zeiten. Die Leute mussten ja von was leben. Cheers!

Jedem seinen Glauben, oder?

Ich hab keine Bibel in der Hand. Bush hat eine, Blair hatte eine, Saddam wedelte mit dem Koran rum, die Schlächter in Srebrenica konnten auch auf die Liebe ihrer Kirche zählen, als sie die Leute da reihenweise massakrierten …

Die Kirchen sind nicht aus Prinzip böse.

Die Leute haben eine Scheißangst vor dem Tod. Es könnte sich der Verdacht ergeben, dass die ganze Plackerei sinnlos ist, oder? Da wir ja eh alle zur Hölle fahren. Die Kirchen ködern diese Leute mit Märchen und machen sie verrückt, Mann! Wenn du schön brav bist, bist du nicht tot, sondern nur in Gottes Armen. So – wer ist nun wahnsinnig? Ich oder die Weihrauchschwenker?

Reden wir nun über die Zärtlichkeit.

Ich besinge sie oft, die Zärtlichkeit. Zum Beispiel die der Huren.

Im schönen »Whorehouse Blues«.

Einer unserer ruhigen Songs. Keiner wird sagen können, dass ich die Frauen, über die ich da singe, nicht liebe. Die Frauen mögen ihn, diesen Song.

Wenn Produzent Rick Rubin, der schon Johnny Cash reanimierte …

… oh nein! Motörhead unplugged? Das ist nicht zärtlich, das ist Kunstscheiß. Wir spielen oft unplugged. Im Studio. Klingt wie John Lee Hooker. Ich singe zur Violine. Ich liebe Violinen. Aber ich brauch keine schwermütigen Hymnen im Rolling Stone. Was sollen die Leute denken? Lemmy ist schwul geworden? Im Übrigen würde Rick Rubin nicht fragen, ob er eine CD für uns produzieren soll.

Neil Diamond hat er ewig nachgestellt.

Hab's gelesen. Lustig … Sehr lustig.

Was würden Sie Rubin sagen?

Nein danke.

Ehrlich?

Nein. Ich würde vermutlich sogar sagen, dass er sich verpissen soll.

Hm …

Ich lass mich nicht reanimieren. Ich lebe. Bleib, wo du bist – bleicher Rick!

Motörhead haben es vielleicht auch nicht nötig. Sie wurden immer erstens von Rockern gehört, zweitens von 15-Jährigen, die zu schüchtern sind, ein Mädchen anzusprechen, und onanieren …

… stimmt!! Und? Gibt's ein Drittens?

Drittens: Intellektuelle lieben Sie! Die Archivmappe quillt über mit Analysen zur Schönheit der Musik von Motörhead.

Hör dir das an, Rick Rubin! Und mach, dass du weiterkommst! Versuch's mal mit Kiss! Oder mit Smokie!

Woher kommt diese sonderbare Liebe?

Motörhead erinnert die Intellektuellen an ihre Jugend, oder? Als sie 15 waren. Und zu schüchtern, ein Mädchen anzusprechen. Jetzt sind sie 45. Und ich vermute, sie onanieren immer noch! Hahaha! Ein Spaß hier. Noch ein Drink?

Wie lange geht das noch?

Was?

Das mit Motörhead!

Bis zum Ende … Bis zur Verpuffung.

Angst vor der Verpuffung?

Nein. Absolut nicht. Man muss die Welt aushalten. Spaß haben. Nett sein zu den Frauen. Arschlöchern sagen, dass sie sich verpissen sollen. Oder? So geht's. Dann: Booooof! Und weg bin ich. Das ist meine Moral. Haben wir über Moral geredet?

Ja. Und über Idioten.

Gut … Ich will übrigens, dass Idioten über dem Interview steht. Nicht Moral.

Aber eigentlich …

Schreiben Sie Idioten drüber! Sie werden sehen, es sieht so deutlich besser aus.

INTERVIEW MIT HELEN MIRREN

HELEN MIRREN

»Da ist kein Raum für Sentimentalitäten, wenn Sie mich fragen.«

Helen Mirren wurde 1945 als Tochter russischer Einwanderer mit dem Namen Ilynea Lydia Mironoff in London geboren. Nach ihrer Zeit als Bühnenstar in der Royal Shakespeare Company und der Kompanie von Peter Brook glänzte sie preisgekrönt in Filmen wie »Caligula« (mit Peter O'Toole und John Gielgud), »Excalibur«, »Cal« oder »Der Koch, der Dieb, seine Frau und ihr Liebhaber«. 16 Jahre lang war sie die Detektivin Tennison in der brillanten britischen TV-Krimireihe »Prime Suspect«. Für ihre Darstellung der »Elizabeth II.« bekam sie 2003 den Emmy – und 2006 den Oscar für die Aneignung der gegenwärtigen Königin in Stephen Frears »The Queen«. Helen Mirren lebt mit dem Filmregisseur Taylor Hackford und dessen Söhnen in Los Angeles und London.

Das Londoner Dorchester im Dezember 2007. Die »Eisenhower Suite«. Draußen Schneetreiben. Helen Mirren trägt ein Kaschmirensemble. Ihr Charme ist ladylike, etwas versponnen, durchtrieben, sie lächelt dabei immer liebevoll und doch auch ein wenig ironisch. Was soll man sagen: Sie ist eine Erscheinung. Fester Händedruck. Als sie reinkommt, winkt sie gleich mal kichernd ab, Motto: Fragen Sie nicht nach Sonnenschein! Wieso geht sie denn so krumm? Also doch mal fragen …

Mrs. Mirren, Sie haben Schmerzen?
Ich sage Ihnen, was passiert ist: Ich hielt es gestern Abend für eine gute Idee, zu Fuß und im Regen durch London in ein Tonstudio zu hetzen – und zwar auf High Heels. Bin ich ein törichtes Mädchen? Ja oder nein?

High Heels? Wollten Sie noch ausgehen?
Nein! In einem Tonstudio für eine Nachsynchronisation, wozu brauche ich da High Heels? Da sieht mich doch keiner. So dumm … Sitzen Sie zu niedrig? Ihre Knie sind so weit oben!

Ich sitze viel niedriger als Sie auf Ihrem Polsterstuhl. Ob der Sessel für Ihren Rücken besser ist? Sollen wir tauschen?
Ich würde darum bitten, wenn es Ihnen recht ist, nicht zu tauschen. Aus Ihrem Sessel komme ich bei all den Schmerzen nicht mehr raus. Sie werden weiter zu mir aufgucken müssen.

Ich nehme an, dass Sie das psychisch verkraften.

Sie, Mrs. Mirren, haben ein einmaliges Image: Alle lieben Sie! Faszinierend.
Na, Sie wollen mir schmeicheln.

Nein, nein. Ein Blick ins Archiv beweist: Jahrzehnte internationaler Berichterstattung – und ausnahmslos Bewunderung. Seriöse Kritiker geraten erotisch total aus der Fassung …
… reden Sie nur weiter, das ist sehr, sehr gut für meinen Rücken.

Der Punkt ist: die hohen Erwartungen. Ist das nicht anstrengend?
Aber nein! Ich muss keinen Erwartungen mehr entsprechen. Schauen Sie, mein Image ist nicht das eines Darlings. Ich habe es vielen Leuten, auch Journalisten, nicht leicht gemacht. Ich habe meine klaren und oft etwas unsentimentalen Standpunkte, wenn Sie verstehen …

Zum Beispiel spielen Sie nun in einem Popcorn-Movie aus der berüchtigten Schmiede des Produzenten Jerry Bruckheimer mit. Also, als Autorenkino würde ich den Film »National Treasure« nicht gerade …

… ist es nicht wahnsinnig komisch? Sie meinen, die Kritiker jagen mich jetzt zum Teufel, nicht wahr?

Na, es sieht fast so aus, als seien Sie sogar regelrecht drauf aus, dass das passiert. Sie lachen ja auch jetzt gerade selbst!

Ich finde das recht komisch.

Ihren eigenen Trotz?

Ja, ja … Ich dachte nach der »Queen«, dass die Leute womöglich noch anfangen, mich zu ernst zu nehmen.

Die »Queen« ist ein unterhaltsamer Film.

Na gut, aber: Ein solcher Film könnte hier in England nicht mit noch mehr Bedeutung aufgeladen sein, verstehen Sie? Und ich bin nicht nur eine Charakterdarstellerin. Ich bin auch ein durchgeknalltes Mädchen, das bei Dreharbeiten bis zum Hals im Wasser steht, Sachen durch die Luft schmeißt und rumschreit. Insofern war so ein Popcorn-Movie eine feine Sache. Ständig hat es geraucht, gerauscht und geknallt. Ich hab mich erholt. Das war wie Urlaub.

Der Film ist womöglich nicht der wichtigste der Gegenwart, oder?

Er wird viele Menschen gut unterhalten, unterschätzen Sie das nicht! Möglich, dass mich nun die Kritiker vermöbeln, aber auch das hat dann Komik.

Enttäuschte Liebe.

Ja, so etwas in der Art. Wie kann ich diese Kritiker trösten? Ich weiß es nicht. Ein Chabrol-Film als Nächstes, was meinen Sie? … Und in einem Detail ist diese Bewunderung, von der Sie da sprechen, ja auch ganz amüsant.

In welchem Detail?

Na, schauen Sie, ich bin nun eine Lady von über 60 Jahren, da mache ich mir nichts vor. Aber mein Image ist in gewisser Hinsicht immer noch relativ, wie soll ich sagen …

… erotisch aufgeladen?

Ja. Offenbar. Oder?

Wo liegt das Problem?

Es befindet sich immer bei mir – und zwar hier, auf Brusthöhe. Was Sie hier erahnen können: ein Paar immer noch recht eindrucksvolle Brüste! Heute trage ich einen etwas unerotischen Kaschmirpullover. Um meinen armen Rücken zu wärmen. Nichts also, was den Sex-Appeal unterstreichen würde. Aber ich konnte meinen Busen nie verstecken, auch nicht unter Pullovern wie diesem. Einerseits mochte ich ihn auch immer gerne …

Andererseits?

Andererseits: Ich habe – in der Shakespeare Company oder bei Peter Brook – sehr, sehr viel Theater gespielt. Man wird sagen können, dass ich eine relativ ernst zu nehmende Bühnenkarriere vorweisen kann, nicht wahr …

… ein Understatement …

… sei es, wie es sei: Ich habe mich nicht zu beklagen. Der mir entgegengebrachte Respekt, sogar von Theaterkritikern, war überwältigend. Andererseits fand ich mich in Projektionen von Journalisten und so natürlich auch von Lesern dieser Journalisten oft als eine Art Sexvamp wieder. Und ich hatte dann immer den Eindruck, dass ich nicht das bin, was dieser oder jener Journalist in mir sieht.

Oder zu sehen glaubt.

Natürlich. Ich lebte zum Beispiel eine Zeit lang mit einer Gruppe anderer Künstler und Schauspieler in einer Art Wohngemeinschaft. Draußen auf dem Land.

Mmh, aha …

Nein, nein! Sie räuspern sich, da sind wir schon an dem Punkt. Das war keine Sexkommune, okay? Für Journalisten war das aber gar nicht vorstellbar. Kamen sie zu Besuch, starrten sie recht begeistert auf meinen Busen. Und sie reimten sich phantastische Geschichten zusammen, wie es bei uns so zugehe. Raten Sie, wer in diesen Geschichten die Domina in der Landkommune war!

Die schöne Mrs. Mirren.

Perfekt.

O weh.

Sie nun bemühen sich jetzt gerade, meinen Busen bewusst nicht anzustarren – und das, obwohl ich von ihm rede. Sie wollen sich keinem Verdacht aussetzen.

Das ist reizend. Und am Ende kann und konnte ich mit erotischen Avancen und Projektionen übrigens auch immer ganz gut leben. Wir sind halt nicht nur so, wie wir uns selbst sehen.

Sondern?

Sondern auch so, wie andere uns sehen. Ich habe das für mich akzeptiert, seitdem geht es mir gut. Irgendwann wurde mir klar, dass ich nicht nur die Helen bin, die ich im Spiegel sehe – sondern auch die Helen aus dem Bericht in der Zeitung, die mir im ersten Moment sehr fremd ist.

Was? Gilt das für alle Menschen?

Natürlich. Für mich. Für die Agentin draußen auf dem Flur. Für Sie.

Ich bin, was andere in mir sehen? Das ist absolut nicht akzeptabel!

Doch, doch, Sie müssen es akzeptieren! Auch aus der Sicht anderer setzen Sie sich zusammen, nicht nur aus der eigenen. Ich zum Beispiel habe gerade ein Bild von Ihnen, das womöglich nicht dem entspricht, was Sie selbst von sich haben.

Aha.

Ja, ja.

Und was soll ich nun machen?

Einfach akzeptieren, dass Ihre Sicht auf sich selbst nicht die einzige ist. Man nimmt sich selbst dann nicht mehr so wichtig. Das macht das Leben leichter.

Waren Sie mal in einer Analyse?

Natürlich. Aber nur einmal. Ich habe damals überhaupt nichts von dem verstanden, was man mir anschließend sagte. Also, meine Sache war das nicht. Sie wird es auch nicht mehr werden.

Womöglich kann Ihnen inzwischen auch egal sein, was die Leute über Sie denken. Sie sind ein bisschen das, was Sie gespielt haben: eine Queen.

Ich glaube, der Fall mit diesem Film liegt etwas anders.

Wie denn?

Der Oscar, die Bewunderung, die uns zuteilwurde, all dies war, glaube ich, auch ein wenig eine Wiedergutmachung an der echten Königin.

Man hat Sie stellvertretend für die Königin ausgezeichnet?

Nein, so weit würde ich nicht gehen. Aber ich denke, dass wir, sicher ohne es zu wollen, am Image der – angeblich – kühlen und nach Dianas Tod nicht trauernden Königin gearbeitet haben. Und ich glaube, dass sehr viele Menschen, vor allem in Großbritannien, inzwischen ein wärmeres Bild von ihrer Königin haben als damals, als 1997 …

Sie hat ja getrauert.

Natürlich. Das Königshaus trauerte, aber es wollte sich nicht von Blair und den Medien eine öffentliche Trauer vorschreiben lassen. Das war richtig so.

Dem Image des Königshauses hat das damals geschadet.

Aber ich finde diese Entscheidung, sich nicht an einer Medientrauer zu beteiligen, respektabel. Man trauert doch als Privatperson und nicht als öffentliche Figur, oder? Was ist privater als Trauer?

Sie sind nicht als Anhängerin des Königshauses bekannt.

Nein, das kann man wohl sagen.

Es war lange chic, keine Anhängerin des Königshauses zu sein, oder?

Chic? Ich weiß nicht. Aber ich bin ein Kind der 60er- und 70er-Jahre. Ich fühlte mich bis an den Rand des etwas Prätentiösen als eine aufgeklärte und politisch natürlich progressive Frau, die Glamrock hörte, die Kunst der erotischen Fotografie liebte und sich natürlich keinesfalls um das Königshaus scherte. Ich bin immer noch keine Monarchistin, nehme ich an. Aber ich bewundere die Königin außerordentlich für ihre Haltung, das muss ich sagen. Diana war die Königin der Tabloids, und sie manipulierte sie, wie sie wollte – das alles machte das Königshaus bis zum bitteren Ende nicht mit. Ich sehe darin einen Akt der Revolte. Der mag unmodern wirken. Aber: Dieser Akt hat, wie soll ich sagen …

… er hat seinen Charme.

Exakt.

Sonderbar, oder? Dass eine in den 60er-Jahren Sozialisierte wie Sie heute einen konservativen Akt der Verweigerung revolutionär findet als das Verhalten des Labour Premiers, der das Private öffentlich machte wie keiner vor ihm.

Ach, die 60er-Jahre …

Waren die – zumal in London – nicht exakt Ihre Zeit?

Das Hippie-Ding? Sie spielen darauf an?

Natürlich. Der Aufbruch!

Oh, also, ich möchte gewisse Verdienste nicht kleinreden. Natürlich war auch ich links und bin es wohl immer noch. Eine Haltung wäscht man ja nicht ab mit der Morgendusche. Aber ich war nie in dem Sinne ein Kind der 60er – eher eines der 70er, nehme ich an. Da wir übers Image reden: Die 60er, sie haben ein verdammt gutes Image, nicht wahr?

Sie haben das anders wahrgenommen?

Ich habe es so erlebt, dass die sehr große Masse der Menschen hier in London total verbohrt war, reaktionär, schlimm.

Und die Hippies?

Gott, die Hippies, ich meine: Was waren wir Frauen denn für die? Sexobjekte, und zwar öffentliche Sexobjekte, sehr regressiv runtergestuft von Kerlen, die ständig alles befreien wollten, das Land Vietnam, das Proletariat, den Penis, die Vagina …

Und Sie haben sich nicht ausgelebt?

Verlassen Sie sich drauf, dass ich das getan habe. Aber eher in den 70ern. Ich überlege gerade … schauen Sie: Ich denke, es hatte auch ästhetische Gründe. Ich war in den 70ern eine ziemliche Glamrocktussi, ich mochte diese fummeligen Acts wie Roxy Music, ich verehrte Bryan Ferry wie eine

Irre, den jungen Peter Gabriel von den frühen Genesis. Ich wollte die Revolte, aber sie musste einen artifiziellen und eher schwülstigen Rahmen haben für mich – im Sinne eines Cabarets, verstehen Sie? Die Hippies, all das war mir oft etwas zu …

… erdverbunden?

Womöglich, ja! Huuu, dieses Mother-Earth-Ding! Mütter mit überaus großen und schmutzigen Füßen, barfuß unterwegs in London, das Kind in einem Lumpen vor den Bauch gebunden, darüber der schwere Busen, um es in jeder Sekunde zu stillen … Nein, nein, also, verzeihen Sie. Ich war kein Sexvamp, aber ich war doch zu sehr an Erotik, Schönheit, Anmut interessiert, als dass ich es für eine gute Idee gehalten hätte, mich in dieser Hinsicht gehen zu lassen.

Recht barock, dieses Gemälde!

Nun, ich habe es etwas überzeichnet. Und ich bezweifle nicht, dass damals viele gute Sachen erkämpft wurden – aber erst in den 70ern aber haben wir Frauen uns dann wirklich einige Sachen erstritten, nicht wahr? Ich war zum Beispiel immer froh, dass ich selbst entscheiden kann, ob ich Kinder zur Welt bringen möchte oder nicht.

Sie haben keine.

So ist es. Und es hat meinem Image – von dem sprechen wir ja – nie geschadet. Das wäre früher anders gewesen.

Hat es sich nicht ergeben?

»Nicht ergeben« ist gut … Nein, ich

habe mir natürlich den Kopf zerbrochen, ob ich Kinder zur Welt bringen möchte. Und dann habe ich entschieden, dass ich das nicht will, dass es sich mit meinem Anspruch ans Leben auch überhaupt gar nicht vereinbaren lässt. Es ist besser, man macht sich vorher klar, ob man bereit ist, sehr viel für ein Kind aufzugeben, oder? Da ist kein Raum für Sentimentalitäten, wenn Sie mich fragen.

Dem reichen Westen fehlen viele Kinder, was heute wiederum Teil einer gesellschaftlichen Debatte ist …

… ich weiß, aber verzeihen Sie bitte, dass das Problem damals nicht so bekannt war. Und ich halte auch nichts davon, ein Kind zu gebären, um das Rentensystem zu stabilisieren, mein Lieber. Wer ein Kind will, also sehr sicher und aus tiefstem Herzen, dem wird das dann das schönste Geschenk sein. Ich habe aber bis heute den Eindruck, dass viele Frauen nicht sicher sind, ob sie Kinder wollen. Sondern dass sie glauben, sie sollten welche wollen – und jede andere Haltung sei irgendwie egoistisch. Fatal. Auch dem Kind gegenüber, oder? Es bleibt ja nicht lange klein und niedlich.

Bei Ihnen wiederum nahm die Geschichte dann eh eine unerwartete Wendung.

Wegen Taylor?

Wegen Ihres Mannes Taylor Hackford, des Regisseurs: Er brachte zwei stramme Söhne mit in die Ehe.

Ja, ist es nicht wunderbar? Also habe ich doch Kinder. Ich liebe die beiden Kerle. Interessanterweise war meine Mutter für diese Kinder eine Großmutter, wie sie großmütterlicher nicht hätte sein können. Dabei waren es im Grunde nicht ihre Enkel. Sie sehen, auch Patchworkfamilien sind Familien.

Mrs. Mirren, was ist das da für ein Tattoo an Ihrer Hand?

Hm … ja, eine kleine indianische Sache. Das war die Zeit, als ich mit Peter Brook unterwegs war. Tja. Ich lebe damit.

Bereuen Sie es?

Aber nein. Es erschwerte mir mein Leben in Hollywood. Aber gut.

Heute ist doch jeder tätowiert.

Aber zur damaligen Zeit war man es nicht. Wenn Sie mit so was vor Jahrzehnten auf einer Party in Beverly Hills auftauchten, hielt man Sie fürs Personal!

Geht's mit dem Rücken?

Ich sitze hier etwas krumm, nicht? Und morgen der lange Flug zurück nach Los Angeles. Oh, sagen Sie nichts, ich weiß, was Sie gerade denken: Die Lady hat Luxussorgen. Sie haben recht.

Freuen Sie sich, als Wahlamerikanerin, auf den neuen Präsidenten?

Nun, wer täte das nicht. Gut, dass Sie fragen. Vielleicht wird sich ja, da wir übers Image reden, dann auch das Image der USA hier in Europa wieder ändern. Ich empfinde das als beschämend!

Was genau?

Die Herablassung, mit der wir Europäer, vor allem viele meiner Freunde hier in London, über die Amerikaner reden! Wir unterstellen den Amerikanern Oberflächlichkeit, richten aber seit Jahren über sie oberflächlich, und zwar ausschließlich basierend auf der Amtsführung von George W. Bush. Wie dumm. Amerika ist so viel: Es ist reaktionär und cool, es ist puritanisch und sexuell befreit, da sind die Küsten, und da ist die Mitte, und da ist vor allem das, was man the decent heart nennt – eine Tradition des Anständigen, die gerade bei den einfachen Leuten tief verwurzelt ist, glauben Sie mir das!

Wow, Sie sind eine Patriotin!

Na, wenn schon. Schauen Sie sich mal die Antikorruptionsgesetze in den USA an. Wären wir über die nicht in Europa froh?

Als Bush Präsident wurde, wie unkorrupt ging es bei seinem Bruder in Florida zu?

Zugegeben. Aber das war schon sehr ersichtlich. Nahezu kindlich, oder? Ich meine: Jeder wusste es. Immerhin.

Sie meinen, das alte Europa ist ein wenig eingebildet?

Aber ja! Egal ob Obama-Amerika, McCain-Amerika oder Hillary-Amerika: immer dieses Geschwätz aus Europa über das schwache Niveau der Wahlkämpfe in Amerika. Also, ich sehe das Niveau der Wahlkämpfe hier in England, und ich weiß ja nichts über das Niveau der Wahlkämpfe in Deutschland ...

... danken Sie Gott ...

... na sehen Sie: Und wir richten über die USA? Schauen wir uns die amerikanische Geschichte an, schauen wir uns die Gesetze an, schauen wir uns die vielen Rassen an, die vergleichsweise friedlich zusammenleben: Da hätten wir ein wenig Grund zur Ehrfurcht, oder? Also, nein, ich würde kaum einen Republikaner wählen, aber glauben Sie mir: the decent heart der Leute, das ist nicht abhängig vom gerade gewählten Präsidenten.

Ist es nicht toll, wie in Ihrem neuen Disney-Popcorn-Movie nun sogar der Präsident ein anständiger Kerl ist?

Nun, es ist ja nicht der gerade real amtierende Präsident. Sondern ein netter Phantasiepräsident. Der Glaube dahinter ist wohl kaum, dass der reale Präsident ein anständiger Kerl ist. Aber dass der Präsident es in einem Kinofilm sein sollte. Ich finde das ziemlich rührend.

Nicht leicht für einen europäischen Geist, so eine eher naive Sicht, oder?

Nein, zumal für eine Britin. ... Ich meine, welche Kunst beherrschen wir Briten in unerreichter Perfektion?

Hm?

Andere aussehen zu lassen wie totale Vollidioten.

INTERVIEW MIT
MICHAEL PALIN

MICHAEL PALIN

»Große Pläne sind hier in England immer nur die Ouvertüre zum dann größten Witz der Welt.«

Michael Palin, im Mai 1943 in Sheffield geboren, war im Jahre 1967 Mitbegründer und fortan einer der maßgeblichen Leistungsträger der legendären englischen TV- und Kino-Komikergruppe »Monty Python«. In Erinnerung ist auch seine preisgekrönte Performance als stotternder Ken in der Filmkomödie »Ein Fisch namens Wanda«. Seit rund 20 Jahren arbeitet Palin zudem als Reisefilmer, seine Dokumentationen in der BBC bescheren dem Fernsehsender Traumquoten mit bis zu zwölf Millionen Zuschauern. Palin ist seit 1966 mit Helen Gibbons verheiratet, das Paar hat drei Kinder und lebt in London.

Sommer 2008: Michael Palin wird von allen Menschen auf den Straßen am Covent Garden nicht nur erkannt, sondern mit irgendwie herzerwärmender Dankbarkeit angelächelt. Zunächst gibt es ein Mittagessen im privaten Two Brydges-Club. Reizend. Steile Treppen. Kamin. Ölgemälde zeigen schöne gelangweilte Aristokratinnen. Mit »Monty Python« feierte man hier rauschende Partys. Er ist ein sehr zuvorkommender und hellwacher Brite, gutes Hemd, feiner Trenchcoat, aufmerksam funkelnde Augen. Nach dem Essen und aufschlussreichen Anekdoten aus dem Leben der Pythons geht es in sein Büro in der Tavistock Street. Reden wir nun über seine Landsleute!

Mister Palin, in Ordnung, dass wir jetzt über die Engländer sprechen? Und über eine gewisse, wie soll ich sagen ... recht besondere Eigenart?
Gerne. Ich habe mir alle Zeit genommen.

Max Mosley und die Nazihuren, Prinz Harry in Naziuniform ...
... absolute Einzelfälle ...

... Fotomontagen deutscher Fußballspieler in Wehrmachtsuniform in den Zeitungen, und es ließen sich weitere Belege nennen für ein Nazi-Faszinosum ...
... nun gut, nun gut. Ich muss Sie nicht zum Lachen bringen, oder?

Nicht zwingend.
Und wenn Sie doch lachen müssen, tun Sie es bitte einfach. Ich hingegen werde versuchen, stets ernst zu bleiben.

Mit Monty Python erforschten Sie die Abgründe der Briten, heute haben Sie über Ihre Reisefilme in der BBC ein riesiges Publikum. Sie kennen sich aus, mit den Briten, mit der Fremde und darin, wie man Briten die Fremde näherbringt, oder?
Wissen Sie, was ich grundsätzlich merke, wenn ich sehr weit weg bin?

Was?
Dass es einen englischeren Menschen als mich womöglich nicht gibt.

Woran merken Sie das?
Es ist mehr ein Gefühl. Eine Mischung aus Neugier und Blässe womöglich. Nun zu diesen tatsächlich evidenten Nazidingern hier in der Presse und so weiter, tja ...

.. schon müssen Sie lächeln.
Aus einer gewissen Scham heraus. Wie

so vieles, was das Königreich Großbritannien in seiner Alltagskultur auffährt, ist auch das alles ja überaus beschämend. Andererseits könnte man sagen, es ist Teil unseres weltweit einzigartigen und zu Recht vielfach preisgekrönten Humors.

Warum?

Dieser Humor basierte immer schon auf Demütigung – darauf, eine Niederlage zu erwarten, sich mental rechtzeitig auf sie vorzubereiten und dann Pointen parat zu haben, um sich totzulachen.

Niederlage? Es wäre gewagt zu behaupten, dass England zwei Weltkriege gegen Deutschland verloren hat.

Natürlich.

Was man als Deutscher oft nicht versteht: Ihr habt den Krieg gewonnen – wir sind doch sozusagen eh schon blamiert.

Sie greifen zu kurz.

Inwiefern?

Sie dürfen die Jahre, die dem letzten Weltkrieg folgten, nicht vergessen. England hatte einige prächtige Jahrhunderte hinter sich – wir waren die Weltmacht schlechthin. Aber absolut nicht mehr im 20. Jahrhundert. Und nach dem Zweiten Weltkrieg schon mal gar nicht mehr.

Eine geschlagene Siegermacht?

England lag vollkommen am Boden. Der Eindruck war, dass die Deutschen nur ein paar Wochen brauchten, um den Staub von der Kleidung zu schütteln und einen Wirtschaftsmotor anzuschmeißen, der einzigartig erfolgreich war, und das ist er doch, Krise hin oder her, bis heute! Schauen Sie sich die deutschen Exportzahlen an. Und es ging den Deutschen schon in den 50ern und in den 60ern schlicht viel besser als uns. Das hat …

… zu einer gewissen Verstimmung unter den Briten geführt?

Der Eindruck war: Es ist schon okay, dass sie eine Demokratie und eine Chance haben, die Deutschen, nach dem Blut, das sie ja auch selbst vergossen haben. Aber: Sie hätten sich ein wiiiiinziges bisschen mehr schämen können für das Grauen, das sie angerichtet haben. Stattdessen sind sie wieder so effizient. Und diszipliniert. Da wiederum sind wir bei einem englischen Trauma. Wenn es zwei Eigenschaften gibt, die wir Engländer nicht haben: Effizienz und Disziplin.

Verzeihen Sie, aber die Disziplin der Engländer ist berühmt.

Ich rede ja nicht von den kleinen Gelegenheiten, von der Schlange vorm Bus und derlei. Sondern von den großen. Von Kriegen. Vom Gesundheitssystem. Von der Eisenbahn. Oder von der Einweihung eines tollen neuen Flughafenterminals in Heathrow, das viereinhalb Milliarden Pfund kostet – aber keine Parkplätze fürs Personal einplant!

Okay, zu Heathrow gleich mehr.

Von mir aus übrigens bitte gerne nicht.

Vorweg eine gewagte These, und Sie können mich ja dann rausschmeißen …

… nein, nein, demütigen Sie mich!

Hat der Automobilverbandspräsident Mosley stellvertretend für viele Gefallen daran gefunden, mal so richtig, nun ja: dizipliniert zu werden?

Wir werden hier nicht in Vulgärpsychologie verfallen, nicht wahr? Nur, zweifellos ist er der Sohn des ehemaligen britischen Faschistenführers, und nein: keine Spekulationen darüber, wieso sich der Sohn des Faschistenführers von einer deutschen Hure entlausen lässt – mein Gott!! Als Autor von Drehbüchern und als Komiker mit einem gewissen filmhistorischen Strafregister muss ich, wenn ich so was lese, natürlich auch sagen: Ich bin stolz, zu einem Volk zu gehören, das solche Prachtkerle auf die Wirklichkeit loslässt!

Aber meine anmaßende Frage war …

… ob Mosley es stellvertretend für alle Briten erregt, von Damen in SS-Uniformen über den Stuhl gelegt zu werden?

Gut, lassen wir das, Mister Palin.

Nein, nein, also … wenn Sie es ein wenig metaphorisieren vielleicht?

Tun Sie es!

Also, hier, Sir: Yes, we love to be spanked! Wir Engländer lieben es gottverdammt noch mal, den Arsch versohlt zu bekommen – hahaha! Anwesende natürlich ausgenommen. Aber unser Humor, wie gesagt, er basiert darauf,

erst zu demütigen und dann gedemütigt zu werden.

Oder umgekehrt.

Oder umgekehrt. Jedenfalls gibt's was auf den Hintern. Es muss wehtun.

Er ist nicht so offensiv wie der amerikanische Humor, zum Beispiel der Humor des Rat Pack in Las Vegas, der darauf abzielte, dass man das beste Mädchen …

… exakt. Heute hat sich der Humor natürlich internationalisiert, es gibt ja womöglich auch bei deutschen Komikern Beispiele für eher britischen Humor …

… kein gutes Thema …

… gut. Aber der amerikanische Humor gründete seit der Stummfilmzeit darauf, dass gerade der Underdog es schafft, das Mädchen zu kriegen. Wenn aber Briten etwas nicht finden, niemals, dann: den Zubringer auf die Gewinnerstraße. Unser Vorbild bei Monty Python war nicht das Rat Pack, sondern die »Goon Show« von Spike Milligan …

… neben Peter Sellers die große bipolare Persönlichkeit des britischen Humors.

Spike war manisch-depressiv, und er war der größte Komiker, den ich kenne. Und die »Goon Show«, sie verhandelte vor allem Spikes Kriegsneurose. Er war traumatisiert von seiner Zeit bei der Royal Artillery in Afrika. Das Prinzip der »Goon Show« war nicht die große, rührende oder jedenfalls alles auflösende Pointe am Ende. Die gab es meistens nicht – wie es sie ja bei Monty Python auch nicht gab. Die jeweilige Maßeinheit pro Sketch war dafür: das Ausmaß des jeweils gestifteten Unfriedens. Und die Deutschen hatten einfach ein ungeheures Traumapotenzial abgefeuert. Sie waren einschüchternd, alles glänzte, war spitz und scharf, es war perfekt choreographiert und dabei furchtbar in der Wirkung, es war wirklich insgesamt sehr, sehr, wie soll ich sagen: eckig? Ja: eckig! Und effizient!

Oh Gott … wirken wir heute noch eckig?

Nein, beruhigen Sie sich. Das war einmal. Und diese Horrorshow nun, sie kam nicht aus einem Land wilder Irrer, sondern aus einem künstlerischen und aufgeklärten Land, einem Land großer Regisseure und Autoren, aus dem Land von Thomas Mann, Bertolt Brecht. Es gab hohe künstlerische und moralische Maßstäbe. Die moralischen waren dann aus der Mode gekommen …

… das haben Sie fein gesagt.

Aber rein künstlerisch sind – das ist das Irritierende – diese sehr fatalen Filme von Leni Riefenstahl Meisterwerke, diese ganze Nürnberger Maschinerie aus Licht und Choreographie …

… womit im Pop viel gearbeitet wurde. Nehmen wir Texte der Rolling Stones wie »Sympathie For The Devil« oder Shows von Pink Floyd oder David Bowie. Regelrechte Teufelsaustreibungen, oder?

Richtig. Und auch hier sind wir wieder bei der Demütigung. Nennen Sie es Pop oder nicht Pop. Fakt ist: Die Zeichensprache der Nazis, die Inszenierung, sie war ziemlich scharf. Das sah – in der Inszenierung, wir wollen uns nicht missverstehen – smart aus. Ich meine, schon diese verdammten Wehrmachtsuniformen, sie waren todschick. Bis heute machen wir hier Witze über die Helme unserer Soldaten!

Wieso?

Während die Wehrmacht verdammt gut geschnittene Helme hatte, sahen unsere aus wie umgedrehte Suppenschüsseln. Natürlich schauten die weltberühmten englischen Segelohren an der Seite raus. Solche Sachen. Wir waren nicht cool. Es hielt sich zudem lange der Eindruck, dass wir den Zweiten Weltkrieg nicht in dem Sinne gewonnen hatten. Sondern dass wir uns eher bei den unkultivierten Amerikanern bedanken sollten, dass wir ihn nicht verloren haben, dass also das Königreich von den deutschen V2-Raketen nicht vollkommen planiert wurde.

Insgesamt starben bei den deutschen Luftangriffen, den »Blitz« im Herbst 1940 eingeschlossen, mehr als 66000 Zivilisten in England.

Und beachten Sie: Es war ja eben der Blitz aus dem Himmel, es war in dem Sinne zunächst kein Frontenkrieg.

Sie meinen, dass die Paranoia durch die Insellage zusätzlich kultiviert wurde?

Durchaus, der Tod kam aus dem Himmel: wie ein Fabelwesen. Nicht, dass es für Polen oder Holländer leichter gewesen wäre, Gott bewahre. Aber die Insellage, sie schürte den Wahnsinn, was bleibt dir übrig: Du kannst nicht abhauen, du kannst in Dover vom Felsen springen. Paranoid! Da gibt es dann in der Umkehrung auch einen komischen Aspekt.

Welchen?

Das Inseldasein hat ja in glorreicheren Zeiten maßgeblich zur britischen Selbstüberschätzung beigetragen. Wir selbst waren nicht die Insel – alles andere war die Insel! So kann man es sehen. Wenn man nur irre genug ist. Aaaah, diese Selbstüberschätzung liebe ich! Sie war Anlass für zahllose Python-Sketche.

Es gab diese berühmte Zeitungsüberschrift in England zu Beginn des 20. Jahrhunderts: »Fog over the channel, continent isolated«. Nebel über dem Kanal, Europa isoliert. Toll.

Die Mutter aller Selbstüberschätzungen. Kein Wunder, dass wir seither masochistisch veranlagt sind. Es ist inzwischen Teil der britischen DNS, zu scheitern, mit vollen Hosen dazustehen und aber relativ gute Witze darüber zu machen. Und zwar scheitern wir bis heute immer dann, wenn es um große Projekte geht. Ich nenne es: das »Big Occasion Syndrom«.

Noch einmal: Den Krieg haben die effizienten Deutschen verloren.

Ja, aber nicht aufgrund von angeborener Unfähigkeit zur Effizienz. Sondern weil man in Deutschland an ein totalitäres System glaubte, das, weil es so total war, zu allem fähig sein würde. Es gibt viel Unheil in Großbritannien, auch politisches, aber ich glaube, der Brite ist eher mal nicht in der Lage, an ein totalitäres System zu glauben. Er glaubt überhaupt nicht an eine Systematik. Er glaubt an ein paar Benimmregeln für den Alltag, die das Leben erleichtern. Und im Übrigen glaubt er ans totale Chaos. Diese Einstellung ist mir auch sympathisch. Wie gesagt, einen englischeren Menschen als mich finden Sie nicht.

Und doch nehme ich Ihnen nicht ab, dass jedes Großprojekt hier zum Scheitern verurteilt ist. Zum Beispiel haben Sie mit Monty Python große Filme gestemmt. Denken Sie an »Life Of Brian«!

Den hat nur George Harrison gerettet. Wie überhaupt in England etwas meist nur dann funktioniert, wenn sich ein reicher Musiker einschaltet.

Wie kam das?

Der Chef der EMI, die den Film produzieren sollte, las – kurz vor dem Drehstart – das Drehbuch. Bisschen spät.

Und dann?

Eine Parodie auf Bibel-Verfilmungen. Singende Menschen am Kreuz. Kalkweiß saß er da: »Wenn ich den Film finanziere, bin ich dem Untergang geweiht. Tut mir leid, Jungs!« Wie auch in Heathrow scheiterte also ein Projekt in der Vorbereitung, das aber faktisch schon begonnen hatte. Die Kreuze und Römer-Kostüme waren ja schon am Drehort in Tunesien.

Wieso hat Harrison ausgeholfen?

Hab ich ihn auch gefragt: »George, es geht um viel Geld! Fünf Millionen Pfund! Bis morgen! Wieso tust du das für uns?« George, auf seine wunderbar nasale Art, sagte nur: »Weil ich den Film sehen will.« Bei »Monty Python And The Holy Grail« waren es dann die humorbegabten Herren von Pink Floyd, die viel Geld reinlegten. Sie waren gerade durch die »Dark Side Of The Moon«-Sache zu einem überraschend unüberschaubaren Reichtum gekommen. Aber: Wehe, es wird etwas von offizieller Seite geplant hier in England! Ich gebe Ihnen meine Hand drauf: Es wird schiefgehen.

Das neue Terminal in Heathrow …

… Jahrzehnte der Planung. Jahrzehnte politischer Diskussionen. Milliardenkosten. Und? Ein Desaster. Was groß ist, scheitert. Es liegt an der hochexplosiven Mischung in unserer lustigen DNS: Empire-Übermut und gleichzeitig maximale Selbstdemütigungsdrehzahl. Als wollten wir vor der Welt dastehen wie die dummen »Upper Class Twits« aus dem Python-Sketch … Sie erinnern sich?

Die »Meisterschaften um den Blödmann des Jahres aus der Oberklasse«? Hurra! Im Namen der Leser möchte ich Ihnen auch für diesen Sketch sehr danken.

Bitte sehr! Also, hier eine kleine Chronik des Versagens: Nehmen Sie die beiden Prestigeprojekte mit dem Architekten Richard Rogers. Der Millennium Dome, 320 Meter Durchmesser, das neue Terminal in Heathrow für 30 Millionen Passagiere unserer sensationellen Fluglinie British Airways. Der Dome begeisterte im Jahre 2000 am Eröffnungsabend dadurch, dass keiner reinkam, weil die Türen kaputt waren. Dann ging er pleite, was mich nicht wundert. Heute können wir froh sein, dass die Amerikaner von O_2 ihn 2005 übernahmen und eine Konzertarena draus machten. Sonderbarerweise läuft alles seitdem reibungslos.

Im Terminal 5 …

Im Terminal 5 verschwanden Hunderttausende Koffer, weitere Einzelheiten wollen wir uns ersparen. Schon beim Tunnel unterm Kanal müssen wir uns bei den Franzosen bedanken, denn ohne die hätten wir womöglich bis zu den Kanarischen Inseln weitergegraben. Nur am Rande erwähnen will ich, dass sogar die Spanier – die Spanier! – inzwischen schnellere Züge bauen als wir. Dass der Großcomputer, der unser marodes Gesundheitssystem NHS revolutionieren sollte, ein Totalausfall ist, wussten Sie es schon? Und das neue Wembley Stadion wurde zwei Jahre zu spät fertig, weshalb ich nicht verstehe, dass alle Welt Angst hat, ob die Südafrikaner mit ihrer Infrastruktur fertig werden bis zur WM 2010, weil: Wirklich Sorgen machen sollte man sich darüber, dass die Olympischen Spiele 2012 in London stattfinden – ich sage Ihnen: Machen Sie sich auf was gefasst!

Sie sind ja ganz außer sich.

Natürlich. Denn immer werden diese »big occasions« hier als die Ankunft des leibhaftigen Gottes in London gepriesen – und immer ist das nur die Overtüre zum dann größten Witz der Welt.

Ich darf daran erinnern, dass England bei der Fußball-Europameisterschaft nicht dabei sein wird …

… ich danke Ihnen! Übrigens das vielleicht beste Anschauungsmaterial für meine These von Wahn und Scheitern des Empires. Denn was passiert eigentlich immer, wenn unser Team gefragt ist?

Es scheitert.

Ja, aber nicht einfach so. Das Vorspiel ist interessant: Wir scheitern bei der WM in ausgerechnet Deutschland, peitschen uns vor aller Welt selbst fast zu Tode vor Scham – und schwören dann plötzlich über Nacht in unseren feinen Zeitungen, derselben Welt bei der EM zu zeigen, welche Nation gottverdammt noch mal den Fußball erfunden hat und dann halt Europameister werden wird! Statt uns nun aber – wie die effizienten Deutschen – ordentlich zu organisieren, vergessen wir, eine halbwegs den Anforderungen entsprechende Qualifikation zu spielen, und werden dann nicht Europameister, weil

es dazu ja zum Beispiel zwingend nötig gewesen wäre, überhaupt zur Europameisterschaft hinzufahren, oder?

Schon, ja, aber …

Beachten Sie die Kurve, die nur extreme Koordinaten zeigt: Übermut – Schande – Selbsthass – Komik – und dann wieder Übermut. Alles in drei Sekunden.

Mister Palin, könnte in der Gewissheit, mit der zum Beispiel die Menschen hier in London das Chaos einkalkulieren, nicht aber auch der Charme liegen, der diese Stadt so überaus liebenswert macht?

Sie meinen …

Zum Beispiel: Wie bewegend der lässige Stolz war, mit dem man hier im Juli 2005 bewiesen hat, dass man sich durch Terroristen nicht beeindrucken lässt …

… natürlich …

… in Amerika wäre die nackte Hysterie ausgebrochen, in Deutschland finstere Nacht, tiefe Depression.

Ich hoffe, dass ich mich klar ausgedrückt habe: Ich liebe dieses Land, und ich liebe diese Stadt. Sollte ich von einem Problem gesprochen haben, so bin ich selbstredend Teil des Problems und habe immer auch von ihm profitiert. Ohne dieses England hätte es Monty Python nie gegeben. Das Faszinierende an London ist für mich bei all dem Chaos ja auch: diese Masse an glücklich aussehenden, an so überaus fröhlichen jungen Menschen.

Ich weiß, wie hart sie arbeiten, um das Leben hier zu finanzieren, aber wo auf der Welt finden Sie so viele glückliche junge Menschen? Es war immer so, und dass es heute noch so ist, wo alles hier so teuer ist: Ich finde das sehr bemerkenswert.

Sehen Sie das bei Ihren Reisen durch Deutschland auch?

Was? Chaos? Nein.

Sehr viele glückliche junge Menschen?

Hm …

Nein?

Ich habe eben dieses interessante Buch von Sebastian Haffner gelesen, seine Erinnerungen an die Zeit von 1914 bis zur Machtergreifung durch die Nazis (*Geschichte eines Deutschen*). Haffner schreibt vom großen Talent der Deutschen zur Melancholie. Ich musste beim Lesen an meine letzten Reisen denken, nach Meißen, Dresden, Berlin. Ich hatte Kontakt zu absolut großartigen und sehr nachdenklichen jungen Leuten, als wir unsere Reportage für die BBC drehten. Aber wenn Sie mich fragen, ob es Glück, Spaß oder Zuversicht war, was sie dort im Osten mit ihrem Leben verbanden, ich könnte das jetzt nicht mit einem Jubelschrei bejahen. In Bayern, an den Seen, auch in München sieht die Sache für einen Außenstehen-

den allerdings schon wieder anders aus.

Wir werden nur durch das kleine, lästige Land Österreich von Italien getrennt!

Ich finde München immer wieder sehr hinreißend. Auch mag ich diese Affinität der Bayern zum Wahnsinn. Denken Sie nur an Ludwig II.! Wir waren bei den Pythons absolut besessen von ihm. Wir wollten ihn sogar ins Ensemble aufnehmen. Leider war er schon tot.

Es ist Höflichkeit, dass Sie das vom englischen Boulevard gepflegte Klischee vom dumpfen Deutschen nicht bestätigen.

Nein, es ist keine Höflichkeit. Bitte, wie sollte ein Land, das Monty Python bis heute traumhafte Absatzzahlen beschert, dumpf sein? Geben Sie nichts auf den britischen Boulevard! Zeitungen pflegen Ressentiments, weil sie glauben, dass sie so näher am kleinen Mann dran sind. Aber der kleine Mann hier, er hat keine Ressentiments mehr gegen Deutsche.

Sicher?

Man kann es drehen und wenden, wie man will: Es liegt einfach länger schon nicht mehr an den Deutschen, wenn in Paddington exakt zu den Stoßzeiten alle Züge gleichzeitig ausfallen.

Danke.

Gerne.

INTERVIEW MIT WOLF WONDRATSCHEK

WOLF WONDRATSCHEK

**»Nicht jeder, der säuft,
wird mit Trunkenheit belohnt.
Manch einer ist irgendwann
einfach nur besoffen.«**

Wolf Wondratschek, geboren 1943, spaltet seit Jahrzehnten die Buchbranche. Volker Weidermann nennt ihn in seiner Literaturgeschichte »Lichtjahre« (2006) einen »ebenso größenwahnsinnigen wie großartigen Dichter«. Von Beginn an begab sich Wondratschek mit einer an die Lakonie von Songtexten erinnernden Lyrik und Prosa in Opposition zum Markt, auf dem er gleichwohl früh große Erfolge feierte. Der »Deutsche Taschenbuchverlag« (dtv) veröffentlicht derzeit sein Gesamtwerk in schön editierten Einzelausgaben. Erschienen sind unter anderem der viel kritisierte Roman »Einer von der Straße« über die Rotlichtgröße Walter Staudinger, »Mara« sowie die gefeierten »Kelly-Briefe« und, in einem Band, die Lyrikbände »Die Einsamkeit der Männer« und »Carmen«. Wolf Wondratschek lebt in Wien und München.

Herbst 2006. Er wünscht sich einen recht versteckten Tisch im Schwabinger Lokal Romagna Antica, das in den letzten Zügen liegt, denn bald wird der Wirt die Institution schließen und auf der Türkenstraße das kleine, feine Rossini eröffnen. Wolf Wondratschek entdeckt die gegrillte Leber auf der Speisekarte, knurrt »Gut« und bestellt dazu die erste Flasche Rotwein. Es gibt von ihm kein »Äh« oder »Ich sag mal«, sondern ausschließlich sonore Sätze in klaren Farben und Schriftdeutsch. Man wurde wirklich sehr vor ihm gewarnt. Aber er ist ziemlich guter Dinge.

Herr Wondratschek, zu Beginn ein sehr feines Zitat von Ihnen?
Zitieren Sie!
»An Fachgesprächen über meine Person bin ich nicht interessiert, nicht nach Sonnenuntergang jedenfalls.« Allerdings ist es jetzt 21 Uhr. Das, was draußen noch leuchtet, ist nicht die Sonne, sondern die Reklame vom Getränkemarkt gegenüber. Also lieber kein Fachgespräch?
Die Person des Schriftstellers ist selten interessant, oder? Seine Bücher sind interessant, jedenfalls die besten darunter. Journalisten glauben es einfach nicht.
Ich nahm ja an, auf einen vom Leben zerstörten Dichter zu treffen …
… und treffen auf einen, dessen Seele ein Königreich ist, eines aus Gold. In diesem Königreich sind auch kleine kostbare Mosaiken aus purem Schmutz zu finden, fast hätte ich gesagt: zu bewundern.
Reden wir mal über diese Seele?
Ich hoffe, ich kann was dazulernen.
Kollegen warnten mich: Ein falscher Satz, und er geht dir an die Visage.
Unsinn! Diese Angsthasen, die mit Verleumdungen und falschen Sätzen ihr Geschäft machen. Wie wollen Sie bei diesen Leuten Verständnis voraussetzen für schöpferische Leidenschaft? Außerdem sind sie, ihrer Karriere zuliebe, bestechlich, nehme ich an …
… Bestechung lassen wir uns bitte nicht vorwerfen. Das müssen Sie …
… nein, nein, die kriegen mich nicht.
Beschreiben Sie mir bitte das Königreich, das Ihre Seele ist! Und die Mosaiken aus Schmutz in dieser Seele.

Das ist ja nicht einfach, weil es immer mehr ein Reich der Erinnerung ist. Auch die Schmutzspuren leuchten inzwischen rein und gülden. Wie die meines ersten und gleich sehr komischen Zusammentreffens mit Hubert Fichte Ende der 60er-Jahre in der Wohnung eines gemeinsamen Freundes auf St. Pauli, beide nackt, mit einer Erektion! Wir schüttelten, sonderbar schüchtern, einander die Hand. Ich drehe nun den Kopf in diesem Film und sehe mich, vielfach gespiegelt, in einem hohen Fenster mit Hans Werner Henze, sein Schenkel an meiner Schläfe.

Oh wei.

Oh wei? Na ja. Das Schmutzige ist ja nicht das Gegenteil des Reinen, es hat sogar oft einen höheren Grad an reiner Wahrheit als das Offizielle, das Öffentliche. Auf mich hat Schmutz dieser Beschaffenheit immer Faszination ausgeübt. Was gleicht, frage ich Sie, dem Sinnenkitzel, den das Verbotene auslöst, was gleicht der Direktheit des Obszönen? Es sind die Melancholiker, die davon was verstehen.

Der »Zeit« sagten Sie vor einigen Jahren, Sie würden gerne Vorleser bei einer blinden russischen Großfürstin werden. So redet jemand, der genug hat, nicht wahr?

Nein, so sprach der Jüngling einst, als ihm der Schuldirektor das Abiturzeugnis aushändigte und sich nach meinem Berufswunsch erkundigte. Ich war 17 Jahre alt. Und ziemlich sicher, ein außergewöhnliches Leben vor mir zu haben.

Mit 17?

Natürlich.

Bob Dylan hat mal was Ähnliches gesagt. Ein Meister der Selbststilisierung.

Und doch war es nun mal so. Dafür brauchte ich ein Bild, eben das einer blinden Großfürstin, und wenn schon, einer russischen. Ich fühlte die Hand des Direktors schlaff werden, und in seinen Augen sah ich etwas Zorniges. Ich wusste, dass ich in seiner Welt nichts verloren hatte.

Sie wirken sonderbar heiter.

Das ist die Heiterkeit eines Menschen auf dem Heimweg. Kennen Sie das Zitat von Beckett: »Das Leben ist nichts als ein langer, ungewisser Heimweg«? Ich befand mich, seit ich die Schule hinter mir hatte, auf dem Heimweg. Und ich bin ja immer noch dabei, nach Hause zu kommen.

In Ihren »Kelly-Briefen« heißt es: »Ich beseitigte mich selbst, lief nach Hause und schloß mich dort ein.« Ständig will der Wondratschek verduften – und dann taucht er doch wieder auf.

Bedauerlicherweise haben Sie recht. Deshalb ist auch der junge Mann, der seiner Geliebten Kelly aus New York Briefe nach Europa schreibt, eine meiner liebsten Erfindungen. Er taucht unter und nur als Briefeschreiber wieder auf. Abwesenheit als Voraussetzung für absolute Liebe. Der Rest ist Schwerstarbeit. Es muss, was auf dem Papier steht, die Wirkung von Wahrheit entfalten!

Sie schreiben in den »Kelly-Briefen« auch: »Ich bin der Zertrümmerung durch jede Art von Ehrgeiz entgangen.«

Ja, wenn man den Ehrgeiz, besser schreiben zu wollen als jeder andere, davon ausnimmt und akzeptiert, niemals auch nur annähernd entlohnt zu werden, weder durch Geld noch durch Anerkennung.

Ihr Ehrgeiz ist erloschen?

Ich baue auf den Ruhm post mortem. Man ruht, man lässt sein Lächeln in die Meere fließen …

Also, die Leute sagen: Der Wondratschek ist als Dichter, wenn er gut ist, sagenhaft gut. Aber er kann's ja nicht lassen, sich als Kotzbrocken zu verkaufen.

Kotzbrocken?

In der Art. Na ja, nicht böse sein.

Genau das habe ich nie getan: mich verkaufen. Wahr ist: Ich bin nicht einmal bei denen beliebt, die mich lieben. Aber langsam dämmert mir, dass ich in meinem Auftreten zurückhaltender hätte sein können. Da habe ich Wirkungen doch unterschätzt, die Liebesgeschichten mit Huren oder Freundschaften mit Boxern in den Gehirnen von Journalisten ausgelöst haben. Aber wie neugierig dieselben Herrschaften waren, wenn ich mit Domenica oder meinem Freund Grupe in der Herbert-straße auftauchte! Am nächsten Tag haben sie mich in ihren Zeitungen dafür gescholten.

Okay, ein Journalist ruft Sie an: Was ist die klassische Frage?

»Wondratschek, der Boxer Dingsbums ist tot – schreiben Sie uns einen Nachruf?« Oder: »Wir planen eine Talkshow über käufliche Liebe und hätten Sie gerne dabei.« Für die bin ich nicht Schriftsteller, sondern Experte für Randzonen.

Gehen Sie jetzt auf die Buchmesse? Einst, vor 100 Jahren, verteilten Sie dort Ihre Manuskripte und wurden ein Star.

Das überlasse ich meinen Verlegern, ich bleibe in Wien. Vor 100 Jahren, da war ich, wie Sie wissen, kurzfristig immer mal wieder mein eigener Verleger, das hat alles noch mächtig Spaß gemacht, und wie! Mich amüsiert das heute noch, wie ich da durch die Hallen ging und das selbst hergestellte Bändchen mit meinen Gedichten angeboten habe. Die haben mich angestarrt und aus Barmherzigkeit ein Exemplar für fünf Mark abgekauft. Kein Jahr später waren dieselben Gedichte Bestseller. »Chucks Zimmer« war der für lange Zeit meistgekaufte Gedichtband. Es gab kaum jemand, der ihn nicht las … Für viele bin ich bis heute der Autor dieser Gedichte geblieben.

Beschädigt der Betrieb die Seele?

Der Betrieb beschädigt die Betriebsamen. Die gehen mit ihrer Seele um wie mit allem: rücksichtslos. Dagegen habe ich mich immer sehr wohlgefühlt unter Menschen, denen ein Blick, eine Handbewegung genügt, um sich verständlich zu machen. Klar, dass man die in vergleichsweise menschenleeren Gegenden häufiger trifft. Es gab für mich nie einen Grund, eine Karriere als Akademiemitglied anstreben zu wollen. Keine Geselligkeiten mit Langweilern. Das sind Umwege, die ich mir erspart habe.

» ... dass ich mir Qualen schuf, wo ich mir Heil erhoffte«. Petrarca! Was sagen Sie jetzt?

Die nächste Flasche Wein geht auf mich.

Wieso lassen Sie den Kritikern eigentlich nicht ihren Job? Die machen ihre Arbeit.

Hören Sie: Das sind Texter, weiter nichts.

Vor nicht langer Zeit saßen Sie bei »3 nach 9« dem Kritiker Denis Scheck gegenüber. Täuscht der Eindruck, dass Sie ihm gerne Gewalt angetan hätten?

Ich kannte den Mann nicht. Ich wusste aber auf Anhieb, dass ich ihn auch nicht kennenlernen wollte.

Er hatte Ihnen nichts getan, glaube ich.

Ich empfand seine Anwesenheit als Zumutung. Unverständlich die Popularität dieser Zweitverwerter. Aber ihre Pfeile treffen weder mich noch meine Kunst.

Wieso sind Sie in die Sendung gegangen? Sie sagen so was doch sonst immer ab.

Dem lieben und sympathischen Giovanni di Lorenzo zuliebe, der diese Sendung moderiert. Wobei mir allerdings nicht klar ist, warum er sich das antut.

Lesen Sie, was Gegenwärtige wie Daniel Kehlmann schreiben oder dieser neue aufstrebende Dings, na, wie heißt er ...

... Günter Grass.

Ah, Grass und die SS. Was sagen Sie?

Ich habe zu Günter Grass überhaupt gar keine Meinung. Wirklich nicht. Ich habe auch noch nie eine zu ihm gehabt.

An was arbeiten Sie gerade?

Demnächst erscheinen »Die weißen Jahre«, meine gesammelten Reportagen und Storys, und dafür will ich ein Nachwort schreiben. Erinnerungen an Leute wie John Huston, Malcolm Lowry und Nelson Algren. An Rainer Werner Fassbinder. Schöne Jahre. Ich war auf Reisen, trieb mich rum, unbekannte Kontinente, nie gesehene Landschaften, Menschen, alle Exemplare von Menschen. Und ich war, bei allem, was ich tat: Anfänger.

Auch schöne Jahre für die Liebe?

Schöne Jahre auch für die Liebe, oh ja! Die war damals noch, was sie sein sollte: ein in täglicher Anwendung erprobter Zustand höchster Einfachheit.

Ein neues Buch in Arbeit?
Ach, reden wir nicht von den Büchern. Die kann man ja kaufen und lesen. Gerade erscheint bei dtv eine, wie ich finde, gut gemachte Gesamtausgabe. Die hält 50 Jahre. Danach entscheidet sich, was es mit meiner Kunst auf sich hatte.
Wieso entscheidet es sich nicht heute?
Nein. Nicht heute. Heute schreien nur alle durcheinander.
Okay, was ist eigentlich ein Misserfolg?
Wenn sich das Glück des Gelingens nicht einstellt und ich nicht dahinterkomme, woran es liegt. Wenn ich eine Erzählung, die ich liebe, wegschmeißen, einen Roman einmotten muss. Weil ich versagt habe. Wenn ich nicht jene Art Helligkeit im Kopf erzeugen kann, um die Luftspiegelungen im Labyrinth meiner Gedanken genau genug entziffern zu können. Das ist durch nichts beeinflussbar, da kannst du so viel Kaffee saufen wie Balzac! Davon erfährt keiner was. Du bist der nutzloseste Mensch. Alles andere ist Erfolg. Wenn ich ein Manuskript beende und zur Veröffentlichung freigebe, ist das – egal, was Kritiker sagen – ein Triumph. Es genügt, ihn zu genießen, notfalls allein mit meinen Lesern.
Wieso waren nur die Anfängerjahre schöne Jahre für die Liebe? Sagten Sie eben.
Tja, wir waren schön und jung und brauchten wenig Schlaf und konnten die Nächte durchmachen, nicht? Wir waren leicht und unzerstörbar. Das Leben war das Risiko, es aufs Spiel zu setzen. »Morgen, ach morgen muss alles vergehn«, wie es im Lied des Harfenmädchens von Theodor Storm heißt. … Leider ist heute bereits übermorgen.
So, jetzt zitiere ich aus Ihrem schönen Gedicht »Die Einsamkeit der Männer«: »Liebende verlieren sich; / kaum daß sie einander nahe spüren, / sind sie Fremde / und sie gehen unversöhnlich / Wege, die in Labyrinthe führen«.
Stimmt. So ist es.
Muss es denn so sein?
»So ist die Lieb und war immer so.« Je weher, desto besser! Das muss man wissen, dass die Liebe wehtut wie nur die Liebe. Ich spüre das bis heute. Trotzdem bin ich erstaunlich heil geblieben. Vielleicht liegt's an der Abendsonne, die mich und meinen Weg bescheint: Ich erlebe gerade, was man einen unverkennbaren Fall erwiderter Liebe nennen könnte.
Dann haue ich Ihnen jetzt noch ein Kompliment um die Ohren. Die schönsten, ja hoffnungsvollsten Sätze über die Liebe, die die gesamte Menschheit je vernahm, sie kommen nämlich von Ihnen.
Ich höre.
Hier: »Du siehst, auch ich versuche zu schrumpfen, auf die kleinste Grö-

ße. Und eines Tages werden wir beide einen einzigen kleinen Punkt bilden, am Ende einer schönen wahren Geschichte.« Und Sie wollen nicht dran glauben, an die Liebe? Ich glaube Ihnen ja kein Wort!

Mir müssen Sie nichts glauben, aber glauben Sie Ihrer Begeisterung für die Sätze, die ein Schriftsteller zu Papier bringt. Vielen Dank für Ihr Kompliment, es freut mich aufrichtig. Warum lesen wir, wenn nicht deshalb?

Was denken Sie, wenn Sie Liebespaare sehen, sagen wir: im Englischen Garten ...

Mir wird schlecht, wenn ich Liebespaare sehe.

Wie bitte?

Ja, ja, diese kleine klägliche Angst, die alle beherrscht – und die sie nach der ersten Nacht Liebe nennen.

Müssen wir, damit die Liebe gelingt, erst getrennt auf den Punkt schrumpfen? Oder geht das auch gemeinsam?

Auf den Punkt schrumpfen? Nur allein! Der Punkt als Zeichen höchster Einfachheit. Er entfaltet keinen Prunk, keine Pracht. Er ist, gebündelt und stark, ganz bei sich, er ist das Zentrum. Die Liebe, daran glaube ich, liebt Einzelgänger ...

... oh, Eichinger betritt das Lokal!

Der Bernd! Dass er ausgerechnet jetzt kommt, wo wir über die Liebe reden!

Ich bin auch ganz bewegt.

Kennen Sie ihn?

Kennen? Nein. Aber wir wurden uns mal zufällig in einer Bar vorgestellt.

Wie verlief der Abend?

Ich musste den Kerzentest machen! Wer kann länger die Hand über die Kerze halten? Ein Männlichkeitstest, nehme ich an.

Und?

Ich habe ihn natürlich gewinnen lassen. Ich leg mich ja nicht um drei Uhr früh mit unserem mächtigsten Filmproduzenten an. Und Sie? Ist es noch Freundschaft?

Wir waren lange genug in dieselbe Frau verliebt, was die schönste Art ist, Freundschaft zu schließen. Unserer Sinnesart nach sind wir beide Romantiker, weshalb keiner auf den anderen eifersüchtig sein konnte. Bis auf den Moment, als ich mein Carmen-Gedicht fertig hatte. Deshalb hat er es auch gekauft, er musste etwas, das ihm nicht gehörte, besitzen. Er ist wie ein Bruder. Ich verstehe seine Seele.

Wie bitte kauft man ein Gedicht?

Wir waren hier, im Romagna Antica, und haben meine Lesung gefeiert. Bernd schickte seinen Chauffeur los, und der kam nach einer halben Stunde wieder, weiß Gott woher, mit einem Briefumschlag voller Scheine. Ein Abend erregender Turbulenzen, ganz nach meinem Geschmack! Ich brauchte Geld. Er wollte dieses Gedicht haben, unbedingt, er wollte es wie einer, der getrunken hat, eine Frau will. Da war sie wieder, meine blinde reiche russische Großfürstin …

Kann jetzt zum Beispiel ich den Satz mit der Liebe und dem kleinsten Punkt auch kaufen? Was kostet denn so was?

Ich ruf Sie an, wenn ich Geld brauche.

Sie sehen gut aus. Halten Drogen frisch?

Ha, erst ein Kompliment zum Einwickeln, und dann soll der Wondratschek mal plaudern, was? Heiliges Terrain! Ein Idiot, der hier ins Plaudern käme.

Na los, unter Betschwestern …

Ich wär halt immer gern ein Vogel gewesen. Im Übrigen wollte ich mir, was meine Funktionstüchtigkeit in einer bürgerlichen Welt angeht, keine Meriten verdienen. Ich hab dann eine andere Strategie entworfen, um an den Kuchen der Kunst zu kommen. Irgendwer, irgendwas musste meinem Verstand beibringen, dass er nicht der Chef ist. Man muss sich wehren, man muss versuchen, den Zustand der Rätsel und Offenbarungen zurückzuerobern. Auch der Verstand braucht ja etwas, das er nicht versteht.

Nehmen Sie noch Drogen? Ich sehe hier nur Rotwein, Zigaretten …

Nein, nein. Auf meinem Heimweg gibt's keine Dealer, keine Apotheken. Hin und wieder betrete ich eine Bar. Aber nur, um ein Gefühl wiedererinnern zu können, das mir mal zu Recht viel bedeutet hat.

Weshalb zu Recht?

Trunkenheit war ja eine herrliche Sache! Sie ist es heute noch. Es kommt auf den Unterschied an: Nicht jeder, der säuft, wird mit Trunkenheit belohnt. Manch einer ist irgendwann einfach nur besoffen.

Der Rausch ist schmerzlindernd, so einfach ist das, nein?

Nichts ist einfach – der Rausch nicht und noch weniger die Ekstase, die unsere Kräfte oft genug überfordert. Ohne Disziplin ist Phantasie Zeitverschwendung.

Dann mal eine Frage fürs Seminar: Herr Wondratschek, inwiefern verdanken wir Ihr Werk den Drogen?

Als ich Anfang der 70er-Jahre nach München kam, saßen wir wie die Kinder in der Küche und kifften. Liebenswert, freundlich, harmlos. Ihr Kinderlein, kifft! Ich hatte allerdings nicht das Gefühl, dass wir dem Zustand der Erleuchtung nahe waren.

Kam die Erleuchtung denn noch? Es gibt da unter den Veteranen absolut unterschiedliche Auffassungen.

Nun, um das Problem der ausbleibenden Erleuchtung zu beheben, gingen viele dann nach Indien zu Bhagwan, nicht wahr? Nach Poona.

Das Resultat?

Das Resultat war, dass sich in München die Wohnungen leerten.

Was für eine sehr prägnante Zusammenfassung von 1968 und den Folgen: leere Wohnungen in München!

Exakt. Plötzlich hatte ich in Schwabing statt nur einem sechs, sieben Zimmer! Nur für mich! Ungestört war ich auch. Und die Haschischvorräte haben sie auch dagelassen. Eine produktive Zeit.

Welche Kunst verdanken wir Drogen?

Paracelsus sagt: »Alle Dinge sind Gift, und kein Ding, das ohne Gift ist, allein die Dosis macht, daß ein Ding kein Gift ist.« Man muss also mit der Dosierung aufpassen. Kein Kinderspiel. Und noch etwas ist unerlässlich: die Kraft zu respektieren, der man sich ausliefert, die in einen eindringt und die mit Nutzen und Gewinn zu bändigen es bestimmter Rituale bedarf. Ernst Jünger und Aldous Huxley, Genet und Byron waren die Autoren, die davon etwas verstanden. Es handelt sich ja schließlich nicht darum, nur einer Laune zu huldigen. Wer nicht von der Wirkung einer Droge schockiert ist, hat sie nicht verstanden.

Hört man nicht auf mit so was, wenn die Kinder kommen?

Man hört mit so was auf, wenn die Arbeit getan ist. Meine ist getan. Ich wünsche keinem Kind einen Drogensüchtigen zum Vater. Aber ich halte auch nichts von Vätern, die lügen. Ich habe gekostet von der süßen Blume des Todes, und ich bereue nichts.

Bleiben wir zum Abschied pathetisch und heiter. Was soll auf Ihrem Grabstein stehen? Keine Fachgespräche über meine Person nach Sonnenuntergang?

Nichts! Name, Geburts- und Todesdatum. Das ist aber nicht das Problem.

Was ist das Problem?

Der richtige Ort. Erde, Luft oder Wasser. Ich habe den Ort, an dem ich tot sein will, noch nicht gefunden.

INTERVIEW MIT
JEAN MICHEL JARRE

JEAN MICHEL JARRE

»Wir reden nur über Sex, merken Sie das?
Der Sex ist die Macht. Lesen Sie Burgess!
Lesen Sie Sartre! Sex, Sex, Sex!«

Jean Michel Jarre wurde 1948 als Sohn des Filmkomponisten Maurice Jarre
(»Lawrence von Arabien«, »Dr. Schiwago«) geboren. Er besuchte die Sorbonne
und das Pariser Konservatorium und schloss mit Auszeichnungen ab. Einer sei-
ner Lehrmeister war der Begründer der Konkreten Musik, Pierre Schaeffer. Seit
»Oxygène« (1976) zählt Jarre zu den einflussreichsten Elektronikmusikern. Er
hat zwei Kinder mit der Schauspielerin Charlotte Rampling. Jarre lebt in Croissy-
sur-Seine, ist berühmt für multimediale Spektakel vor Millionen von Zuschauern
und geht gelegentlich auf Tourneen durch Konzerthallen.

September 2004 in Hamburg. Die verglaste Warner-Zentrale. Überraschung:
Monsieur Jarre in Jeans und Shirt – und absolut frappierend ist dieses sagenhaft
junge Gesicht. Der Mann kann doch höchstens Ende 30 sein. Typ: später Stu-
dent. Sorbonne. 1972. »Ööh, Ai äm sorry for a minüt.« Er hört seine Mailbox ab.
Man hört bis zur anderen Seite des Sofas, wie eine Frau auf diese Mailbox zischt:
»Jean Michel!! Écoute!!« Huuu! Die Verlassene? Schauspielerin Isabelle Adjani?
Die Neue? Schauspielerin Anne Parillaud? In Paris tobt grad ein Trennungskrieg.
Wie aufregend! Jean Michel Jarre lächelt, während er das abhört. Dann drückt er
das Handy aus. »Hep! Je suis Jean Michel!« Nun beginnt Franzosenwahnsinn.

Jean Michel, wieso sehen Sie so jung aus? Wahnsinn, Sie sind 56 Jahre alt.
Sie sind lieb.
Verzeihung, aber mit plastischer Chirurgie hat es nichts zu tun, oder?
Sie sind doch nicht lieb. Die Antwort ist ein dezidiertes: Non, Monsieur! Ich habe gute Gene. Mein Vater ist 80 Jahre alt – und sieht sogar noch jünger aus als ich.
Sie sind vermutlich froh, nicht in Frankreich zu sein. Isabelle Adjani, von der Sie sich gerade trennten, macht Ihnen dort derzeit das Leben schwer.
Nun, so etwas kommt vor. Huuh, ja …
Wir müssen nicht darüber reden.
Sie läuft in den Räumen von diesen Illustrierten herum und erzählt Sachen über mich. Ich habe keine ruhige Minute. Menschen kommen zusammen, Menschen trennen sich wieder, Menschen verlieren die Nerven. Die alte Komödie.
Sie ist aufgebracht. So sind die Frauen, wenn sie aufgebracht sind.
Erzählen Sie mir nichts über die Frauen! Das sind Zeitungen und Blättchen, die Isabelle bisher immer verklagt hat, wenn sie über sie berichteten! Nun marschiert sie da hinein und singt das hohe C!
Ich möchte mit Ihnen über die Botschaft hinter Ihrer Musik sprechen.
Ah, ein philosophisches Gespräch. Es ist immer gut, in Deutschland zu sein.
Wieso?

Weil Deutschland, ähnlich wie Frankreich, ein Land der Philosophen ist. Deutsche stellen immer ernste und philosophische Fragen. Deutsche Kulturjournalisten haben meistens Philosophie studiert.

Was ist die Botschaft hinter Ihrer Musik?

Also, ich habe kaum Texte in der Musik. Aber es geht natürlich um, ja: um Sex.

Oh.

Wieso ›Oh‹?

Sex hatte ich als Botschaft gar nicht auf der Agenda. Wieso eigentlich nicht? Wie dumm von mir …

Nun, dann ändern wir die Agenda! Meine Musik ist für mich Sex. Ein Ausdruck von Sexualität und Liebe und Verlangen. Ich habe als Student nach einem kreativen Ausdruck gesucht, ich habe gemalt zum Beispiel. Ich war fasziniert von der Literatur und der Philosophie. Sehr fasziniert von der Architektur. Ich bin bei der Musik gelandet. Und bei ihrer Verbindung zu Architektur, zu Räumen, zu Körpern. Ich mache räumliche und körperliche Musik. Auch das liegt in der Familie. In den Genen. Wie mein wunderbares Aussehen.

Malerei ist oft auch sexuell motiviert.

Natürlich, Pollock und so weiter. Aber die Musik hatte mich bald am Kragen. Musik ist Kochen, und Kochen ist Sex.

Kochen ist Sex?

Natürlich! Musik und Kochen und nicht zuletzt das Essen sind absolut quasisexuelle Handlungen! Alles eins!

Ah, oral …

Na, Sie mischen Töne, Gewürze, Sie tasten und mischen, führen die Hände zum Mund, all das ist oral und sinnlich und, nun ja, feucht und im besten Fall auch sehr, sehr heiß. Nicht wahr?

Kochen Sie gern?

Ja.

Das Malen ist …

Beim Malen fehlt der Rhythmus.

Auch Bilder haben einen Rhythmus.

Ja, aber einen abstrahierten, auf dem Bild haben sie einen sichtbaren Rhythmus, keinen hörbaren Rhythmus. Der hörbare Rhythmus ist aber der gefühltere, der sexuellere, der geheimnisvollere Rhythmus. Sind wir uns einig?

Einige Ihrer Stücke, wie »Diva« zum Beispiel, wirken extrem sexuell motiviert, in »Souvenir de Chine« klingt sogar das Klicken der Fotokamera sexuell …

Mögen Sie es?

Bei »Souvenir de Chine« kommen mir fast die Tränen. Sie legen da diese Morricone-artige Melodie drüber.

Sie lieben das Stück. Wunderbar.

Aber ich überlege gerade, ob die spezifische Botschaft Ihrer Musik nur Sex ist.

Von einer spezifischen und einzigen Botschaft zu sprechen, das ist sicher schwer. Was assoziieren Sie mit meiner Musik?

Als ich zehn Jahre alt war, schenk-

te man mir Ihre Platte »Oxygène«. Ich dachte beim Hören – und dies geht mir immer noch so mit Ihrer Musik: Da schwebt so ein Astronaut, dessen Leine zum Raumschiff gekappt wurde, ratlos durchs All. Der spielt Melodien auf einer kleinen Orgel, weil er ja was tun muss da oben. Ihre Landsleute von »Air« haben das übernommen, die wirken wie eine einzige Eloge auf Jean Michel Jarre ...

Der Astronaut. Wie schön. Nun, was wäre demnach denn die Botschaft?

Abzuheben. Keine Fragen zu stellen. Keine Antworten zu suchen. Eine Form von sehnsüchtiger und ratloser und manchmal ironischer Romantik. Kritiker unterstellen Ihnen Eskapismus.

Alle Kunst ist Eskapismus. Sobald ein Künstler einen Pinsel in Farbe taucht, sobald ein Musiker ein Instrument in die Hand nimmt, beginnt Eskapismus. Schreibe ich Leitartikel? Nein. Ist meine Musik unpolitisch? Ich glaub wieder: nein. Sogar Bob Dylan ist auf seine Art Eskapist. Dabei ist er explizit politischer als ich. Sogar Michel Houellebecq ist ein Eskapist – der sowieso.

Er hält sich für einen Realisten.

Er hält sich für einiges. Seine ersten beiden Bücher waren gut. Aber »Plattform« war kein gutes Buch. Absoluter Mist.

Irgendwo stand, er habe es seinen

Fans mit dem Buch richtig besorgen wollen ...

Natürlich. Gelutsche, Geficke, und am Ende fliegt alles in die Luft. Es ist auf den Effekt hin geschrieben. Traurig.

Was ist seine Botschaft?

Weiß nicht. Sexueller Realismus? Realistischer Sexismus? Keine Ahnung. Es wird viel gebumst.

Da seid Ihr ja in Frankreich ...

Jaja, schon gut. Aber ich möchte ja auch erst mal die Sprache und die Geschichte lieben und nicht die Botschaft. Mein Gott, wir sind das Land von Camus und Sartre, von Philippe Sollers! Das ist eine reine, fesselnde Sprache. Solche Schriftsteller haben wir kaum mehr. Habt ihr noch einen Günter Grass?

Grass schreibt heute über Alterssex, Walser schreibt auch über Alterssex ...

Sie sind halt alt. Was sollen sie tun? Da haben Sie's wieder: eine Komödie.

Okay, Sie mögen keine fetten Farben in der Literatur.

Einer meiner engsten Freunde war Anthony Burgess! Der benutzte fette Farben. Aber er hatte auch Geschichten zu erzählen, finstere, ernste und doch extrem komische Geschichten. Er konnte halt schreiben. Ich vermisse ihn sehr.

Könnte man sagen: Dylan ist Literatur – und Jean Michel Jarre ist Kino?

Ja. Ich entwerfe eher Bilder als Botschaften. Aber entwerten Sie Dylan nicht. Er entwirft Bilder mit seiner irren Sprache.

Sagen wir so: Ihrer Musik haftet einerseits etwas Treibendes an, durch den Rhythmus. Andererseits entwerfen Sie so traumverlorene Bilder.

Wir reden nur über Sex, merken Sie das? Der Sex ist die Macht. Lesen Sie Burgess! Lesen Sie Sartre! Sex, Sex, Sex! Das Sexuelle ist das Traumverlorenste, zu dem Menschen fähig sind, oder nicht? Und ich bin sowieso – und hier mal nicht nur im sexuellen, also positiven Sinne – traumverloren. Seit mein Vater uns verließ, ich war damals fünf Jahre alt, bin ich traumverloren.

Könnte man sagen: Sie sind geflüchtet?

Wenn Sie Kinderbilder von mir anschauen, sehen Sie immer und stets ein ernstes Kind. Auf der Flucht in eine sehr hermetische Innenwelt: le petit Kafka.

Heute sind Sie ein lebensfroher Mann.

Ich habe mich mit mir arrangiert, die Musik hält mich in der Schwebe zwischen Erde und All. Ich weiß, dass da mein Platz ist. Ich kann es nicht ändern, und im Gegensatz zu früher versuche ich es auch nicht mehr. Da ist eine stete Grenze zwischen Traum und Realität in meinem Leben, es liegt ein dicker Nebel über dieser Grenze. Durch den laufe ich. Das hört man meiner Musik sicher auch an, das hörte man schon »Oxygène« an, das ist in Ordnung so. Insofern ist es interessant, dass Sie als Kind einen einsamen Astronauten vor Augen hatten.

Sie spielen live unter Einbeziehung jeglicher Metropolenarchitektur und vor bis zu drei Millionen Menschen an einem Abend. Ihre Konzerte sind Events, ganze Städte werden beleuchtet. Doch waren Sie nie der Typ, der das Mädchen aus der ersten Reihe nach dem Konzert mit aufs Zimmer nehmen wollte. Sie waren nie der Rockstar im eigentlichen Sinne.

Nun, bei meinen Konzerten gibt es keine ersten Reihe. Und Rockstarattitüden haben mich immer abgestoßen. Ich halte das Bumm-Bumm der Rockmusik nicht für erotisch, zumindest nicht im traumverlorenen Sinne. Das Bumm-Bumm ist ja eher der Akt als der Weg zum Akt. Oder?

Bei Ihnen macht es selten Bumm-Bumm. Ihre Rhythmen sind filigraner, nervöser, eher so Didipp-zirrp-didapp-sidirrr ...

Alors! Und wissen Sie, warum? Denken Sie an die Zellen! Die Zellen sind aufgeregt! Didipp-zirrp! Der Eros zappelt!

Sicher.

Schauen Sie, das Faszinierende an der Sexualität ist doch nicht der schlussendliche Akt. Der ist natürlich toll. Aber er ist nicht geheimnisvoll, oder? Sagen Sie!

Nun, unter Umständen ist er ...

Non!! Das wirklich Faszinierende ist alles davor: wenn die Zellen in Ihrem Körper verrückt spielen, wenn die Botenstoffe hin und her schießen, aber das ist kein Bumm-Bumm! Das ist Didipp-zirrp-didapp-sidirr! Das Bumm-Bumm ist der letzte Weg zum Orgasmus, das Didipp-zirrp-didapp-sidirr, das ist die großartige Strecke davor, der Blick, die Berührung, die Vorstellung von dem, was noch kommt, lesen Sie Nabokov, aaah ...

Sie lieben dieses Didipp-zirrp-didapp-sidirr, Ihre Musik ist voll davon.

Natürlich liebe ich es. Es ist der Rhythmus der Verführung, der Rhythmus muss verführen, die Töne sind eher mit den Flächen der Maler vergleichbar. Ich habe übrigens noch nie mit jemandem über die Sexualität der Zellen gesprochen. Sie stoßen mich auf das Flirrende! Ich hoffe nur nicht, dass Ihre Leser annehmen, hier sitzen zwei Irre im Psychoanalyse-Supermarkt. Was meinen Sie?

Reden wir über Politik!

Ich bin Unesco-Botschafter. Ich engagiere mich auch, nur zum Beispiel, für verfolgte Menschen in China. Jetzt habe ich Angst, Sie zu langweilen. Reden wir besser wieder über Sexualität!

Sie spielen am 10. Oktober auf dem Platz des Himmlischen Friedens in Peking.

Ich weiß, was Sie nun fragen werden.

Einige Ihrer intellektuellen Freunde in Paris werden Ihnen das übel nehmen.

Das ist mir total egal. »Oxygène« war 1976 die erste Pop-LP aus dem Westen, die in China veröffentlicht wurde.

Logisch. Es waren ja keine Texte drauf.

So ist es. Anfang der 80er-Jahre war ich dann der erste westliche Popmusiker, der in China aufgetreten ist. Ich reise seitdem sehr oft dorthin. Ich liebe dieses Land. Es herrscht dort unter den Jugendlichen, unter den Studenten eine Stimmung, die mich an Paris '68 erinnert. Die Chinesen, die mich beknien, jetzt das Konzert zu geben, das sind Künstler, Intellektuelle. Da interessieren mich meine Freunde in Paris wenig. Die Intellektuellen dort sind ein trübsinniger Haufen, Sie müssen sich die mal anschauen, wie sie da herumsitzen und Reden halten.

Oh, das ärgert Sie aber richtig.

Ja, weil – wissen Sie: Einige von denen, die da jetzt im Café de Paris in ihrem zehnten Kaffee herumrühren und zu bedenken geben, ich müsse in Peking sehr dezidiert die Menschenrechte ansprechen, was waren die noch mal 1968? Mmh?

Maoisten!

Na klar! Zu einer Zeit, als Mao Millionen von Menschen in den Lagern verschwinden ließ! Fahren diese Intellektuellen jetzt nach China, um sich das Land mal anzuschauen? Nein. Sie sitzen mit 15 Tageszeitungen im Café de Paris und reden dummes Zeug. Blasierte Idioten.

Was hat Ihre Mutter Ihnen mit auf den Weg gegeben? Sie war unter der Naziherrschaft in Frankreich im Widerstand. Sie musste ins KZ Ravensbrück.

Sie sagte: »Jean Michel, die Deutschen sind nicht schlecht. Viele von ihnen haben schlimme Verbrechen begangen, viele andere von ihnen haben unter den schlimmen Verbrechen ebenso gelitten wie wir.« Ich sage Ihnen das nicht, weil Sie Deutscher sind. Aber diese Zeit hat euch sehr im Griff, oder?

Wir schauen halt immer so traurig.

Ja. Schade. Andererseits logisch. Es sind 60 Jahre vergangen: viel Zeit für ein Leben – wenig Zeit für die Geschichte.

Wir schauen mit einer gewissen Faszination auf die Franzosen und ihren unbekümmerten Umgang mit Größe …

Konkretisieren Sie das bitte!

Sie zum Beispiel lassen in Paris Plätze und Bauten von den edelsten Designern in Licht tauchen. In Deutschland würde man denken: Huuu, gleich kommt sicher der Führer wieder um die Ecke.

Ich wollte mal vor dem Reichstag etwas inszenieren. Mit viel Licht.

Wieso hat es nicht geklappt?

Die Behörden. Es war, glaube ich, alles noch komplizierter als in China.

Sicher hatte man Angst vor einer Art Licht-Dom im Speer'schen Sinne.

Ich wollte die Bauten und Baustellen illuminieren. Hat nicht geklappt. Dann kam Christo. Ihr habt es heute mit dem Verpacken, nicht mit dem Illuminieren.

Wir hatten mal die Loveparade, da liefen die Leute mit Schnullern herum und Staubsaugern auf dem Rücken!

Verstehe. Ihr braucht aber eher schöne, sinnstiftende, detraumatisierende Erlebnisse. Es ist eine psychologische Sache. Man darf nichts vergessen. Aber ihr müsst lernen, wieder zu lachen.

Hatten Sie Sex mit Françoise Hardy?

Bitte? Wie kommen Sie jetzt darauf?

Wir sind über der Zeit. Das will ich noch wissen. Ich habe eben drüber nachgedacht, als wir über Sex sprachen. Hatten Sie Sex mit ihr? In den 60ern vielleicht?

Sie verehren Françoise! Oh, das kann ich verstehen. Ich bin gut mit ihr befreundet. Wenn Sie sie kennenlernen, beachten Sie aber auch: Sie ist verrückt.

Warum?

Sie richtet alles nach den Sternen aus. Sie ist ein Horoskop auf Beinen.

Ernsthaft?

Stellen Sie sich vor: Sie hat die Freundin ihres Sohnes weggeschickt, weil ihr das Sternenbild des Mädchens nicht gepasst hat. »Da ist die Tür, junge Frau!« Was sagen Sie jetzt?

Der arme Junge.

Ja, und: das arme Mädchen! Andererseits ist Françoise absolut wunderbar.

Und nein, ich hatte keinen Sex mit ihr. Ich war, glaube ich, mal nah dran. **Okay, also Sex, Hitler, China, die Intellektuellen, die Deutschen, darauf war ich natürlich gar nicht vorbereitet …** Ich werde Françoise von Ihnen grüßen!

INTERVIEW MIT CHRISTOPH WALTZ

CHRISTOPH WALTZ

»Schauspieler wird man grundsätzlich
aus einer irren Sehnsucht nach Bedeutung.
Glauben Sie nie einem Schauspieler,
der das bestreitet!«

Christoph Waltz wurde 1956 in Wien geboren und zählt zu den markantesten deutschsprachigen Bühnen-, Film- und Fernsehschauspielern. Im Herbst 2008 nahm er Leonardo di Caprio eine Hauptrolle für den Tarantino-Film »Inglorious Bastards« weg. Für Aufsehen sorgte Waltz in den Jahren zuvor – nur zum Beispiel – mit seiner brillanten Darstellung des Oetker-Entführers Zlof in der TV-Verfilmung »Tanz mit dem Teufel« (2001). Im Kino sah man ihn unter anderem in Oskar Roehlers »Der alte Affe Angst«. Waltz hat drei Kinder. Er lebt in London und Berlin.

Ein Café auf der Westberliner Knesebeckstraße im Sommer 2003. Christoph Waltz bestellt, dann bestellt er um, dann bestellt er noch mal um. Die Kellnerin seufzt, Waltz schaut lieb. Der Schauspieler hat heute, was bei ihm nicht selbstverständlich ist, gute Laune. Was er sagt, ist druckreif. Und wie er es sagt, hängt sicher auch damit zusammen, dass er als Kind einer Wiener Bühnenfamilie gelernt hat, wie man so was sagt. Er holt eine Zigarre aus dem Etui … Er hat große Lust auf eine verbale Prügelei. Wenn man den Kerl zu ernst nimmt, regt man sich nur über ihn auf. Lässt man es aber bleiben, so lernt man einen der feinsten Menschen unter der einzigen Sonne kennen, die wir haben.

Herr Waltz, lassen Sie uns über die Posen der Menschen sprechen, okay?
Der Menschen? Wer posiert denn noch? Tiere. Schauspieler. Mehr als Tiere und mehr als Menschen posieren natürlich Schauspieler.

Es gibt einen Unterschied zwischen Menschen und Schauspielern?
Ja, schon.

Fangen wir mal mit uns beiden an: Welche Pose übe ich gerade aus?
Der Esel nennt sich immer zuer …

Ich wollte Ihnen die Möglichkeit zum direkten Angriff geben.
Sie üben die Pose des »interessierten Journalisten« aus.

Das stimmt nicht.
Doch.

Wieso sollte ich posieren? Es zwingt mich keiner, ein Interview mit Ihnen zu führen. Ich bin interessiert an Ihnen.
Sie werden mich mit Ihren aufmerksam hochgezogenen Augenbrauen auch noch anschauen, wenn ich Sie zu Tode langweile. Sie sind, glaube ich, fatalistisch genug, um selbst dann höflich zu bleiben.

Welche Pose üben Sie gerade aus?
Was glauben Sie?

Können Sie mal aufhören, so zu grinsen?
Nein, gar nicht! Sagen Sie mal: Welche Pose übe ich gerade aus?

Grundsätzlich: Ich finde es öfter mal rührend, wie interessiert Prominente tun, die man interviewt. Dabei wollen die oft lieber kein Interview geben. Die würden gerne schlafen oder so was.

Schauen Sie, ich stecke mir jetzt zum Beispiel eine Zigarre an. Auf die freue ich mich schon den halben Tag lang.

Ja und?

Ich finde nicht, dass ich mit dieser Zigarre posiere. Aber die Menschen in diesem Café hier finden das.

Sind Sie sicher?

Sehen Sie die beiden jungen Damen da hinten? Drehen Sie sich mal um!

Ja.

Ich weiß, was die beiden gerade denken.

Was denken die gerade?

Dass ich ein blödes Arschloch mit einer Zigarre bin. Wenn die beiden Damen mein Gesicht kennen sollten, denken die sogar, dass ich ein Schauspielerarschloch bin, ein blödes. Mit einer Zigarre.

Es ist Ihnen nicht egal, was die denken?

Nein. Ich wünschte, es wäre mir egal. Mitleid verdient aber nur die Zigarre.

Wieso das?

Die Zigarre trägt für den Umstand, dass ich hier als Arschloch herumsitze, die Schuld. Dabei hat sie das nicht gewollt. Verstehen Sie?

Warum geschieht Ihrer Zigarre Unrecht?

Früher wusste man alleine den Umstand zu schätzen, dass sie von guter Qualität ist. Heute hingegen ist diese Zigarre durch Marketing-Idioten oder auch den Bundeskanzler mit einer Bedeutung aufgeladen, die suggeriert, dass der, der sie raucht, durch den Umstand, dass er sie raucht, an Bedeutung gewinnen will. Dadurch wird diese grandiose Zigarre eine Posen-Zigarre. Und der, der sie raucht, zum Posen-Arschloch. Der Schröder steckt sich ja auch eine ins Gesicht, wenn er wie wer aussehen will.

Vielleicht will er – wie Sie – die Zigarre einfach nur genießen.

Fotos, die er von sich und seiner Zigarre hat machen lassen, widerlegen Ihre These.

Also hat die Marktwirtschaft mit ihren Marketing-Instrumenten Ihre Zigarre im Grunde ruiniert.

Den einst souveränen Stolz meiner Zigarre, ja. Und mich so natürlich auch.

Sie sagten, Sie unterscheiden zwischen Menschen und Schauspielern …

… ja, das war so dahergesagt, ich habe manchmal einen Ekel, meinen eigenen Beruf betreffend. Wir könnten natürlich auch von den Posen der Gewerkschaftsfunktionäre reden.

Was haben Sie gegen die Rechte von Arbeitnehmern?

Die Frage ist die falsche, das wissen Sie auch. Wenn wir von den Gewerkschaften reden, lautet die Frage: Herr Waltz, was haben Sie gegen peinliche Inszenierungen und hohles Pathos? *(Ein junger, albern gekleideter Mann fährt auf einem Rad am Café vorbei. Der Mann ruft, nein brüllt: »Hallo, Christoph!« Waltz schaut entsetzt.)*

Was war denn das?

Ein Kollege? Was weiß ich. Das war die Ich-bin-ein-lustig-daherradelnder-Kollege-vom-Christoph-Pose.

Auch Ihr Ekel könnte Pose sein.

Ich wusste, dass Sie das jetzt sagen!

Das ist kein Grund, jetzt hier auf den Tisch zu hauen!

Sie meinen, wer sich vor anderen ekelt und ständig an ihnen herummeckert, stellt dadurch sein Expertentum unter Beweis? Na servus!

Könnte doch sein.

Könnte doch sein. Menschen, die ständig den Durchblick haben, sind natürlich auch zum Kotzen. Sie haben recht.

Ich meine, wen man auch fragt: Die Leute sagen, der Waltz ist ein derart grandioser Schauspieler ...

... mit einer grandiosen Zigarre ...

... also haben Sie es doch gar nicht nötig, sich derart zu ekeln.

Ich ekel mich doch nicht, nachdem ich mich gefragt habe, ob ich das nötig habe, mich zu ekeln. Schaun Sie, wenn Sie einen natürlich moralisch hochwertigen Artikel einer Kollegin oder eines Kollegen in Ihrer Zeitung lesen, der aber leider mit furchtbar durchsichtigem Interesse und schlecht geschrieben ist, was denken Sie da? Da denken Sie nicht darüber nach, ob Sie das jetzt nötig haben, sich darüber aufzuregen. Da denken Sie: Ja, was soll jetzt wieder dieser Scheißdreck in meiner Zeitung? Gell?

Wie kommen Sie auf moralisch? Ist das die Hauptpose unter Schauspielern?

In Deutschland? Natürlich! Nicht nur unter Schauspielern, auch unter euch Journalisten.

Ich halte die Moral, wenn wir die Bedeutung des Wortes mal wieder zurückführen in die eher ursprüngliche ...

Die Moral ist in diesem Land der Hauptvorwand für posiertes Heldentum. Es ist schlimm, wie triefäugig und von sich selbst erotisiert deutsche Filmschaffende und Journalisten schauen, wenn sie davon ergriffen sind, dass sie gerade etwas gesellschaftlich Bedeutendes vorbereiten. Oder schon: verbreiten.

Was ist schlecht an gesellschaftskritischen Filmen? Es wird so viel Flachsinn im Fernsehen verbreitet ...

Nichts ist schlecht an gesellschaftlich bedeutenden Filmen. Außer den Filmen selbst womöglich, nicht wahr?

Wie definieren Sie da die Posen?

Sagen wir so: Wenn sich der Sinn hinter einer nicht nur mutig, sondern auch gut erzählten Geschichte schon lange verflüchtigt hat, wenn dann nur noch die Haltung des Autors, des Regisseurs, der Darsteller übrig bleibt, dieses Spielen auf Wirkung. Diese Bescheidenheitsapostel, die so tun, als hätten sie sich monatelang in eine Rolle so, äh, reingefühlt.

Wieso sind Sie Schauspieler geworden?

Aus einem psychischen Defekt heraus natürlich. Warum denn sonst?

Pose! Pose!

Totaler Quatsch! Schauspieler wird man grundsätzlich aus einer irren Sehnsucht nach Bedeutung. Glauben Sie nie einem Schauspieler, der das bestreitet! Die einzigen Schauspieler, die noch zu retten sind, sind die, die begriffen haben, dass sie nicht nur gute Geschichten unterstützen wollen, sondern die auch begriffen haben, dass sie von der krankhaften Vorstellung ergriffen sind, dass ihnen dabei Millionen von Zuschauern zugucken sollen! Sonst würden sie nicht unter moralisch großartiger Pose einen unterbezahlten Krankenpfleger in der Dritten Welt spielen. Sondern zum Beispiel in der Dritten Welt arbeiten.

Man will halt auch genial sein, klar.

Wissen Sie, was das Große an Buster Keaton war? Man bezeichnete ihn und Chaplin als Genies. Aber: Keaton alleine war klug genug, das nicht zu glauben. Keaton hatte auch seine Pose, klar, aber sie diente dazu, den Zweck unsichtbar und den Vorgang sichtbar zu machen.

Lernen Schauspielschüler so etwas von Stanislawski und Strasberg?

Stanislatzki und Strapsberg.

Lernt man das von denen, sich runterzudimmen in der eigenen Bedeutung?

Als Strasberg gefragt wurde, wieso er Schauspielunterricht gebe, sagte er:

Teaching acting is another way of making money. Der Satz ist besser und runtergedimmter als seine Bücher. Auch die Bücher von Stanislawski glänzen vor Schulmeisterei schlimmster Art. Sie können diese Bücher vergessen im Vergleich zu David Mamets True and False. Da steht die einzige Frage drin, die ein Schauspieler kennen muss.

Nämlich?

Wie schaffe ich es, dass ich mich selbst aushalte?

Nicht nur für Schauspielschüler eine interessante Frage …

Das Problem ist, dass wir uns alle zu schnell gut aushalten. Wobei es mir trostreich oft schwerfällt, mich auszuhalten.

Pose!

Nein! Schmarrn!

Sie sind also Ihrer Auffassung nach alles andere als genial.

Richtig. Aber: Ich bin noch zu retten.

Wie ertragen Sie Schauspielkollegen?

Es gibt doch ganz Wunderbare, es gibt doch solche, die mir weit, weit voraus sind! Nicht, dass hier der Eindruck entsteht, ich fände mich großartig, bitte, ja? Ich kann Ihnen aber oft bei jüngeren Kollegen nach zwei Minuten sagen, ob die von einer deutschen oder einer österreichischen Schauspielschule kommen.

Nehmen wir einen Absolventen der Ernst-Busch-Schule in Berlin.

Ernst-Pfusch-Schule. Die können Ihnen einen Monolog auch mit Salto rückwärts aufsagen, die tun das auch sofort, wenn die Regie es wünscht, die bitten die Regie sogar extra darum. Dieser Kitsch- und Gaukler-Artistik à la Savary steht nun wiederum ein österreichischer Schauspielschulabsolvent ratlos gegenüber. In Wien wird immer noch großes, ernstes Knattermimentum gelehrt.

Sie halten nichts von den Schulen.

Man kann da was lernen. Letztlich halte ich viel von Schauspielern, die Schauspielschulen überwinden, die rechtzeitig sagen: Leckts mi am Oasch.

Nennen Sie mal große Posen der Filmgeschichte?

Die Gegenwart würde ich gerne ausklammern, auch liebe und nahe Kollegen …

Los, Namen!

Naaaa, keine Namen der Neuzeit! Was nutzt mir, wenn ich recht habe und aber tot in der Ecke liege? Aber neulich schaue ich fern, wen seh ich? Ich seh den Emil Jannings. Den größten Schauspieler des Universums, nicht wahr?

Ja, und?

Nicht zum Aushalten! Ein Gesichtsschneider vor dem Herrgott! Ich dachte mir: Wie die Zeit vergeht! Und wie gut, dass die Zeit vergeht! Der Jannings war ein ganz schlimmer Dampfkochtopf!

Mehr Gegenwart!

Sagen wir, die Mutter aller verlogenen Filme der jüngeren Geschichte ist sicher »Schindlers Liste«. Ich habe da im Kino gesessen und die Pose Spielbergs, sein Motto »So ein Film fehlt mir noch in meiner interessanten Sammlung aus Dinosaurier- und Ufo-Filmen«, ich habe diese Pose nicht ertragen. Ich habe da ständig im Geiste so eine gelangweilte Filmcrew herumsitzen sehen, die aus Thermoskannen Kaffee für die KZ-Komparsen abfüllt. Schlimmer Film, wie der von diesem Italiener …

Roberto Benigni …

… der Wahnsinn! Das Leben ist schön, »man darf auch über KZs lachen, wenn es ein zärtliches Lachen ist, nicht wahr?« Scheißdreck! Kommt er da als Pausenclown mit diesem Gauklerkitsch daher, diese Nervensäge. Wenn ich den Benigni zu fassen bekomme, ich ramme den ungespitzt in den Boden! Sagen Sie, sollen wir aufhören? Haben Sie es eigentlich mit den Gewerkschaften?

Wieso denn das?

Weil Sie eben nicht wollten, dass ich gegen die Gewerkschaften …

Och …

Geschenkt! Die Revolutionspose deutscher Gewerkschaften, die Rebellenpose, die zornigen Gesichter: großes Dorftheatertum! Schlechte Schauspieler in schlechten Brecht-Inszenierungen. Und alle haben sie immer den brav herbeigekarrten roten Latz umgehängt. Den roten Forderungslatz. Aus Stanislatzkis Forderungslatzfabrik. Die Streiks gehen ja heute nicht aus politischen Gründen in die Hose, sondern aus ästhetischen! Es gibt da auch etwas Spezifisches an

Gewerkschaftsbossen. Die reden in den ersten Wochen nach Amtseinführung noch halbwegs normal.

Und dann?

Dann knödeln die! Wer Gewerkschaftsboss werden will, muss Knödelseminare besuchen und rigorose Knödeltests bestehen. Der muss alles und jeden wegknödeln können, der Herr Funktionär!

Nennen Sie mir zum Schluss einen einzigen Menschen ohne Pose!

Da sehe ich schwarz.

Auch bei sich selbst also, immerhin.

Natürlich! Ab einem gewissen Alter posiert man sogar, wenn man allein zu Haus ist. Beim Kochen, beim Pinkeln, was weiß ich. Jede Handlung eine Frage des role models, nicht wahr?

Machen wir jetzt mal Schluss, oder?

Hier, halt! Ich habe jemanden ohne Pose! Das habe ich nie vergessen: Als mein Sohn acht Monate alt war, da starrte der minutenlang eine blöde, fröhliche Fliege an, die über den Wohnzimmerboden krabbelte. Dann fuhr der seelenruhig seinen kleinen Zeigefinger aus und blööötsch, da war die Fliege Matsch. Ein ganz großer Auftritt!

Warum hat er sie erwischt?

Dem war scheißegal, wie er gerade ausschaut. Drum hat er sie erwischt. Verstehen Sie? Wollen Sie eine Zigarre?

INTERVIEW MIT
KARL BARTOS

KARL BARTOS

»Neulich hörte ich in einem Aufzug in New York ›Penny Lane‹. Als ich oben angekommen war, stand mir das Wasser randvoll in den Augen.«

Karl Bartos, geboren 1952, schrieb als langjähriges Mitglied der Gruppe »Kraftwerk« Musikgeschichte. 1991 verließ er die Formation, um sich Soloprojekten zu widmen. Bartos lebt mit der Journalistin Bettina Michael in Hamburg, arbeitet an diversen musikalischen Projekten, meist abseits der Populärkultur – zum Beispiel als Professor für Musik in Berlin.

Ein Café in Hamburg im Sommer des Jahres 2003. Der ehemalige Maschinen-mensch Karl Bartos ist ein freundlicher Mann in Schwarz mit einem neugieri-gen, ja hypnotisierend aufmerksamen Gesicht. Natürlich ist er ein haarscharf komponierender Geistesmensch, der große Logiker unter den Rhythmikern. Doch sind seine Antworten mit einem lustigen Firnis von legerem Düsseldorfer Platt überzogen. Sie klingen also weniger dezidiert, als sie sich womöglich mitunter lesen, und lassen erahnen: Der Mann, der mal ein Roboter war, ist auch ein Seel-chen. Wie wir gleich merken werden. Man bestellt Pflaumenkuchen …

Herr Bartos, Sie sind ein Pionier der elektronischen Musik, aber Fans der Roboter-Band Kraftwerk waren sich einst nicht mal sicher, ob es diesen Pionier als Menschen wirklich gibt …
Aus Fleisch und Blut?
Genau.
Der Pflaumenkuchen ist lecker.
Fragt sich nun, was für ein Mensch Sie sind, ein harter, ein weicher … Jedenfalls sind Sie gerade ein lieb lä-chelnder Mensch. Wieso lächeln Sie?
Weil ich versuche, Sie auf eine Ent-täuschung vorzubereiten: Über meine menschlichen Eigenschaften, also auch über meine menschlichen Unzuläng-lichkeiten, müssen Sie ein Interview mit meiner Frau führen und nicht mit mir. Ich rede nicht gerne über mich. Al-lerdings würde Ihnen auch meine Frau dieses Interview nicht geben.

Wie ist denn der Mensch Karl Bartos zur Musik gekommen?
Das war in den frühen 60er-Jahren in der Düsseldorfer Altstadt, da spielten in den Kneipen Skiffle-Bands. Drum herum saßen Mädchen. Sehr schöne Mädchen.
Sie waren scharf auf die Mädchen.
Ja. Natürlich. Ich fand diesen Zusam-menhang faszinierend: Spaß haben beim Musizieren und damit Mädchen begeistern. Das ging anderen zuvor nicht anders. Der große John Lennon ist aus keinem anderen Grund Musiker geworden.
Wie simpel immer wieder …
Ja, klar: Man schlüpft als Musiker mit drei Akkorden in eine Form, in eine Po-sition, in der man sich den Mädchen überhaupt nicht mehr erklären muss. Das ist ja immer das Schwerste: sich

den Mädchen zu erklären. Als Musiker erklärt man sich durch drei Akkorde. Wie sagte Lennon, als er im Kino Elvis Presley und seine Mädchen sah: »A good job.«

Skiffle-Musik ist aber nicht gerade die erste Stufe zu elektronischer Musik in der Art, wie sie von Intellektuellen und möglicherweise auch sehr anstrengenden Poptheoretikern verehrt wird.

Langsam, ich war ja damals erst 13 Jahre alt! Zuvor gab es für mich gerade mal das Fußballspielen bei »Sparta 1919« in Düsseldorf-Bilk. Zusammen mit ein paar Freunden haben wir dann Gerümpel aus dem Keller geräumt und die Anthony String Group gegründet. Damit sind wir durch die Altstadt gezogen, in den »Liverpool-Club«, solche Läden. Wir sind vor englischen Soldaten aufgetreten. Da mussten wir was bringen. Sonst gab's was auf die Nuss.

Also ist der Roboter aus den 70ern und den 80ern ein Kind der 60er.

Absolut ein Kind der 60er! Ich kann diese Tradition nicht verleugnen. Wenn ich heute einen einzigen Ton der Beatles im Radio höre, kommen mir die Tränen. Das ist wie ein chemischer Prozess, der kommt mit Zuverlässigkeit. Ich kann keinen Ton der Beatles hören, ohne seelisch ins Schwimmen zu geraten.

Sie sind ein Romantiker!

…

Herr Bartos?

Das haben Sie gesagt, das mit dem Romantiker.

Wie kommt denn ein so sensibles Kind zu einer Digitalkapelle wie Kraftwerk?

Ich bin nach der Schule auf das Robert-Schumann-Institut in Düsseldorf …

… eines der besten Musik-Institute …

… und habe da als braver Deutscher Musik studiert, Schlagzeug im Hauptfach plus alle Nebenfächer, sieben Jahre, morgens ins Institut, Karlheinz Stockhausen, John Cage, Maurizio Kagel, abends ins Opernhaus, ich habe das alles gefressen, bis zum Examen.

Sie sind kein Rocker, sondern ein, wie man so sagt: anständiger Junge gewesen.

Nein, ich war kein anständiger Junge, dafür gäbe es eine Reihe von Gegenbeweisen. Ich war inzwischen nur besessen von Musik, die Musik war da schon – weit über die Mädchen hinaus – der Lebensinhalt schlechthin. Ich wollte nicht in Düsseldorfer Striptease-Lokalen enden und während der Modemesse »Strangers In The Night« klimpern.

Dann kam der Anruf von Kraftwerk.

Mein Professor sagte mir Mitte der 70er: »Herr Bartos, die Herren von Kraftwerk brauchen einen klassisch ausgebildeten Schlagzeuger für eine Tournee.« Ich bin in dem schwarzen Anzug, den ich mir an dem Tag zufällig für den Besuch einer »Tannhäuser«-

Inszenierung in der Rheinoper angezogen hatte, in die Klingklangstudios von Kraftwerk.

Der Anzug war sozusagen perfekt.

Ja, natürlich, das ganze Konzept von Kraftwerk basierte darauf, dass man wegwollte von diesem Rockerklischee der 70er, also vom schwitzenden Gitarristen und halb irren Sänger. Kurz darauf tourten wir zehn Wochen durch Amerika, dann Frankreich. Es war unglaublich.

Kraftwerk wurde stilbildend für unzählige wiederum stilbildende Künstler.

Mmh, ja, das war wohl so.

Waren Kraftwerk Popstars? Avantgarde? Beides?

John Lennon hat mal gesagt: »Avantgarde is another word for bullshit.«

Teilen Sie diese Meinung?

Ja und nein. Die Avantgarde von Kraftwerk war ja kein Selbstzweck. Wir waren zu dieser Zeit der Meinung, dass man sich mit Schlagzeug, Gitarre und Bass noch immer selbst reproduzieren kann. Alles war an einem Ende angekommen, Pink Floyd markierten das große Finale, und sie waren klug genug, dieses Finale entsprechend zu inszenieren.

Die Popmusik ist heute wieder an einem Ende angekommen.

Das glaube ich nicht.

Das glaube ich schon.

Wieso?

Weil nur noch wiedergekäut wird und weil es schlimme Trimm-dich-Sendungen wie »Popstars« gibt.

Das ist nicht das Ende der Popmusik.

Was ist das denn?

Das ist eine Art Auszeit.

Können Sie das erklären?

Stellen Sie sich die Situation vor wie ein Flugzeug, das in der Warteschleife kreist. Wir leben in einer Zeit, die von Demoskopen, Marketing-Menschen und furchtbaren Unternehmensberatern dominiert wird. Keiner traut sich heute, etwas zu verlegen, das nicht 1000fach von selbst ernannten Experten abgesichert ist. Aber natürlich ist keiner ein Popstar, nur weil er bei »Popstars« gewonnen hat. Zumindest nicht lange.

Bob Dylan wäre bei »Popstars« schon in der Vorrunde rausgeflogen …

… und heute ist er größer als je zuvor, da haben Sie es doch! Glauben Sie mir: Das Flugzeug wird landen. Wenn die ganze Angst vorbei ist, wird es in den Plattenfirmen wieder darum gehen, wer für was steht. Nicht nur in den Plattenfirmen, sicher auch in den Zeitungsverlagen.

Wofür standen Kraftwerk?

Ich denke, dass wir in unseren guten Zeiten den Soundtrack der Bundesrepublik abgegeben haben, wir wollten die Zeit, in der wir leben, orchestrieren, auch den Wahnsinn dieser Zeit. Fassbinder hat sicher Ähnliches mit seinen Filmen geschafft, vor allem mit seinen frühen Filmen. Wir wollten auch wieder etwas originär Deutsches machen, wir hatten den Eindruck, dass es seit den Comedian Harmonists keine deutsche Musik mehr gab, die auf einer originären Idee basierte.

Also haben Sie eine Vorkriegstradition fortgeführt …

Wenn Sie so wollen: ja. Die Nazis hatten ja nicht nur die Comedian Harmonists auf dem Gewissen, sondern auch eine künstlerische Unbefangenheit, die vor 1933 in Deutschland blühte wie nirgendwo anders. Diese ganze wunderbare jüdische Kultur war ja ausradiert worden, Leute wie Arnold Schönberg waren weg, und nicht nur der.

Sie wurden in den 70ern für Ihren Minimalismus gefeiert, für Ihre Ufa-Optik aber auch sehr kritisiert.

In einer englischen Musikzeitschrift stand über einem Foto von Kraftwerk: »The final solution of the music problem?« Die haben ein Foto von uns in den Nürnberger Parteitag reinretuschiert.

Sie lachen darüber?

Ja, die Engländer sind wunderbar!

Wurde bei Kraftwerk viel gelacht?

Und wie! Ich glaube nicht, dass in anderen Bands so viel gelacht wurde wie bei uns. Ich kann mich an atemberaubende Lachanfälle auf Tour oder in den Klingklangstudios erinnern. Kraftwerk hatte einen sehr humoristischen Ansatz, das wurde vielfach nicht gesehen. Oder halt missverstanden.

Und selbst mit dem Nazivorwurf konnten Sie gut leben?

Natürlich, es war ja ein dummes Argument, das wusste, wie dumm es war. Denen ging es ja um den Effekt. Wir haben uns darüber nicht aufgeregt. Als wir durch Amerika tourten, in Los Angeles, New York oder Detroit, da standen Schwarze und Hippies im Publikum, die sind ausgeflippt, weil sie nach zig Blueskonzerten und der ewig gleichen Leier so etwas noch nicht erlebt hatten: dass da ein paar blasse Jungs aus Dusseldorf in Germany in roten Hemden ankommen wie die Roboter und an seltsamen Maschinen traditionelle Melodien spielen, so aus dem erweiterten und unschuldig klingenden, traditionellen Volksmusik-Repertoire. Im Grunde waren das ja alte Volksweisen, unterlegt mit tanzbarer Rhythmik, einer Art Soul-Rhythmik. Das war neu.

Das klang auch frivol, oder? Was war denn das Geheimnis? Warum schwärmen Leute wie David Bowie heute noch von Kraftwerk?

Mhm …

Schwierig zu beantworten?

Ich will es versuchen: Die Melodie ist sicher das, was die Musik tradiert, die Rhythmik ist das, was sie sehr an eine bestimmte Zeit bindet, an die Zeit, aus der sie kommt. Aber die Melodie ist, was überlebt! Ich habe Can immer sehr bewundert, das waren ja die anderen Großen in unserer Zeit. Aber: Versuchen Sie mal, ein Lied von Can nachzupfeifen, das geht nicht! Das Geheimnis von Kraftwerk waren sicher diese tödlich guten Melodien, gepaart mit diesem seltsamen Boing-Bumm-Tschak.

Der Rhythmiker Karl Bartos gilt als einer der Hauptverantwortlichen der Techno-Bewegung. Ehrt Sie das? Oder nervt Sie das?

Nix von beidem, ich sehe das nüchtern. Probieren Sie es mal mit einer Gegenfrage: Trägt Chuck Berry Schuld an dem ganzen Gitarrenschrott, der heute veranstaltet wird? Kann der exzellente Schlagzeuger Phil Collins etwas dafür, dass nach »In The Air Tonight«, also von 1981 an, erst mal alle Schlagzeuger ihre Trommeln mit Hall unterlegten?

Also leiden Sie unter Techno?

Nein, das wäre anmaßend. In den 90ern hatte ich eine Phase, da musste ich nach meinem Ausstieg aus Kraftwerk total raus aus dem ganzen digitalen Apparat. Ich hatte das Gefühl, ich bestehe nur noch aus einer 0 und einer 1. Ich bin dann nach Manchester gefahren und habe mich von Johnny Marr mit Gitarren zudröhnen lassen, um diesen, na ja: metallischen Geschmack wieder aus dem Mund zu kriegen.

Der Roboter wurde wieder Mensch, das ist schon auch lustig, nicht?

Ja, vermutlich. Aber ich brauchte diese Phase, um wieder am Computer Musik machen zu können. Karl Bartos an einer Rickenbacker-Gitarre wirkte offenbar auf Dauer auch unglaubwürdig. Ich bin als Elektroniker letztlich einfach besser.

Sie sind kein Rockstar.

Nicht direkt, das ist richtig. Wissen Sie, was das eigentlich Komische ist?

Sagen Sie …

Das Komische und weithin bisher nicht Erwähnte ist: Die sogenannte Computermusik von Kraftwerk war sehr lange weitestgehend von Hand gespielt, die war nicht ein Zehntel so elektronisch und computerisiert, wie es heutige Gitarrenmusik ist, die wiederum klingen will, als sei sie von Hand gespielt.

Die Geschichte ironisiert die Ironie …

Ich stand damals auf der Bühne und haute wie ein Roboter auf meinem futuristischen Minimalschlagzeug herum, aber: Ich haute drauf herum, ich, der Mensch. Alles eine Frage der Anmutung. Wir hatten Mitte der 70er nicht einen Bruchteil der digitalen Möglichkeiten, die irgendwelche Teenager-Punk-Revival-Bands heute haben, die mit Gitarre, Bass und Trommel klingen wollen wie drei ehrliche kleine Handwerker.

Herr Bartos, Ihre neue Platte »Communication« wiederum kann man sicher als ein elektronisches Album bezeichnen …

Ich weiß gar nicht mehr, was das ist, heutzutage, ein elektronisches Album, wirklich nicht! Ich habe neulich in London ein Konzert mit den neuen Songs gegeben. Nachher kamen die englischen Journalisten zu mir und sagten: »Hey, great, das war ja ein richtiges Rockkonzert!« Wir hatten keine einzige Gitarre auf der Bühne, verstehen Sie?

Sagen Sie mir bitte, wo vorne und hinten oder oben und unten ist.

Eine Frage der Anmutung.

Natürlich, und wenn Sie die neue CD hören, werden Sie merken, dass ich mit Musik groß geworden bin, in der ein Lied nicht länger als drei Minuten dauerte, dass ich mit Melodien groß geworden bin und nicht mit Konzepten, da sind wir, wenn Sie so wollen, wieder am Anfang, in der Düsseldorfer Altstadt.

Es ist die Platte eines Romantikers.

Sie können es nicht lassen.

Sie sprachen eingangs immerhin über Ihre Tränen bei den Beatles.

Na ja … weia, ja.

Wieso landet man am Ende immer bei den Beatles, selbst wenn man mit einem der Protagonisten der elektronischen Musik schlechthin redet?

Ich kann das nicht erklären, zumindest nicht hinlänglich. Es gäbe eine Menge wissenschaftlicher Erklärungen, das Ausnutzen des Medienzeitalters …

… aber das erklärt noch nicht alles, oder? Was passiert mit Ihnen, wenn Sie die Beatles hören, außer, dass Ihnen die Tränen kommen?

Sie können die Wirkung der Beatles möglicherweise nur mit der von klassischer Musik vergleichen. Sie können hier wie dort nicht nur eine Melodie, nicht nur einen Kontrapunkt, nicht nur eine Liedzeile, nicht nur eine dieser wundervollen Stimmen nehmen. Hier wie da werden Sie beim Hören von einer recht unerklärlichen Breitseite des Ganzen getroffen. Das geht mir in der »Zauberflöte« so, aber ehrlich gesagt geht es mir noch eher bei »Strawberry Fields« so.

Die Beatles sind selbst ein Medium?

Ja. Und wie konnten Menschen in ihren Zwanzigern so wahnwitzig weise und kluge Texte schreiben?! So kluge Texte wie »Fool On The Hill« hat keiner der Beatles jemals wieder geschrieben!

Gruppenmagie.

Vermutlich, in diesem Fall: Ja.

Wie oft hören Sie die Beatles?

Gar nicht.

Wie bitte?

Ich kann das nicht. Ich heule nur rum. Das geht nicht. Schauen Sie, ich habe ein Notenbuch zu Hause, »The Beatles – The Complete Scores«, da stehen alle Noten und Texte drin. Ich blättere in dem Buch, anstatt die alten Platten anzuhören. Neulich hörte ich in einem Aufzug in New York »Penny Lane«. Als ich oben angekommen war, stand mir das Wasser randvoll in den Augen. Nix zu machen.

Ja, aber …

Auf dem Papier kann ich diese Noten gerade noch verkraften.

Sie begeben sich in die stete Analyse dieser Musik, um unter der Schönheit dieser Musik nicht seelisch zu zerbrechen?

So ist es. Tja, ja …

Mensch versus Maschine! Romantiker versus Robot …

… jetzt ist Schluss! Sollen wir noch ein Stück Pflaumenkuchen bestellen?

INTERVIEW MIT
BETTE MIDLER

BETTE MIDLER

**»Ich liebe die Sünde, ich liebe
den Westen, ich liebe Männer, die trinken
und dann vom Pferd fallen.«**

*Bette Midler wurde 1945 geboren und wuchs auf Hawaii auf. Sie gilt seit den
frühen 70er-Jahren als eine der besten Entertainerinnen in den USA. »Good, bet-
ter, best: Bette« schrieb die* New York Times *über die Komödiantin, Sängerin und
Tänzerin. Ihre Kino-Karriere begann 1979 mit dem traurigen Film »The Rose«,
in dem sie, angelehnt an das Leben Janis Joplins, eine scheiternde Sängerin ver-
körpert. Furore machte sie z. B. auch als entführte Mrs. Stone in der Komödie
»Ruthless People«. Ein spektakuläres Comeback gelang ihr im Februar 2008 in
Las Vegas, als sie Premiere hatte mit ihrer auf mehrere Jahre angelegten Revue
»The Showgirl Must Go On« im Caesars Palace – in der sämtliche Mythen des
Entertainments durch den Kakao gezogen werden. Bette Midler lebt mit ihrer
Familie in New York, Los Angeles und Las Vegas.*

Herbst 2008. Das wohltemperierte Connaught in London Mayfair. Ein Hotel wie ein Seufzer in rauen Zeiten. Durch die Stadt geistert auf hohen Schühchen und in Pink die Fashion Week, gleichwohl der Sensenmann: Bankenkollaps. Bette Midler in einem aparten, klugerweise konservativen Kostüm. Sie ist klein – und riesengroß. Die Augen funkeln vor Lebensfreude, und ihre Körpersprache ist die einer Lady, die vulgär sein kann, es aber eigentlich nicht ist. Sie sieht so fabelhaft aus, dass hiermit bewiesen ist: Humor hält jung. Großes Gelächter, vor dem Interview, während und danach. Sie ist, man muss das mal so sagen: ein tolles Schätzchen!

Mrs. Midler, ich habe eigentlich nur Fachfragen.
Sind unanständige dabei?
Nein, nein. Ihre Antworten darauf wären ja eh besser als die Fragen.
Ich habe zumindest schon schmutzige Witze gemacht, als Sie noch recht klein waren, nehme ich an, oder?
Machen Sie in Ihrer Show in Las Vegas immer noch schmutzige Witze?
Oh ja! Nicht nur. Aber unter anderem.
Welche Richtung?
Sex im Alter. Das ist wirklich das ganz große Ding. Todsichere Lacher.
Aha ... es gibt bei uns in Deutschland in diesen Wochen einen Kinofilm, der sehr sensibel mit diesem Thema verfährt.
Sensibel?
Also ... dass Sex im Alter normal ist.

Natürlich ist er das. Viele haben ihn.
Und dass diese Normalität aber von einer Gesellschaft verdrängt wird, die immer nur die Jugend ...
... hören Sie, das alles ist sicher absolut wundervoll. Aber es ist – wie gesagt – für viele Leute normal, im Alter Sex zu haben. Dieser Sex sieht nur oft nicht mehr so richtig toll aus, oder? Hahaha! Und er bringt peinliche Probleme mit sich. Also, die Gesellschaft mal hin oder her – aber dieses Thema ist wirklich viel zu gut, um Lacher zu verschenken!
Sind die Leute im Caesars Palace nicht sauer, wenn Sie sich da lustig machen?
Nein, also ... wissen Sie, wenn sich zwei Leute lieben und die haben tollen Sex oder auch mal eine Weile keinen tollen Sex, wieso sollten die sich von

mir die Stimmung verhageln lassen? Jeder, der Glück hat, wird alt. Diese Witze treffen also jeden. Nein, die Leute haben Humor. In Deutschland wird ja auch gelacht!

Bei uns gibt es nichts zu lachen.

Wieso das denn nicht?

Humor hat ein schlechtes Image bei uns.

Wirklich? Das ist aber auch schon wieder recht komisch, oder?

Aus der Entfernung vielleicht.

Gibt es keine komischen Sendungen?

Da treten Komiker mit Schellenmützen und lustigen Frisuren auf.

Verstehe … Keine guten Leute?

Es gibt ein paar. Aber die geben sich keine Mühe mehr. Die Witze sind Mist.

Die Witze müssen gut sein. Wenn Sie gute Autoren haben, können Sie alles machen – den letzten Schweinekram sogar!

Hat sich der Humor in Hollywood oder in Las Vegas verändert?

Er ist gnadenloser geworden. Die ganze Welt ist gnadenloser geworden.

Ihre Kunst ist es immer gewesen, dass Sie die Leute zum Lachen bringen wie auch zum Weinen. Solche Entertainer gibt es nicht mehr viele, oder?

Da haben Sie recht. Es ist klassifizierter, dieser ist für diese Witze zuständig, der da hinten für die anderen. Es ist auch böser geworden, more machismo … Aber es ist okay, ich meine, Larry

David ist beleidigend, aber eben auch gut, oder?

Den kennt in Deutschland kaum wer.

Das ist nicht wahr!

Die Fernsehsender haben sich in harter Arbeit ein Publikum erzogen, das diesen Humor einfach nicht mehr versteht.

Wie komisch! Das ist wirklich komisch! Vermutlich ist es tragikomisch.

1978 sind Sie in Deutschland aufgetreten und haben die reichen Leute aus der ersten Reihe beleidigt. Ich habe hier eine Rezension dabei, aus der »Zeit« …

… zeigen Sie! Wöana Börkert heißt der Autor. Ist es eine gute Rezension?

Werner Burkhardt war ein wunderbarer Kritiker.

Hat ihm die Show gefallen?

Er hat die Show geliebt.

Wie schön! Und ich habe die Leute im Theater beleidigt? … Was schreibt er da?

Sie haben gesagt: »Hier vorne sitzt die Prominenz mit den Freikarten, und jeder von ihnen macht ein Gesicht, als wollte er sagen: Meine Scheiße stinkt nicht.«

Mein Gott! Das habe ich gesagt?

Steht hier.

Furchtbar! Plötzlich bekommt man das wieder hingeknallt! Nach 30 Jahren!

Bringen Sie solche Dinger bei Ihrer Show heute in Las Vegas auch noch?

Nicht ganz so! Nein. Ich war ja damals erst 32 Jahre alt. Jesuschrist!

Sind Sie heute weniger vulgär – oder ist das System Las Vegas weniger vulgär?

Hmm, gute Frage ... schwierig.

Und?

Ich glaube: Hurra, Las Vegas ist wieder dabei, sich meinem insgesamt vulgären Niveau anzupassen! Wie Sie vielleicht wissen, versuchten die Manager in Vegas über Jahre, in Richtung Family Entertainment zu gehen. Teils etwas grotesk ...

Was waren die Gründe?

Da es in dieser Stadt um Geld geht, waren es finanzielle Gründe. Man dachte, wenn man aus Sin City eine Fun City für die Familie macht, bringt es Geld. Kinder sind ja kleine Terroristen, die sich so lange auf dem Strip wälzen, bis der Papa vor Erschöpfung Tickets kauft. Für ein Musical mit sprechenden Tieren.

Das saubere Las Vegas passte auch zu einem konservativen Amerika.

Es passte auch in die Stimmung, ja. Mein Las Vegas war es nicht. Wissen Sie, ich liebe den Mythos um die Stadt, ich liebe die Sünde, ich liebe den Westen, ich liebe Männer, die trinken und dann vom Pferd fallen ... Ich liebe diese Stadt. Es ist die Stadt, in der ich geheiratet habe, und zwar nicht zufällig und unter Drogen, sondern: bewusst. In Vegas sind die Leute früher nach den Shows in die Bars, und als es hell wurde, sind sie in die Wüste geritten, um dort zu frühstücken und dann ihren Rausch auszuschlafen ...

... hervorragender Lebensentwurf ...

... das meine ich doch auch! Und das ist es, was ich an Las Vegas liebe: Die Leute sind sicher manchmal nicht ganz dicht. Aber häufig doch ziemlich cool.

Mussten Sie schon oft einen Rausch ausschlafen?

Was ist oft? ... Mussten Sie es oft?

Ja. Und Sie? Alkohol? Drogen?

Ich habe Drogen genommen, natürlich, dies und das, hahaha! Aber nicht lange.

Wenn ausgerechnet Sie auch noch high sind – eine umwerfende Vorstellung!

Verlassen Sie sich drauf! Ich liiiebe es, high zu sein! Das Problem ist der Absturz danach. Ich bin dann nicht einfach ein bisschen down, verstehen Sie? Sondern: am Boden der Tonne! Sie kriegen mich da tagelang nicht mehr raus. Ich klebe fest. Nein, keine Drogen! Machen mich fix und fertig. Ich bin die Falsche.

Ist Las Vegas noch die Stadt der Sünde?

Die Manager haben immerhin gemerkt, dass sie sich von der reinen Familienunterhaltung verabschieden müssen, dafür ist eine solche im Prinzip versaute Stadt mitten in der Wüste nicht gemacht.

Ist sie noch versaut?

Ihrem Wesen nach schon. In den Off Shows. In den Clubs. Nicht in den großen Shows natürlich. Leider, leider. Als ich im Februar im Caesars Palace Celine Dion beerbte, wollte ich barbusige Tänzerinnen. Was bitte spricht gegen schöne Busen – doch eigentlich nichts, oder?

Und? Keine Chance?

Unmöglich!

Und jetzt?

Jetzt haben die Mädchen Kostüme an, die aussehen, als hätten die Mädchen keine Kostüme an – verstehen Sie?

Absurd.

Natürlich. Aber das ist nicht untypisch für das Amerika, in dem wir leben.

Sie spielen auf die Regierung an?

Aber sicher.

Ich hatte gehofft, mal einen US-Superstar zu treffen, der McCain unterstützt.

Was? Mögen Sie, was er sagt?

Es wäre halt originell gewesen: Eine so großartige Entertainerin wie Sie sagt Ja zu McCain. Höherer News-Wert!

Da muss ich Sie enttäuschen. Es ist womöglich nicht originell, aber ich bin eine glühende Anhängerin von Barack Obama. Er ist ein gebildeter und kluger Mann, der die Fähigkeit besitzt, uns Amerikanern Mut zu machen statt uns Angst einzuflößen. Seit Jahren nun diese Gehirnwäsche auf allen Kanälen, es ist unglaublich, in was für eine Paranoia Bush und seine Administration dieses Land gestürzt haben. Die Leute sind in einen Zustand totaler Angst versetzt worden, unter Aufbietung von Lügen und zu einem hohen Preis!

Das Thema bewegt Sie ja richtig.

Natürlich. Ich liebe Amerika! Ich liebe dieses Land über alles, verstehen Sie? Und ich kann deshalb auch nur sehr schlecht mit ansehen, was wir für ein Bild abgeben vor den Augen der Welt.

Was ist das für ein Bild?

Ich finde, dieses Bild zeigt zum Beispiel eine sehr dicke Frau, die sich in einem erstklassigen Restaurant die Klamotten vom Leib reißt, um nackt auf dem Tisch zu tanzen! Oder? … Etwas in der Art?

Wow …

Möglicherweise schnappt sich diese Frau nun auch noch den armen Oberkellner, um ihn übel zu vergewaltigen!

Ihre Heimat ist Ihnen peinlich.

Nicht die Heimat, wie ich sie kenne und liebe. Aber die Regierung – ich meine, wir geben vor den Augen der Welt eine wirklich sehr peinliche Vorstellung ab.

Gewinnt Obama?

Ich hoffe es. Und ich befürchte, dass er es nicht tut. Was ich sagen will: Was erleben wir in diesen Tagen? Schauen Sie sich die Leute hier in London an! Millionen von Menschen verlieren ihr Erspartes, ihre Häuser, weil Kriminelle und Hochstapler unglaubliche Bankgeschäfte machen. Steuerzahler sollen dafür bezahlen. Und der Punkt ist doch:

Wird Amerika in diesen wahnsinnigen Zeiten Mut und Zuversicht vermitteln? Werden wir die Welt wieder mit einbinden? Oder werden wir uns verbarrikadieren, Hass schüren und Angst? Gerade geht es wirklich um eine Glaubensfrage: Wir oder die anderen?

Wir müssen aufhören, darüber zu reden.

Warum?

Es darf sich nicht bis in Ihre Heimat herumsprechen, dass ein US-Showgirl und ein gottverdammter Europäer für Obama sind. Sonst verliert er die Wahl.

Sie haben recht, hören wir auf!

Sind Sie Feministin?

Wie kommen Sie darauf?

Erstmals wird womöglich eine starke Frau als Vizepräsidentin ins Weiße Haus einziehen und …

… hahaha, jetzt wollen Sie Streit!

… nein, ich weiß, dass es in den USA Feministinnen gibt, die sagen: Wir teilen Sarah Palins politische Einstellungen nicht, aber es ist ein Meilenstein, denn zweifellos ist sie eine Frau und …

… hören Sie: Ich müsste schon sehr diskriminiert worden sein …

… als Frau …

… als Frau, als Huhn, als Mädchen, was weiß ich – ich bin sogar schon als Hotdog aufgetreten, mein Lieber! Also, das hier will ich sagen: Ich müsste schon sehr schlimm diskriminiert worden sein, um mich zu freuen, dass diese

(Pause) Frau Vizepräsidentin wird! Was wäre das für eine Logik, dass ich mich über die erste Frau im Präsidentenamt freue, die aber Werte aus der frühen Steinzeit predigt?

Dafür ist sie eine Hockey Mum!

Was verdammt ist eine Hockey Mum?

Das frage ich Sie! Sie sind Amerikanerin und müssen mir jetzt erklären, was eine Hockey Mum ist! Es ist sonderbar, wie Mrs. Palin mit diesem Begriff gepunktet hat. Die Spin-Leute haben offenbar …

… hervorragende Arbeit geleistet, natürlich! Wenn es schlecht läuft, werden wir Folgendes erleben: Die Leute, die eben noch das Idyll einer Supermama aus Alaska entworfen haben, die ihre Jungs beim Eishockey anfeuert, sie werden Obama fertigmachen! It's all and only about the spin, my friend!

Und was ist nun eine Hockey Mum?

Ich bin keine. Meine Tochter hat nie Eishockey gespielt. Eine Freundin hat mir aber jetzt erklärt, was eine Hockey Mum ist. Also … haben Sie Kinder?

Ja.

Okay, was ist das Ding mit Kindern? Du verbringst 23 Stunden und 59 Minuten pro Tag entweder in Gedanken oder eben im physischen Einsatz fürs Kind, richtig? Es bleibt unter Umständen eine Minute pro Tag, die du für dich selbst hast. Falls man mal aufs Klo muss oder so. Und die restlichen 23 Stunden und 59 Minuten: Kinder. Alles andere ist eine Lüge. Es gibt keinen einzigen

Grund, sich darüber zu beklagen, es sei denn, man wollte nie Kinder und hat sie nur aus Versehen bekommen, habe ich recht? Bei einer Hockey Mum nun ist es offenbar zusätzlich anstrengend – da Hockey Mums nämlich nicht nur die Kinder, sondern auch noch diese absolut unglaublichen Eishockey-Ausrüstungen durch die Weite Alaskas fahren müssen. Man ist also zusätzlich so eine Art … Spedition!

In Deutschland heißt das Soccer Dad.

Sehen Sie, so kann man es sicher vergleichen. Und jetzt ist nur die Frage: Was sagt es über die Politik von Miss Palin aus, dass ihre Kernbotschaft lautet: Ich bin eine Hockey Mum!?

Sie opfert sich für die Familie.

Voilà … die einzige Botschaft. Finsteres Amerika. Mir wird ganz flau.

Sie ist ein weiblicher Jesus. Am Kreuz. Neben dem Eishockeyfeld, auf dem die Kinder umhergleiten … Oder?

Unheimlich! Ich liebe meine Tochter wie keinen zweiten Menschen, aber würde ich diese Liebe für eine Botschaft nutzen? Und weiß ich nun, ob Sarah Palin – die Hockey Mum – die Bankenkrise oder auch die Versorgung unserer Truppen im Irak richtig einschätzt? Ich meine, jede Mutter liebt doch ihre Kinder! Aber es ist doch nichts Religiöses oder Mystisches daran, ein Kind zu erziehen! Eher ist es ja oft so vergeblich, oder?

Inwiefern?

Nun, ich habe als Mama vor allem diese Lektion gelernt: Lass dein Kind in Ruhe, denn es macht eh, was es will!

Beispiel?

Hier: Jahrelang laufe ich hinter meiner Tochter Sophie her und sage: »Darling, wieso lernst du nicht, wie man das Jazz Piano spielt?« Jahrelang schaut sie mich dann jeweils an, als sei ich ein Alien, das vom Himmel gefallen ist … Ich hatte mit dem Thema abgeschlossen, okay?

Wie alt ist sie jetzt?

Sophie ist 21. Neulich kommt sie, guckt so verträumt in die Gegend und sagt: »Ich denke, ich sollte vielleicht mal lernen, wie man das Jazz Piano spielt, Mum. Was hältst du von der Idee?«

Man könnte wahnsinnig werden.

So ist das, man liebt seine Kinder auch dafür, oder? Es ist aber doch bitte nichts Religiöses! My dear!

Sie selbst sind auf Hawaii mit zwei Schwestern aufgewachsen, in recht armen Verhältnissen, oder?

Nun, wie würden Sie es nennen, wenn die Kakerlaken nachts sowohl auf dem Boden wie auch an den Wänden Cancan tanzen? Hahahaha!

Arm.

Sehr arm.

Da wollten Sie raus.

Und die Frage war nicht: Soll ich Feministin werden? Das war was für reiche Mädchen an der Universität. Die Frage war: Wie zur Hölle komme ich an Geld?

Kakerlaken …

Nachts hat man sie gehört ... Krrrp, krrrp, krrrp!

Sind Sie auf Jagd gegangen?

(*Sie steht auf, zieht ihre Schuhe aus, rast mit außergewöhnlich zarten Füßen durch die Suite, haut mit den Schuhsohlen gegen die Wand.*) Zack! Und hier! Zack! Und hier! Zack! Stirb, Scheißkakerlake! Ich werde euch alle hinter mir lassen!

Tolle Füße.

Was?

Sie haben tolle Füße.

(*Sie ruft in den Flur raus.*) Habt ihr das gehört, ihr rauen Seelen? Ich habe tolle Füße! Sie Engel! Wo waren wir ...

... man kann sagen: Sie haben den amerikanischen Traum gelebt, oder?

Ich bin der Beweis, dass man zwischen Kakerlaken aufwachsen kann und dass man trotzdem später zum Dinner mit dem Präsidenten im Weißen Haus sitzt. Das Schöne an Amerika ist, dass wir ein sehr durchlässiges Land sind, dass die sozialen Schichten durchlässiger sind als in Europa, oder?

Sie sind dann doch recht politisch, oder?

Na, seit ich 45 oder 50 bin. Seitdem bin ich vielleicht auch eine Art Feministin. Weil mir erst in diesem Alter ein Licht aufging, dass es Männer gibt, die Frauen gegenüber kalt ihre Macht ausspielen.

Ich bin sicher, Sie reden nicht von Ihrem Mann. Sie sind seit bald 25 Jahren mit dem deutschen Künstler und Fotografen Martin von Haselberg verheiratet.

Nein, ich rede nicht von Martin. Ich liebe ihn jeden Tag mehr. Er ist ein hinreißender Künstler und ein absolut wundervoller Mann. Seine soziale Kompetenz überragt übrigens die meine sehr weit!

Auch eine langjährige Ehe ist eine Art von politischer Leistung, oder?

Absolut ... Aber wer will allein sein?

Da fliegen auch mal die Tassen, was?

Ich will Ihnen was sagen: Martin und ich haben eines Tages beschlossen, dass wir uns zu sehr lieben, um uns zu streiten.

Wann war das?

Im zwölften Jahr unserer Ehe? Ja, so circa nach zwölf Jahren haben wir wirklich unseren Frieden miteinander gemacht.

Wie äußert sich das?

Das äußert sich zum Beispiel dadurch, dass er still den Kopf schüttelt, wenn er der Meinung ist, dass ich Unsinn rede. Ich sehe das dann manchmal ... durch ein Fenster! Oder im Spiegel!

Großartig! Hat er denn Anlass, Ihnen zu unterstellen, dass Sie Unsinn reden?

Ich denke, dass es dazu immer wieder mal Anlässe gibt. Ja ... Sagen Sie, was ist eigentlich mit Ihren Fachfragen?

Ah ...

Sie haben gesagt, Sie hätten Fachfragen.

Hier: Wie schont man eine so sensible Stimme, wenn man einen mehrjährigen Vertrag in der Wüste erfüllen muss?

In der Tat eine Fachfrage! Also: Wie Sie wissen, hat meine Vorgängerin Celine Dion im Caesars Palace fünf Jahre gespielt. Und sie war so lieb, mir ihre Luftfeuchtigkeit zu hinterlassen.

Wie habe ich mir das vorzustellen?

Ein hochkompliziertes System aus Wasserdampf! In der Garderobe sind es, glaube ich, 90 Prozent Luftfeuchtigkeit, auf der Bühne 80 Prozent Luftfeuchtigkeit – oder umgekehrt, ich weiß es nicht. Celine hat ihre Stimme in Vegas nicht ruiniert, also werde ich meine auch nicht ruinieren. Wenn Sie in Vegas sind, kommen Sie vorbei und sagen Sie »Hallo«, okay? Dann zeige ich Ihnen das faszinierendste Luftbefeuchtungssystem der Welt!

Okay, dann die zweite Fachfrage:

Der Schwulenclub in New York, in dem Ihre Karriere begann …

… The Continental Baths!

Ja. Was hatte der Name zu bedeuten?

Oh, ich habe keine Ahnung.

Hatte das was mit Continental Breakfast oder so zu tun?

Hm, nein … ich glaube, es war einfach so ein Name. Es war ein Riesenclub, und es gab da alles, ein Diner, einen Friseur, ein Gym für die tollen Muskeln, eine Bühne natürlich, auf der ich meine Lieder schmetterte – ein Dampfbad und derlei, nicht wahr? Eine Sauna auch.

Ist Ihnen das nicht zu bunt geworden?

Nein, nein … es war ganz manierlich.

Okay.

Wissen Sie, was ich komisch finde?

Nein.

Ihre Fachfragen hatten beide mit hoher Luftfeuchtigkeit zu tun!

DANK an Redaktion und Verlag der Süddeutschen Zeitung, besonders an Viola Faulhaber, Michael Langgärtner, Said Ben-Hadj-Abdallah, Cornelius Esau, Katja Schirmer, Andreas Holderried, Dirk Rumberg und Hans Werner Kilz für die Unterstützung. An die Redaktion des SZ WOCHENENDE. An Kerstin Gleba, Helge Malchow, Olaf Petersenn, Marco Verhülsdonk, Susanne Beck, Gudrun Fähndrich, Dorothea Roll, Jutta Wallrafen und alle bei Kiepenheuer & Witsch.

An Rebecca Casati, für das hier abgedruckte gemeinsame Interview mit Klaus Lemke – und vieles mehr.

An meine Eltern.

An Konrad und Victor.

An meine Schwester Katharina – die für alle, die sie kannten, unvergesslich ist.